聊城大学博士基金项目“《美国初等和中等教育法》演变中的教育公平”研究成果

全国教育科学规划教育部重点项目“民族地区人口变动与教育均衡发展研究”（编号：DMA140215）研究成果

谭春芳 / 著

“二战”后美国基础教育公平演进研究

——法律的视角

中国社会科学出版社

图书在版编目(CIP)数据

“二战”后美国基础教育公平演进研究：法律的视角／谭春芳著．—北京：中国社会科学出版社，2017.5

ISBN 978－7－5203－0269－2

Ⅰ.①二…　Ⅱ.①谭…　Ⅲ.①基础教育—教育法—研究—美国—现代　Ⅳ.①D971.2216

中国版本图书馆CIP数据核字(2017)第094605号

出 版 人　赵剑英
责任编辑　王　琪
责任校对　胡新芳
责任印制　王　超

出　　版　中国社会科学出版社
社　　址　北京鼓楼西大街甲158号
邮　　编　100720
网　　址　http://www.csspw.cn
发 行 部　010－84083685
门 市 部　010－84029450
经　　销　新华书店及其他书店

印　　刷　北京君升印刷有限公司
装　　订　廊坊市广阳区广增装订厂
版　　次　2017年5月第1版
印　　次　2017年5月第1次印刷

开　　本　710×1000　1/16
印　　张　20
字　　数　288千字
定　　价　85.00元

序

自建国以来，美国一直秉承地方分权的教育传统，由州政府管理教育。“二战”结束后，由于特定的国际国内形势，联邦政府不断加大对基础教育的干预力度，其主要手段便是国会立法和联邦最高法院的判决，并对接受联邦教育法的各州进行财政拨款，这种干预的重要目的是缩小弱势群体和优势群体间的教育差距、推进教育公平。就此而言，本书内容涉及“二战”后美国联邦教育法的一个重要方面，有助于全面考察“二战”后美国基础教育立法的基本线索。

本书基于法律的视角，以机会均等到质量公平作为研究主线，对美国“二战”后基础教育公平的发展历程进行了比较系统的梳理和分析，总结了美国基础教育公平的特征和经验。围绕这一主线，本书选取了对美国基础教育公平影响较大的联邦最高法院判决和国会立法，如布朗案判决、《初等和中等教育法》、《所有残疾儿童教育法》，并以这些法律为依据，分析了美国对黑人、贫困群体、语言少数族裔和残疾学生的教育公平保护。随着教育内外部环境的变化，美国的教育法不断修正，对弱势学生的保护措施也有所调整。因此，本书对不同时期教育法修订的背景、内容的变化及实施效果也进行了分析，以展现美国基础教育公平发展的全貌。

本书的特点是：其一，从法律的视角探讨美国基础教育公平的演变。美国有完备的教育法律体系，这些法律涉及教育的方方面面，教育改革基本通过教育法的修正来体现。联邦教育法律的不断修正能体现美国基础教育公平理念的变迁，从法律视角探讨美国基础教育公平的演变抓住了问题的关键。其二，重视研究法律的实施效果。教育法体现了联邦的教育公平目标，但是，由于资金不足、地方不配合、利益群体之间存在矛盾等原因，教育法的实施效果和目标之间往往存在偏差，教育法的公平效果很难达到。因此，本书没有停留在法律文本的解读层面，而是进一步分析法律的实施效果，探讨法律对基础教育公平的实际影响。其三，有一定的史料价值。为了保障结论的可靠性，本书大量参阅原始文献，如联邦最高法院判决书和法案原文，美国教育办公室、劳工和公共福利委员会、教育部等部门向国会提交的报告，以及美国教育统计中心的数据，这些文献体现了本书的史料价值。

促进教育公平是我国教育发展的重要目标，美国在基础教育公平进程中的经验和教训或许能对我国有所启示。

是以为序。

李素敏

2017年3月

目　　录

绪　论 …………………………………………………………………… (1)

一　选题缘由 …………………………………………………………… (1)

二　文献综述 …………………………………………………………… (6)

三　核心概念界定 …………………………………………………… (16)

四　研究方法…………………………………………………………… (22)

五　研究内容和创新点 ……………………………………………… (24)

第一章　基础教育机会均等法律保障的肇始 ……………………… (26)

第一节　布朗案前争取黑人教育机会均等的斗争 …………… (26)

一　南北战争后至19世纪末的黑人教育 ……………………… (27)

二　普莱西案判决及对黑人均等教育机会的剥夺 ………… (30)

三　隔离时期争取黑人教育机会均等的斗争 ……………… (33)

第二节　布朗案的审理 ……………………………………………… (40)

一　布朗案的缘起和初审 ………………………………………… (41)

二　联邦最高法院的复审和第一次布朗案判决 …………… (47)

第三节　第一次布朗案判决的执行 ……………………………… (63)

一　第二次布朗案判决 …………………………………………… (63)

二　种族合校的推进 ……………………………………………… (71)

三　对布朗案基础教育机会均等效果的分析 ……………… (82)

小结…………………………………………………………………… (84)

第二章 基础教育机会均等法律保障的拓展 …………………… (86)
第一节 贫困学生基础教育机会均等的法律保障 …………… (86)
一 《初等和中等教育法》颁布的背景 ……………………… (87)
二 《初等和中等教育法》对贫困学生基础教育机会均等的保障…………………………………………………………… (89)
三 《初等和中等教育法》的实施 ………………………… (96)
四 《初等和中等教育法》的基础教育机会均等效果 …… (100)
第二节 语言少数族裔学生基础教育机会均等的法律保障 ……………………………………………………… (109)
一 《双语教育法》颁布的背景……………………………… (109)
二 《双语教育法》对语言少数族裔学生基础教育机会均等的保障 ……………………………………………… (112)
三 总结与分析 …………………………………………… (125)
第三节 残疾学生基础教育机会均等的法律保障…………… (127)
一 《所有残疾儿童教育法》颁布的背景 ………………… (127)
二 《所有残疾儿童教育法》对残疾学生基础教育机会均等的保障 ……………………………………………… (130)
三 《所有残疾儿童教育法》的实施……………………… (138)
四 《所有残疾儿童教育法》的基础教育机会均等效果 ………………………………………………………… (142)
小结 ……………………………………………………………… (148)

第三章 基础教育质量公平法律保障的萌芽 …………………… (151)
第一节 基于标准教育改革与基础教育质量公平…………… (152)
一 基于标准教育改革的背景 …………………………… (153)
二 基于标准教育改革的相关法律与基础教育质量公平 ……………………………………………………… (155)
三 基于标准教育改革相关法律的实施 ………………… (166)
四 基于标准教育改革的基础教育质量公平效果………… (171)
第二节 择校与基础教育质量公平 ………………………… (180)

一 择校产生的背景 …………………………………………………… (181)
二 择校相关法律与基础教育质量公平 …………………………… (183)
三 择校相关法律的实施 ……………………………………………… (198)
四 关于择校基础教育质量公平效果的争议 ……………………… (201)
小结 ……………………………………………………………………… (207)

第四章 基础教育质量公平法律保障的完善 ……………………… (210)
第一节 黑人和贫困学生基础教育质量公平的法律保障…… (210)
一 《不让一个孩子落伍法案》Title Ⅰ颁布的背景 ……… (211)
二 《不让一个孩子落伍法案》Title Ⅰ对黑人和贫困学生基础教育质量公平的保障 ……………………………… (214)
三 《不让一个孩子落伍法案》Title Ⅰ的实施 …………… (220)
四 《不让一个孩子落伍法案》Title Ⅰ的基础教育质量公平效果 ………………………………………………………… (224)
第二节 语言少数族裔学生基础教育质量公平的法律保障 ………………………………………………………… (237)
一 《不让一个孩子落伍法案》Title Ⅲ颁布的背景 ……… (238)
二 《不让一个孩子落伍法案》Title Ⅲ对语言少数族裔学生基础教育质量公平的保障 ……………………………… (240)
三 《不让一个孩子落伍法案》Title Ⅲ的实施 …………… (244)
四 《不让一个孩子落伍法案》Title Ⅲ的基础教育质量公平效果 ………………………………………………………… (249)
第三节 残疾学生基础教育质量公平的法律保障 …………… (256)
一 《残疾人教育促进法》颁布的背景 ……………………… (256)
二 《残疾人教育促进法》对残疾学生基础教育质量公平的保障 ………………………………………………………… (258)
三 《残疾人教育促进法》的实施 …………………………… (264)
四 《残疾人教育促进法》的基础教育质量公平效果 ……… (268)
小结 ……………………………………………………………………… (275)

结语 …………………………………………………………………… (278)
一 “二战”后法律视角下美国基础教育公平演进的特征 …………………………………………………… (278)
二 “二战”后法律视角下美国基础教育公平演进的经验 …………………………………………………… (283)
三 “二战”后法律视角下美国基础教育公平演进的反思 …………………………………………………… (288)

参考文献 ………………………………………………………………… (293)

后记 …………………………………………………………………… (310)

绪　论

一　选题缘由

教育公平是社会公平的重要组成部分，也是实现其他社会公平的基础，世界各国都把教育公平作为教育改革的重要目标。联合国在1948年的《世界人权宣言》中明确提出："人人都有受教育的权利，教育应当免费，至少在初级和基本阶段应如此。初级教育应属义务性质。技术和职业教育应普遍设立。高等教育应根据成绩而对一切人平等开放"[①]，这极大地加快了世界教育公平进程。我国也在《中华人民共和国教育法》中规定："公民不分民族、种族、性别、职业、财产状况、宗教信仰等，依法享有平等的受教育机会。"[②] 目前，我国基本普及了九年义务教育，正在向质量公平迈进。美国是世界上法律制度最完善的国家之一，是世界公认的教育强国，教育公平也在经历着由教育机会均等向质量公平的转变，它在推进基础教育公平方面的经验可以为我国提供一些启示。

（一）基础教育公平是"二战"后美国教育法追求的重要目标

依据美国《宪法》，教育事务由州和地方政府负责。因此，从建国到"二战"，联邦政府对教育事务很少干预。"二战"后，联邦政府开始强力干预教育，通过司法判决和制定法案推进基础教育公平。随着国内外环境的变化，联邦干预教育的目的也有所变化，基础教育

---

① 《世界人权宣言》（http：//www. un. org/zh/documents/udhr）。

② 《中华人民共和国义务教育法》（http：//www. moe. edu. cn/publicfiles/business/htmlfiles/moe）。

公平的目标由教育机会均等转向教育质量公平。

"二战"后美国对基础教育公平的追求始于1954年的布朗案。虽然1868年的联邦宪法第十四修正案要求"任何州……对于在其管辖范围内的任何人，不得拒绝给予平等的法律保护"①，但是，1896年普莱西案"隔离但平等"的判决使种族隔离合法化。"二战"前，高等教育领域中黑人争取教育机会均等的几次诉讼获得了成功，但在基础教育领域，种族隔离严重。布朗案上诉到联邦最高法院，法院最后判决："……'隔离但平等'的原则在公立教育领域无法成立。"②布朗案在法律意义上终结了基础教育中的种族隔离，是联邦政府推进基础教育机会均等的开始。

在《民权法案》的影响下，国会于1965年制定了《初等和中等教育法》，这是在美国教育史上产生重大影响的一项法案，该法的主要目的是改善贫困学生的教育机会，法案大幅度增加了联邦的教育投入，用于资助贫困学生。

虽然布朗案判决主要是针对种族隔离，但其所传达的平等思想却对残疾儿童的教育产生了重大影响。残疾儿童家长和支持者们认为，既然学校不能进行种族隔离，残疾儿童同样也不能被隔离在学校之外，公立学校将残疾儿童排除在外违反了平等保护条款，20世纪70年代早期，联邦因此成为很多诉讼的对象，对残疾儿童教育机会均等的追求也很快成为全国性运动。在运动的推动下，1975年，国会通过了《所有残疾儿童教育法》，该法要求为残疾儿童提供免费适合的公立教育、提供最少限制环境和个别化教育项目等，残疾儿童均等的教育机会得到了法律保障。

20世纪80年代以后，提高教育质量成为教育改革的重点，教育公平由机会均等转向了质量公平，1983年《国家处在危机中》报告使美国社会意识到本国教育质量下滑，已经落后于许多国家。20世

① ［美］乔尔·斯普林：《美国教育》，张弛、张斌贤译，安徽教育出版社2010年版，第78—79页。

② ［美］韦恩·厄本、杰宁斯·瓦格纳：《美国教育：一部历史档案》（第三版），周晟、谢爱磊译，中国人民大学出版社2009年版，第409页。

纪 90 年代，学校选择成为推进教育质量公平的重要举措，政府通过发放教育券等形式，为学生择校提供条件。学校选择可能无法根本解决基础教育不公平问题，但它能够通过再分配来调整教育资源初次分配的不平等。一方面，学校选择允许家长用公共经费为子女选择学校，扩大了他们对优质教育资源的需求和择校能力。这些家庭往往来自低收入群体或少数族裔群体，政府通过学校选择政策，对公共教育经费的分配进行调整，允许这些弱势群体利用公共经费选择教育质量高的公立或私立学校，扩大这些弱势群体儿童享受优质教育资源的机会，促进教育公平。[①] 另一方面，通过学校选择，在教育领域引入竞争机制，为了吸引生源，学校会努力提供优质教育服务，从而促进教育质量的整体提高，为学生公平地接受高质量教育提供了制度保障。

1994 年，国会通过了《2000 年目标：美国教育法》和《改善美国学校法案》，鼓励州制定标准、考试和问责制度，标志着联邦政府开始重视教育质量的提高和质量公平。2002 年 1 月，《不让一个孩子落伍法案》签署，法案开篇便提出“通过问责、灵活性和选择缩小差距，不让一个孩子落伍”[②]，质量公平成为立法的宗旨。法案推崇基于标准的问责制度，明确提出要保障所有的孩子有公正平等和重要的机会获得高质量的教育。可以说，进入 21 世纪，美国的基础教育公平理念转移到学校和教室层面，关注的重点不再是受教育权利平等，而是以质量为核心的实质公平。[③] 2004 年实施的《教育科学改革法案》将目标定位于加强联邦资助和学生成绩的关系，为大范围提高学生的成绩打下坚实基础。2009 年实施的《美国振兴和再投资法案》将很大部分资金用于实施《不让一个孩子落伍法案》，改善低收入学生的教育，提高教师的表现，并资助刺激教育革新的“力争上游”项目。

---

① 刘涛：《艰难的前行：美国学校选择的理念、政策与价值》，《全球教育展望》2013 年第 10 期。

② *No Child Left Behind Act*, P. L. 107 – 110.

③ 生兆欣：《〈初等与中等教育法〉与美国联邦政府教育角色的变迁》，《比较教育研究》2009 年第 3 期。

问责和标准只是形式，这一时期美国教育法的主要目的是实现质量公平。20 世纪 50—80 年代，美国政府实施教育法案主要是为了保护教育机会均等，一方面通过成文法和判例法提供法律意义上的平等保护，另一方面通过财政拨款为平等提供物质保障。而 90 年代后实施的法案强调问责和标准，其目的是提高质量，达到结果公平，因为，如果学生的学习质量无法保障，学生未得到发展，那么教育机会的均等就无任何意义。教育的终极目的是使人获得发展，而非仅仅得到均等的教育机会。无论法案的实施效果如何，质量公平都是美国基础教育公平发展的方向。

（二）我国基础教育公平的推进需要加强立法

自 1986 年的《义务教育法》实施以来，我国基础教育发展取得了重大成就，九年义务教育基本普及。随着教育发展水平的逐步提高及人民群众对教育需求的增长，群众不再仅仅满足于“有学上”，而是希望能缩小教育差距，享受到优质教育资源，能够“上好学”。国家经济的发展也需要提高教育质量，培养优秀人才。而实际上，由于历史、政策、社会经济等方面的原因，我国基础教育不公平问题异常突出，城乡、区域、校际、群体之间的教育经费投入和办学条件存在巨大差距，儿童未能平等地享受基础教育资源。

推进基础教育公平是一个长期、系统、艰巨的任务，国家也出台了一系列政策解决基础教育不公平问题，如国家贫困地区义务教育工程、西部地区“两基”攻坚计划、“两免一补”政策、残疾儿童随班就读政策、进城务工人员随迁子女“两为主”政策、农村义务教育经费保障新机制、义务教育免费政策等，2006 年修订的《义务教育法》还通过立法的形式将义务教育均衡发展确立为义务教育改革的指导思想。但是，经过近 30 年的努力，我国基础教育不公平问题依然严重。例如，在经费投入方面，省际、区域间存在较大差距；城乡普遍存在的校际差距使学生入学竞争激烈；对寄宿学生的补助不能满足学生的正常支出，并且寄宿加大了家庭的生活负担，上学远、上学贵成为部分学生辍学的重要原因。《学会生存——教育世界的今天和明天》中有这样一段话很值得我们思考：“……同公平合理完全相反，那些最没有社会地位的人们往往享受不到受教育的权利——在这方面现在文明过早地引以为荣了。在一个贫困的社会里，他们是首先被剥夺的人。……不管教育有无力量减少它自己领域内个人之间和团体之间这种不平等的现象，但是，要在这方面取得进步，它就必须采取一种坚定的社会政策，纠正教育资源和力量上分配不公平的状况。"①

我国基础教育公平的推进需要加强立法和执法。《义务教育法》实施以来，尽管政府出台了很多政策、实施了很多项目，但基础教育不公平问题依然严重，这和法律的不完善有一定关系，应完善教育立法，使立法成为解决教育公平问题的重要手段。因为，非法律化的政策虽然也能在一定程度上推进教育公平，但其本身具有很大的不确定性，可能随决策者注意力的转移和社会形势的变化而改变，而教育是一项长期的国家事业，需要时间，更需要稳定的制度保障，这就决定了法治才是实现基础教育公平的重要手段。另外，法律具有强制性，它通过国家强制力实施，违法者要承担民事、行政甚至刑事责任，这种强制力可以最大限度地保障教育公平的实现。我国《义务教育法》《教育法》《残疾人教育条例》等法规中虽然有教育公平的相关条款，但在很多领域还存在空白，并且执法力度不够，这都是在以后需要完善的。

（三）美国基础教育公平的发展经验对我国教育立法和执法有借鉴价值

美国是一个教育强国，在基础教育公平发展过程中积累了许多经验，我们不能简单移植别国经验，但可以结合国情借鉴其可取之处。

从基础教育公平的目标来说，美国基础教育经历了教育机会均等到质量公平的转变。从布朗案、《初等和中等教育法案》、《所有残疾儿童教育法》、《2000 年目标：美国教育法》、《改善美国学校法案》到《不让一个孩子落伍法案》，美国基础教育公平的目标随教育的发展和社会经济环境的变化而演变，虽然法案内容和实施存在一些问

① 联合国教科文组织国际教育发展委员会编著：《学会生存——教育世界的今天和明天》，华东师范大学比较教育研究所译，教育科学出版社 1996 年版，第 101—102 页。

题，但目标的演变还是体现了教育的规律，并取得了成效。我国基本普及了义务教育，儿童均等的教育机会有所保障，但是不同地区、不同群体间的教育质量差距极大，为了解决这些教育难题，借鉴美国经验是有必要的。

美国完备的教育法律体系和内容是基础教育公平推进的重要保障。就法律体系而言，联邦《宪法》、州《宪法》、《民权法案》都有平等保护或教育平等保护的条款，《初等和中等教育法》《所有残疾儿童教育法》《双语教育法》直接针对弱势群体，完善的法律体系保障了每个弱势儿童的教育机会。随着社会变迁，为保证教育法的灵活性，适应不断出现的新问题，重要的教育法会重新授权，如《初等和中等教育法》《所有残疾儿童教育法》已经多次重新授权。在法律内容上，非常详尽，以《不让一个孩子落伍法案》为例，法案600余页，共九部分，其中第一部分为“提高处境不利学生的学业成就”，此部分又分为基本项目要求、学生阅读能力的提高、移民孩子的教育、国家评价、综合学校改革、学校辍学预防等九部分，详尽的内容保障了法案的全面性和可操作性。而我国教育公平的相关法律较少，内容单薄，并且法律修订间隔时间太长。

严格的执法是美国推进基础教育公平的重要手段。法律具有最高的权威和效力，如果良好的法律不能得以执行，必然丧失权威性和严肃性，法律就会变成一纸空文。美国的教育执法更多是通过行政部门和司法部门执行和实施的，通过行政部门，可以将法律进一步具体化，通过司法部门，可以有效保护公民的权利。如在布朗案之后的1957年，阿肯色州小石城9名黑人学生要求进入白人中学，可州长公然与联邦法院对抗，不准黑人学生进入学校，为了保障法律的效力，总统调用军队和飞机，使黑人学生得以入学。在我国，执法不严的情况还是存在的，法律丧失了威严，教育公平的进程也受到了影响。

二　文献综述

文献查阅期间，检索了CNKI学术期刊网和优秀硕博论文数据库、

PROQUEST 数据库及 ERIC 数据库，搜索了一些专业网站，如美国教育部（http：//www. ed. gov）、国家教育统计中心（http：//www. nces. ed. gov）、教育政策中心（http：//www. educationalpolicy. org）、美国教育政策中心（www. cep-dc. org）、找法网（http：//www. findlaw. com），并在国家图书馆查阅了原版英语文献。经过整理分析发现，国内外学者关于法律视角下美国基础教育公平的相关研究主要围绕以下问题展开。

（一）国外的研究

1. 美国基础教育公平综合研究

（1）美国基础教育公平的社会学、经济学和教育学综合研究

基础教育公平一直是美国社会关注的问题，社会学家、经济学家都对此有深入的研究。1966 年，科尔曼在其调研报告《教育机会均等的观念》中认为：美国公立学校中存在严重的种族隔离问题；校际差距对不同种族的学生有不同影响；造成黑人儿童学习水平低的主要原因是学生家庭的社会经济背景、同学的社会经济背景等，而不是学校的物质条件；同学间的社会经济背景对不同社会阶层的学生有不同程度的影响。[①] 这份报告被人们称为当代关于教育机会均等的三项最重要的研究报告之一。1972 年，克里斯托弗·詹克斯在其《不平等：对美国家庭和学校教育的影响再评估》一书中认为，学校教育无法达到公平目标，学校教育改革效果有限是由于三方面原因：儿童受到家庭生活、邻里环境或电视的影响要大于他们在学校教育所受的影响；由于教育改革者对足以影响儿童的学校生活控制力微弱，即使将资源重新分配，重新分班或重编课程教材，也很难改变学校内师生间朝夕相处的互动行为；即使学校生活经验或教育过程对学生具有巨大影响，此种影响在后来的成人生活中也很难继续维持下去。从保障不利群体的利益出发，詹克斯还提出一种“教育补偿凭证制度”。[②] 经济学家塞缪

---

① ［美］詹姆斯·科尔曼：《教育机会均等的观念》，载张人杰《国外教育社会学基本文选》，华东师范大学出版社 2009 年版，第 146—158 页。

② Christopher Jenchs, *Inequality: A Reassessment to Effect on Family and School in America*, New York: Basic Books, 1972.

尔·鲍尔斯在其《不平等的教育和社会分工的再生产》中，用社会再生产理论阐述了有关教育平等与社会公平的观念。他认为，教育不平等的根源是阶级亚文化群和社会阶级偏见相互加强的结果，立足于社会经济的基本制度。因此，教育不平等不能只通过改变教育制度来改变。① 厄温以冷战和经济全球化为背景，从人力资本的角度分析了美国教育机会均等的发展历程，论述了战后公立教育的扩张和战后教育批判、教育机会均等的理想与现实、为国防而教育、科尔曼报告中的教育机会均等、从《国家处在危机中》到《不让一个孩子落伍法案》。② 从不同视角对教育公平进行的深入研究拓宽了本书的视野。

研究机构对法案的实施效果进行了一些实证研究。美国教育政策中心的研究发现，《不让一个孩子落伍法案》实施以来，在 4 年级的三个学业水平（基础及以上、熟练及以上、高级）上，所有的亚群体表现出了进步；在小学、初中和高中阶段，大部分州亚群体间的学业差距缩小；差距缩小主要是因为低水平亚群体学生成绩上升，而不是高水平学生成绩下降；尽管平均成绩显示差距缩小了，但是，相对于高效百分比而言，在缩小成绩差距方面，平均成绩展示的前景并不乐观。③ 国家公正和公开考试中心的一份研究报告发现，尽管政府希望通过实施《不让一个孩子落伍法案》缩小学业差距，但组群间的学业差距仍然很大。④ 总体而言，美国在缩小学业成绩差距方面的努力取得了成效，但学业成绩差距仍然较大。

（2）美国基础教育公平的相关法律综合研究

国外对美国教育法的综合研究涉及面很宽。休坡凡以 1954 年的布朗案为起点，从法律和政策的视角把美国教育公平的发展分为六个

① ［美］塞缪尔·鲍尔斯：《不平等的教育和社会分工的再生产》，载张人杰《国外教育社会学基本文选》，华东师范大学出版社 2009 年版，第 180—198 页。

② Erwin V. Johanningmeier, *Equality of Educational Opportunity and Knowledgeable Human Capital*, Charlotte: Information Age Publishing, Inc., 2009.

③ *Are Achievement Gaps Closing and Is Achievement Rising for All?*, Washington, DC: Center on Education Policy, 2009.

④ Lisa Guisbond, *NCLB's Lost Decade for Educational Progress: What Can We Learn from This Policy Failure?*, Jamaica Plain: National Center for Fair & Open Testing, 2012.

阶段：布朗案和教育公平的奠基、教育公平的成熟、转向充足、结果和系统变化、地方控制的发展、联邦作用的继续扩张，并总结了教育改革的原则。[①] 尤道夫从八个方面分析了美国教育法：学校教育和州、社会化和学生及教师的权利、纪律过程、教育机会均等和种族、机会和不同、教育机会均等和差异的两难、教育机会均等和学校资助、教育管理和法律，并对重要判决进行了分析和讨论，简要介绍了相关文献。[②] 亚历山大从立法制度、公立学校的管理、入学、教育机会均等、侵权责任、学区责任等多方面分析了美国公立学校法。[③] 英伯在《教育法》中比较全面地介绍了美国立法机构与法院的关系，以及二者如何相互配合，以更好地发挥美国法院的司法功能，维护学校、教师、学生及家长等有关教育主体的权益，并对影响较大的判例进行了分析。本书用两章的篇幅分析了弱势种族和残疾人的教育，对布朗案判决、《民权法案》、残疾人相关教育立法的基本原则和主要判决进行了解读。[④] 派特里克以总统任期为阶段，分析了从《初等和中等教育法》到《不让一个孩子落伍法案》演变中联邦政府对教育干预加强、减弱又加强的过程。[⑤] 也有学者从批判的角度评论《不让一个孩子落伍法案》，认为该法案制定的效率和公平两个目标没有得到同等重视，公平目标被忽视了，法案忽略了高效的教师、充足的资助，标准太有挑战性，缺乏有效的评估制度，应该对法案加以修正。[⑥]

2. 美国各弱势群体基础教育公平及相关法律研究

基础教育公平研究主要探讨各弱势群体和优势群体的教育差距，本书涉及的弱势群体主要有黑人、贫困人口、语言少数族裔和残

---

① Benjamin Michael Superfine, *Equality in Education Law and Policy, 1954 - 2010*, New York: Cambridge University Press, 2012.

② Mark G. Yudof, *Educational Policy and the Law*, Belmont: Wadsworth Cengage Learning, 2012.

③ Kern Alexander, *American Public School Law*, Belmont: Wadsworth Cengage Learning, 2012.

④ Michael Imber, *Educational Law*, New York: Routledge Taylor & Francis Group, 2010.

⑤ Patrick J. McGuinn, *No Child Left Behind and the Transformation of Federal Education Policy, 1965 - 2005*, Lawrance: University of Press of Kansas, 2006.

⑥ Michael A. Rebell, *Moving Every Child Ahead*, Clumbia: Teachers College Press, 2007.

疾人。

（1）对黑人教育的研究

美国的种族问题一直备受关注，1954 年布朗案判决以来，许多学者对布朗案的影响做了分析，他们对布朗案判决的态度或支持或反对。理查德·克鲁格的著作《简单的正义：布朗诉教育委员会案的历史及美国黑人争取平等的斗争》详细描述了布朗案的经过，作者对布朗案判决持乐观态度。[①] 詹姆斯·T. 帕特森在其著作《布朗诉教育委员会案：民权的里程碑及其问题颇多的遗产》中认为，布朗案影响了美国人的民权意识，但判决引发了白人的抵制。黑人对民主平等权利的要求逐渐走向极端，发展成为黑人权利运动，这一运动使黑人社会逐渐分裂，最终导致民权运动的衰亡。[②] 迈克尔·J. 克拉尔曼与帕特森的观点类似，在《布朗诉教育委员会案与民权运动》一书中，他认为布朗案判决的效果微乎其微，由于各种社会、政治、经济势力的存在，美国不可避免地要发生种族关系的变革，但法院判决对民权运动只在短期内发挥了作用。[③] 杰拉德·罗森博格在其著作《空幻的希望：法院能带来社会变革吗?》中认为，布朗案对美国社会变革的作用不大，真正的变革始于 1964 年《民权法案》的通过，一些政治派别卷入了废除种族隔离的斗争，试图阻止种族融合的学校从联邦拨款中受益。布朗案使政治精英有所作为，使黑人的愤懑合法化，但实际上，判决对美国社会影响不大。[④]

（2）对贫困学生教育的研究

斯蒂芬·K. 贝利和艾迪斯·K. 莫什的著作《初等和中等教育法：教育办公室管理的一项法案》是法案实施初期最直接、全面研究

---

① Richard Kluger, *Simple Justice: The History of Brown v. Board of Education and Black America's Struggle for Equity*, New York: Oxford University Press, 1975.

② James T. Patterson, *Brown v. Board of Education: A Civil Rights Milestone and It's Troubled Legacy*, New York: Oxford University Press, 2001.

③ Michael J. Klarman, *Brown v. Board of Education and the Civil Rights Movement*, New York: Oxford University Press, 2007.

④ Gerald N. Rosenberg, *The Hollow Hope: Can Courts Bring about Social Change?*, Chicago: the University of Chicago Press, 1991.

《初等和中等教育法》的专著。该书详细介绍了法案出台的背景、过程，并对实施情况和作用进行了深入分析，对实施中存在问题的分析对本书具有较大参考价值。[①] 朱力·罗伊·杰弗瑞的博士学位论文《贫困孩子的教育》重点分析了《初等和中等教育法》对贫困学生的实际影响，他认为，法案条款和实施都存在问题，因此实施效果不佳。[②] 詹姆斯·格里斯的《一个政治事件的历史：〈初等和中等教育法〉的通过》探讨了法案制定的背景及过程，在介绍法案制定的背景时，从种族、财政、联邦控制、领导人员等方面进行了细致分析。[③] 考波认为，2002 年以来，接受《初等和中等教育法》Title Ⅰ资助的学生取得了进步，比未接受 Title Ⅰ资助的学生进步更大，接受 Title Ⅰ资助的学生和未接受 Title Ⅰ资助的学生之间的成绩差距缩小了，即使在有差距扩大情况的地方，接受 Title Ⅰ资助的学生在大多数情况下也取得了进步。然而，接受 Title Ⅰ资助学生的成绩仍落后于未接受 Title Ⅰ资助的学生。[④] 另外，教育和劳工委员会、教育部向国会提交的法案实施情况报告对本书有很大的参考价值，报告内容主要有法案的实施过程、实施中的出现问题以及实施成效。[⑤]

（3）对语言少数族裔学生教育的研究

格达罗普·桑·米格尔的《备受争议的政策：美国联邦双语教育起落 1960—2001》是一部系统研究美国双语教育发展的著作。该书记述了《双语教育法》从出台、历次修订到废止的全过程，并阐述

---

① Stephen K. Bailey, Edith K. Mosher, *ESEA: The Office of Education Administers a Law*, New York: Syracuse University Press, 1968.

② Julie Roy Jeffrey, *Education for the Children of the Poor*, Huston: Rice University, 1972.

③ James W. Guthrie, "Political Case History: Passage of the ESEA", *The PhiDelta Kappan*, Vol. 49, No. 6 (Feb., 1968), pp. 302 - 306.

④ Nancy Kober, *Is Achievement Improving and Are Gaps Narrowing for Title I Students?*, Washington, DC: Center on Education Policy, 2011.

⑤ *Elementary and Secondary Education Amendments of 1974 Report*, Washington, DC: Committee on Education and Labor, 1974; Jung Richard K., Buhl Barbara Ann, *Title I, Today: A Factbook. A Descriptive Summary of Title I (Financial Assistance to Meet Special Educational Needs of Children) of the Elementary and Secondary Education Act*, Washington, DC: Department of Education, 1981.

了包括立法者、社会活动家、教育家在内的社会各界对法案的支持与反对。作者总结了三个发现：争论、冲突和协调是联邦政府双语教育政策发展的完整表现；政治氛围对政策内容起到了重要作用；对双语教育的支持和反对态度显示了美国政府行动的政治、教育和社会原因。[①] 阿诺德的报告从法律的角度探讨了《双语教育法》，他分析了1968年《双语教育法》制定的政治背景，1974和1978年的两次修订，法案的目的、项目设计和管理，双语教育的发展方向和热点等问题。[②] 诺尔·爱泼斯坦在其《语言、种族和学校双语文化教育的政策选择》中，从政策制定的角度出发，围绕双语教育的争议展开讨论，提出了双语教育的困境及形成原因，他对双语教育的实施效果持怀疑态度。[③] 2012年，美国研究院向教育部提交了报告《Title Ⅲ执行国家评估——州和地方执行报告》，该报告对关键数据进行了全面的统计分析，如英语熟练水平有限学生的识别、教学项目、评估标准和问责、州和地方的执行能力，较为客观地指出了法案的实施成效及问题。[④]

（4）对残疾学生教育的研究

麦克昆在其博士论文中，以一个学区为个案，通过数据分析得出结论：残疾学生的核心课程应该包括阅读、写作、数学和科学，多种残疾的学生应该获得至少两项生活技能，聋哑学生应掌握实用的技术，单一的残疾学校制度与美国复杂的教育制度不协调。[⑤] 理查德编辑的论文集《1975年〈所有残疾儿童教育法〉的实施》从不同角度探讨了《所有残疾儿童教育法》，如国会对主要条款的观点、对最少

---

① Guadalupe San Miguel, Jr., *Contested Policy: The Rise and Fall of Federal Bilingual Education in the United States 1960 – 2001*, Deton: University of North Texas Press, 2003.

② Leibowitz, Arnold H., *the Bilingual Education Act: a Legislative Analysis*, Washington, DC: National Clearing House for Bilingual Education, 1980.

③ Epstein, Noel, *Language, Ethnicity, and the Schools Policy Alternatives for Bilingual-Bicultural Education*, Washington, DC: George Washington University Press, 1978.

④ *National Evaluation of Title Ⅲ Implementation—Report on State and Local Implementation*, Washington, DC: American Institute for Research, 2012.

⑤ Robin U. McQuin, *Understanding Special Education in America*, Minneapolis: Capella University, 2005.

限制环境要求的立法和管理考量、个别化教育项目要求、法案的资助项目等。① 教育机构每年都会公布残疾人相关教育法的年度执行报告，总结残疾学生入学安置、教师达标、学业成绩、毕业率等方面的情况，并提出建议。② 教育政策中心研究了残疾学生的成绩，研究发现，在基础及以上、熟练及以上和高级三个水平上，4 年级的残疾学生都取得了进步；残疾和非残疾学生的成绩差距仍然很大。③ 这些报告数据全面、细致深入，对本书有很大的参考价值。

（二）国内的研究

1. 美国基础教育公平综合研究

（1）美国基础教育公平的教育学综合研究

国内对美国基础教育公平的研究也较多。蒋云芳重点关注了 20 世纪 80 年代以来联邦政府为促进教育公平而开展的补偿教育计划、择校运动、学业标准化运动。④ 王瑜从历史演变、理论基础、价值诉求、制度保障四方面探讨了美国义务教育公平。⑤ 勾月从理念和政策的视角，研究了美国 19 世纪至今基础教育公平发展的历程。其博士学位论文将这一历程分为五个阶段：普及初等教育时期、发展和普及中等教育时期、追求教育结果平等时期、突出教育优质和公正时期、为每个学生提供成功机会时期。⑥ 薛二勇认为，美国促进教育公平发展制度的确立大体可以分为三个阶段，即种族隔离教育争斗中的萌芽时期、教育机会平等博弈中的拓展时期、教育公平制度成型中的完善

---

① Johnson, Richard A., *Perspectives on Implementation of the "Education for All Handicapped Children Act of 1975"*, Washington, DC: Capital Height Press, 1976.

② *Implementation of Part B of the Education of the Handicapped Act*, Washington, DC: Office of Education, 1977; *Twelfth Annual Report to Congress on the Implementation of the Handicapped Act*, Washington, DC: Div. of Innovation and Department, 1990; *National Assessment of IDEA Overview*, Washington, DC: U. S. Department of Education, 2011.

③ *Has Progress Been Made in Raising Achievement for Students with Disabilities?*, Washington, DC: Center on Education Policy, 2009.

④ 蒋云芳：《20 世纪 80 年代以来美国联邦政府以促进公平为核心的基础教育改革研究》，博士学位论文，西南大学，2012 年。

⑤ 王瑜：《公平视阈下美国义务教育改革研究》，博士学位论文，西南大学，2013 年。

⑥ 勾月：《美国基础教育公平政策演进研究——以理念与政策为视角》，博士学位论文，浙江大学，2010 年。

时期。在某种程度上，教育公平往往受到时间与地区的限制，教育公平的发展是一个历史进程。[①] 以上研究从纵向或横向的角度对美国教育公平进行了较为全面的分析。

（2）美国基础教育公平的相关法律综合研究

国内学者对美国教育法的综合研究不多。秦梦群根据美国各级法院的重要判例，分析了美国联邦、州等各级法院对一些重大教育问题的判决及立场，如学校管理、身心障碍教育、学校事故侵权行为、教师资格鉴定与聘任、学生保护等方面。[②] 姚云从立法、司法、执法角度分析了美国教育法治制度，从民主、宪政、实用和平等角度分析了教育法治精神，并探讨了美国教育法治的成本和效力。在教育法治平等精神的理解上，他认为法律至上、司法独立是平等的体现。[③] 张维平介绍了美国教育法的立法程序、教育法的内容、教育法的执行、教育平等中的法律问题、特殊教育与法律制度、学校管理中的法律问题等。[④] 许庆豫认为，美国社会在漫长的岁月里实际上在追求种族的组间教育权利平等和学区的教育资源组间平等。在追求教育平等的历程中，法律有特别重要的作用。正是国家的法律确认了教育平等的努力成效，制度化了追求教育平等努力的结果，这与当代整个社会的法治进程是同步的。[⑤]

2. 美国各弱势群体基础教育公平及相关法律研究

（1）对黑人学生教育的研究

国内对黑人学生教育的系统研究不多。杨馗认为，在推进基础教育公平的进程中，联邦最高法院起了决定性作用。布朗案废除了“隔离但平等”的原则，宣布公立教育中的种族隔离违宪，开始了全力清除种族隔离的行动，但对“事实隔离”十分谨慎地进行处理，对颇

---

① 薛二勇：《美国促进教育公平发展的政策体系——基于法律演化的视角》，《高等教育研究》2010 年第 4 期，第 97—104 页。

② 秦梦群：《美国教育法与判例》，北京大学出版社 2006 年版。

③ 姚云：《美国教育法治的制度与精神》，教育科学出版社 2007 年版。

④ 张维平：《美国教育法研究》，中国法制出版社 2005 年版。

⑤ 许庆豫：《组间平等：美国教育平等历程述论》，《教育研究》2010 年第 5 期。

有争议的肯定性行动，联邦最高法院允许实施但严格限制。[①] 屈书杰从历史角度对黑人教育的发展进行了分析，认为20世纪美国黑人教育经历了隔离中的跋涉、平等的追求、学校一体化三个阶段。[②] 张冉以弗吉尼亚州为例，分析了布朗案实施过程中抵制力量所使用的三个政策工具——学生派位制度、以“介入权”为标志的源于州权利的对抗、“选择的自由”。研究发现，政策的执行具有“纵横交错”的互动特点，并不是一个自上而下的简单过程。[③]

（2）对贫困学生教育的研究

薛二勇研究了贫困学生补偿性政策的实施内容、实施途径、效果评估，并对补偿性教育政策的发展做了预测。[④] 生兆欣认为，伴随《初等与中等教育法》40多年的发展，美国联邦政府在基础教育中扮演的角色也发生了三次较为明显的转变。第一次转变以《初等与中等教育法》的签署为标志，从此前的“局外人”转向“资源提供者”；第二次转变以1988年和1994年的重新授权为标志，由“资源提供者”转向“标准倡导者”；第三次转变以2002年的重新授权为标志，由“标准倡导者”转向“问责要求者”。[⑤]

（3）对语言少数族裔学生教育的研究

国内学者多从语言的角度研究美国的双语教育。李艳红的博士学位论文《美国关键语言教育政策的战略演变》从国家安全的角度分析了美国语言政策的演变。[⑥] 李英姿的博士学位论文《美国语言政策研究》探讨了殖民地时期以来美国语言政策的发展史，认为美国的语

---

① 杨尴：《1954年以来美国最高法院在教育种族平等进程中的作用》，博士学位论文，东北师范大学，2013年。

② 屈书杰：《从种族隔离到学校一体化：20世纪美国黑人教育》，博士学位论文，河北大学，2002年。

③ 张冉：《布朗案在执行中受到的抵制》，《北京大学教育评论》2012年第1期。

④ 薛二勇：《美国教育公平发展中的补偿性政策》，《教育发展研究》2007年第10期。

⑤ 生兆欣：《〈初等与中等教育法〉与美国联邦政府教育角色的变迁》，《比较教育研究》2009年第3期。

⑥ 李艳红：《美国关键语言教育政策的战略演变》，博士学位论文，北京外国语大学，2015年。

言政策经历了英语单语、对其他语言的保护到唯英语的演变，认为美国的语言政策受到利益驱动。①

（4）对残疾学生教育的研究

杨柳的《美国残疾人教育研究》较全面系统，作者从教育的发展、理论基础、法律保障和有效实施几方面分析美国的残疾人教育，认为美国残疾人教育实施效果显著，但还存在着师资短缺、经费配置不均等问题。② 肖非从历史角度审视了美国特殊教育立法的发展历程，提出了影响美国特殊教育立法的主要因素，并对特殊教育法律中的一些重要规定如零拒绝、非歧视性评估、正当程序、最少限制环境等进行了分析。③

三　核心概念界定

（一）教育公平、教育机会均等和教育质量公平

1. 公平和平等

公平是一个使用广泛但又内涵复杂的术语，并且极易和"平等"混淆，对这两个概念加以比较，有利于清晰理解公平的内涵。在英语中，"equity"释义为"the quality of being fair and impartial"，④ 与汉语的"公平"意思较为接近。"equality"释义为"the state of being equal，especially in status，rights，and opportunities"，⑤ 与汉语的"平等"意思较为接近，有时被译为"均等"。在《辞海》中，公平指"处理事情合情合理，不偏袒哪一方面"，⑥ 平等指"人们在社会、政治、经济、法律等方面享有相等的待遇"。⑦ 公平与平等意思相近，但有区别。亚里士多德把平等分为"数目平等"和"比例平等"两

① 李英姿：《美国语言政策研究》，博士学位论文，南开大学，2009 年。

② 杨柳：《美国残疾人教育法探析》，《比较教育研究》2008 年第 6 期。

③ 肖非：《美国特殊教育立法的发展》，《中国特殊教育》2004 年第 3 期。

④ 《新牛津英语词典》，上海外语教育出版社 2001 年版，第 623 页。

⑤ 同上书，第 621 页。

⑥ 《辞海》，中国书籍出版社 2003 年版，第 352 页。

⑦ 同上书，第 999 页。

种，[①]“数目平等”指对所有人一视同仁，给予每个人相同数量的各类资源；而“比例平等”则是依据价值和才德，按比例适当分配资源。他的比例平等奠定了后世考量公平标准的基础，即对相等的情况平等对待，对不相等的情况不同对待。具体而言，平等是一个反映绝对性的范畴、反映量的范畴，重视量的一致，是一个描述性概念；公平是一个反映相对性的范畴、反映质的范畴，是一个含有价值判断的规范性概念，比平等更抽象，更具有道德意味和伦理性。

2. 教育公平、教育机会均等和教育质量公平的内涵

（1）教育公平相关概念的主要界定

在英文文献中，教育公平（equity in education，educational equity）、教育机会均等（equality of educational opportunity，equal educational opportunity）、教育平等（educational equality，equality in education）三个概念被经常使用。教育“平等”或“均等”（equality，equal）在英文文献中更多地出现在20世纪六七十年代，即教育机会均等运动时期，科尔曼在其影响深远的报告《教育机会均等的观念》中，便使用了“equality”（均等）这一概念。20世纪80年代以后，也有相当一部分文献使用此概念。而教育“公平”（equity）一词更多地运用于20世纪80年代以后。[②]

瑞典教育家胡森从三方面界定“平等”的内涵。“平等”首先是指每个人都有不受任何歧视地开始其学习生涯的机会，至少是在政府所办的教育中开始其学习生涯的机会。其次，“平等”这一观念还可以适用于对待。最后，在制定和施行教育政策时应列入一些措施，使入学机会更加平等，进而使学业成就的机会更加平等。[③] 他把教育平等分为机会平等、过程平等和结果平等。他认为，教育机会平等只要保证提供给个体获得教育的平等机会，教育结果的不平

① 苗力田：《亚里士多德全集》第8卷，中国人民大学出版社1994年版，第279页。

② 翁文艳：《教育公平与学校选择制度》，北京师范大学出版社2003年版，第2页。

③ ［瑞典］T. 胡森：《平等——学校和社会政策的目标》，载张人杰《国外教育社会学基本文选》，华东师范大学出版社2009年版，第160—161页。

等在道德上是允许的，并进一步对这一原则进行了消极和积极两种解释。消极性的解释是非干预主义者，他把教育机会平等看作是没有正式的（尤其是合法的）进入公共教育的屏障，这些屏障会基于道德上不相干的标准如种族、性别以及语言歧视个人和群体。积极性的解释是干预主义者，它要求公共教育超越纯粹的形式上的平等，并采取积极的措施去消除导致学龄儿童持续不平等的环境上的差别。[①]

联合国教科文组织国际教育发展委员会在1972年发表的报告《学会生存——教育世界的今天和明天》中指出，教育上的平等，"并不等于把大家拉平"，而是"要求一种个人化的教育"；并指出："给每一个人平等的机会，并不是名义上的平等，即对每一个人一视同仁，如目前许多人所认为的那样。机会平等是要肯定每一个人都能受到适当的教育，而且这种教育的进度和方法是适合个人特点的。"[②]

教育是一种培养人的社会活动，因此，和其他领域的公平相比，教育公平应有更多的伦理内涵。约翰·罗尔斯从伦理学角度提出的正义观对我们理解教育公平有很大的借鉴价值，他提出两个正义原则：第一个原则：每个人对与其他人所拥有的最广泛的基本自由体系相容的类似自由体系都应有一种平等的权利。第二个原则：社会的和经济的不平等应这样安排，使它们①被合理地期望适合于每一个人的利益；并且②依系于地位和职务向所有人开放。[③] 第一个原则是平等自由的原则，第二个原则是机会公正平等原则和差别原则的结合。其中，第一个原则优先于第二个原则，而第二个原则中的机会公正平等原则又优先于差别原则，[④] 他的理论反映出对最少受惠者的偏爱。将他的正义观运用于教育领域，我们可以这样理解，教育是每个人都拥

---

① ［瑞典］T. 胡森主编：《教育大百科全书》，西南师范大学出版社1994年版，第194页。

② 联合国教科文组织国际教育发展委员会编著：《学会生存——教育世界的今天和明天》，华东师范大学比较教育研究所译，教育科学出版社1996年版，第105页。

③ ［美］约翰·罗尔斯：《正义论》，何怀宏译，中国社会科学出版社1988年版，第60—61页。

④ 同上书，第6—7页。

有的权利，人们的教育机会均等，对教育中的最少受惠者，应实行弱势补偿，人的教育机会不应因社会经济地位等方面的不平等而受到影响。

（2）教育公平、教育机会均等和教育质量公平

在英语文献中，“教育机会均等”“教育平等”“教育公平”三个概念经常被使用，本书将“教育公平”作为标题出于以下考虑。第一，三个概念在不同时期英语文献中使用的频率不同。第二，在目前的主要研究中，教育机会均等的内涵范围最小，是教育公平的一个阶段。这和科尔曼的研究不同，科尔曼的教育机会均等包括了资源投入的均等和教育结果均等。[①] 教育平等强调对不同受教育者的同等对待。在当前的研究中，教育公平被赋予了更多伦理学含义，强调对不同受教育者的不同对待，弱势补偿、差别原则得到了更大的认可，“教育公平”内涵最大也更为合理。

本书把美国教育公平的发展进程分为教育机会均等和教育质量公平两个阶段，这样划分主要参考了科尔曼对教育机会不均等的五种界说。他认为，第一种类型的不均等是以社区对学校投入的差异来界说的，如每个学生的费用、校舍、图书馆、教师素质等；第二种类型的不均等可以根据学校的种族构成加以界说；第三种类型的不均等包括学校的各种无形的特点，以及可直接归因于社区对学校投入的某些因素；第四种类型的不均等，可根据学校对背景相同和能力相同的个体所产生的教育结果来界说；第五种不均等可根据学校对具有不同背景和不同能力的个人所产生的教育结果来界说。这五种界说可以明显地分为两类：前三种涉及投入资源，第四、第五种界说则涉及教育的结果。[②] “二战”以来，美国基础教育立法正是由重视资源的投入均等转向重视结果公平。20 世纪 50—80 年代，教育法对资源的投入是为了保障教育机会均等，教育质量是教育结果的主要方面。因此，本书把美国基础教育公平的推进分为教

---

① ［美］詹姆斯·科尔曼：《教育机会均等的观念》，载张人杰《国外教育社会学基本文选》，华东师范大学出版社 2009 年版，第 155 页。

② 同上书，第 153—155 页。

育机会均等（此处不同于科尔曼使用的概念）和教育结果公平两个阶段。

基于以上研究，本书认为教育公平的内涵包括以下几方面：第一，教育机会均等。教育机会均等要求给予每个人同等的教育机会，享受教育的可能性不因种族、经济条件、残疾、性别、语言、宗教信仰等原因而受到排斥。第二，尊重教育差异。教育公平不等于平等对待，应该根据不同情况不同对待的原则，向受教育者提供有差异的、多样化的教育，满足不同学生的选择，这可能是不平等的，但却是公平的。第三，保障教育质量公平。教育公平的终极目标是让每个人都能接受高质量的教育，并使受教育者有同样成功的机会。受个体间的差异及校外因素等的影响，教育质量的公平只能是一种接近，永远也不可能完全实现，但教育质量公平应是教育公平追求的目标。第四，教育资源向弱势群体倾斜。教育资源的配置应关注受教育者社会经济地位的差距，并对弱势群体在教育资源配置上予以补偿。这样配置教育资源是不平等的，但却是公平的。因此，本书对教育公平做如下界定：教育公平是指每个人都享有均等的教育机会，能接受体现个体差异的高质量教育，教育资源向弱势群体倾斜。

教育机会均等是教育公平的基本要求，是教育质量公平的前提。教育机会和受教育权利不同，受教育权利是“人之为人应得”的基本权利，人人享有，但人可能会因为性别、经济条件、残疾等原因失去教育机会；受教育权利平等是教育机会均等的前提，教育机会均等需要更大的保障、需要对弱势群体进行补偿。教育机会均等要求提供多样化的教育，满足不同受教育者不同的需求。因此，教育机会均等指通过提供多样化的教育、补偿性的措施而达到的教育条件相近的状态。

教育质量公平是教育公平的目的，是教育结果公平的主要表现。教育结果表现为学生成绩的获得、学位的获得、能力或素养的增长，由于教育带来的高收入水平、较高的生活水平，以及其他有利的个人资本状态。[①] 对基础教育而言，教育结果表现为学生成绩的获得、能力或素养的增长，即教育质量的提升。联合国教科文组织认为，看待教育质量需要关注两点：首先是确保学习者认知能力的发展；其次是强调教育在促进学习者的创造力和情感发展以及帮助他们树立负责任公民应有的价值观和处世态度方面所发挥的作用。[②] 近年来国际社会以 PISA 测定阅读、数学和科学的成绩来衡量一个国家的教育质量，但教育质量绝不意味着只是分数、成绩，也不只是学生的认知发展水平，而是学生的一种综合素养。通过成绩来衡量教育质量，是因为成绩较易测量，具有较强的可比性。教育质量公平的核心是质量，追求的是公平，目的是通过提高不利群体的教育质量缩小质量差距。教育不利群体有权利获得高质量的教育，保障教育不利群体获得高质量教育的权利是教育公平的最高表现。由于个体的差异性，教育质量公平不可能是质量的绝对平等，只能是一定标准上的适度差异。教育质量公平是底线公平、差异公平的统一。因此，教育质量公平指在尊重差异性的前提下依照教育质量标准平等地对待每一个学生。

（二）法律

法律反映统治阶级的根本愿望和共同要求，代表着统治阶级的整体利益。[③] 它可以从多个角度定义，学界一般是从制度角度对法律进行界定。制度意义上的法律有广义和狭义之分。在广义上，法律就是法，泛指享有立法权的国家机关所确定和认可的、以权利义务为主要内容的、由国家强制力保证实施的行为规则。在狭义上，法律仅指具有最高立法权的国家机关所制定或认可的、以权利义务为主要内容的、具有国家强制性的行为规则。[④] 法律是调整社会关系的行为规则，由国家强制力保证实施，具有普遍的约束力。

① 辛涛、黄宁：《教育公平的终极目标：教育结果公平》，《教育研究》2009 年第 8 期。

② 冯建军：《义务教育质量公平的内涵、特征及指标体系的建构》，《教育发展研究》2011 年第 18 期。

③ 公丕祥主编：《法理学》，复旦大学出版社 2002 年版，第 43 页。

④ 卓泽渊：《法学导论》，法律出版社 2003 年版，第 14 页。

西方法系可分为大陆法系和英美法系。英美法系，是指以英国中世纪以来的普通法为基础，以判例法为主要标志并与其存在继受关系因之具有某些相似性、不变性的各国家和各地区的法律的总称。英美法系的法律渊源既包括各种制定法，也包括判例，而且，判例所构成的判例法在整个法律体系中占有非常重要的地位。英美法系的法官既可以援用成文法也可以援用已有的判例来审判案件，而且，也可以在一定条件下运用法律解释和法律推理的技术创造新的判例。因此，英美法系的法官不仅可以适用法律，还可以在一定范围内创造法律。①

（三）基础教育

基础教育是对国民实施的基本普通文化知识教育，是培养公民基本素质的教育，也是为继续升学或就业培训打好基础的教育。② 美国的基础教育为 K－12 教育，即从幼儿园（kindergarten）到 12 年级（相当于我国的高三）的教育，包括学前教育、初等教育、中等教育（初中和高中）三个阶段。学生可以在公立学校或私立学校接受基础教育，也可以选择在家教育。本书仅探讨初等和中等教育，不涉及学前教育。

四　研究方法

合理的研究方法是教育研究结论正确的重要保障，根据研究内容，本书主要采用文献研究法、历史研究法、比较研究法。

（一）文献研究法

文献研究法是社会科学研究的最重要方法之一，也是其他很多研究方法的基础。本书通过与主题相关资料的检索，收集到了几类代表性的中文和英文文献。第一类是专著，如 *Educational Policy and the Law*、*Equality in Education Law and Policy*、《美国平等的历程》等。第二类是博士和期刊论文，如 *Education for the Children of the Poor*、*Equal Opportunity and the Courts*、《组间平等：美国教育平等历程述论》

---

① 吴汉东：《法学通论》，北京大学出版社 2011 年版，第 65 页。

② 顾明远：《教育大词典》增订合编本（上），上海教育出版社 1997 年版，第627 页。

等。第三类是美国教育法原文，如 *Elementary and Secondary Education Act*、*Improving America's Schools Act*、*No Child Left Behind Act* 等。第四类为研究报告，教育部等机构会定期公布每项教育法执行情况报告，如 *High Standards for All Students*：*A Report from the National Assessment of Title I on Progress and Challenges since the* 1994 *Reauthorization*、*36th Annual Report to Congress on the Implementation of the Individuals with Disabilities Education Act* 等。第五类为美国国家教育统计中心公布的各种数据，如 *Average National Assessment of Educational Progress*（*NAEP*）*mathematics scale score and percentage of students attaining selected NAEP mathematics achievement levels*。笔者在搜集文献过程中虽尽了全力，但仍不全面，这应该是在国内研究外国教育最难以克服的困境。在研究过程中，笔者尽量做到全面客观地引用和分析文献，避免断章取义、夸大或隐藏某些观点。

（二）历史研究法

历史研究法的实质在于探究研究对象本身的发展过程和人类认识该事物的发展过程，而不是单纯地描述具体的历史事件或历史人物的活动。通过历史研究，可以揭示教育发展的规律和特点，有助于我们认识现代教育的实质；通过历史研究，我们可以借鉴历史经验，预测未来教育的发展方向。基础教育公平的发展具有连续性，只有从历史的角度来考察美国基础教育公平的演变，才能发现其变化的轨迹。因此，本书通过分析不同时期美国基础教育立法的背景、内容、实施、效果，试图发现法律对美国基础教育公平的影响，美国基础教育公平演进的特点及经验。

（三）比较研究法

教育科学的比较研究通过对某类教育现象在不同时期、不同地点、不同情况下的不同表现进行比较分析，以揭示教育的普遍规律及其特殊表现，从而得出符合客观实际的结论。没有比较就没有鉴别，没有鉴别就没有准确的认识。只有对事实材料进行比较分析，通过分析综合、归纳演绎，才能揭示教育的本质规律。在研究过程中，笔者试图进行纵向比较和横向比较。如《初等和中等教育法》自 1965 年颁布实施以来，经过多次重新授权，通过纵向比较，我们可以发现不同时期美国社会环境的变革和公平理念的变化对教育公平的影响；通过对弱势群体学生和优势群体学生成绩的比较，可以发现教育质量差距缩小的情况。

五　研究内容和创新点

（一）研究内容

1. 研究思路

本书从法律视角分析美国基础教育公平的演变，将视线投向美国教育法制定和司法判决的背景、内容、实施及效果。美国基础教育公平的演变可分为两个阶段：教育机会均等和教育质量公平。教育机会均等阶段以 1954 年的布朗案为起点，布朗案及之后的几次判决执行过程曲折复杂，种族合校进展不顺利。布朗案判决唤醒了语言少数族裔、残疾人等弱势群体的权利意识，教育机会均等受益群体大大扩展。对教育质量公平的追求始于 20 世纪 80 年代，《国家处在危机中》报告使美国社会开始重视教育质量，1994 年的《2000 年目标：美国教育法》和《改善美国学校法案》以立法的形式强调教育标准、提高教育质量。2002 年《不让一个孩子落伍法案》和 2004 年的《残疾人教育促进法》通过严格的问责制度进一步保障了质量标准的实施。最后，本书总结了美国基础教育公平发展的特点、经验，并对法律视角下美国基础教育公平的演进进行了反思。

2. 研究范围

（1）时间范围的选取

本书将研究时间的起点定为 20 世纪 50 年代，因为，"二战"前联邦政府很少干预基础教育公平，1954 年的布朗案是联邦政府干预基础教育公平的起点，之后，在《民权法案》的影响下，联邦政府又颁布了一系列重要法案如《初等和中等教育法》《所有残疾儿童教育法》，基础教育公平才成为联邦政策的重要目标。

（2）法律的选取

美国是高度法治化的国家，教育法繁多，既有成文法，也有判例法，既有国会制定的法律，也有州议会制定的法律，这些法律涉及教育领域的方方面面。本书重点选取对基础教育公平影响较大的国会教育立法和联邦最高法院的司法判决，州立法和司法判决选用较少。

（3）研究群体的选取

基础教育公平的获益群体是弱势群体，弱势群体包括贫困学生、语言少数族裔学生、残障学生，女生等。虽然“二战”后联邦政府颁布了《女性教育公平法案》，但本书未把女性列入研究范围，主要是因为美国基础教育阶段性别间的公平程度较高。

3. 研究重点、难点

（1）研究重点

20 世纪 50 年代以来美国基础教育机会均等和教育质量公平相关法律的演进及实施成效。

（2）研究难点

美国基础教育公平相关法律的实施效果。

4. 希望发现的问题

（1）法律视角下美国基础教育公平演进的特点

布朗案以来，美国一直在努力推进基础教育公平，基础教育公平的理念随时代发展而不断变化，在法律视角下，美国基础教育公平的演进呈现出哪些特点？

（2）法律视角下美国基础教育公平取得的成效

美国政府通过立法、修订法案、司法判决保障基础教育公平，并且为促进基础教育公平投入了大量资金，这些努力取得了多大成效？

（二）创新点

（1）公平视角下对美国基础教育相关法律的解读。

（2）对教育法原文等大量一手文献进行分析。

第一章　基础教育机会均等法律保障的肇始

在美国历史上，黑人长期受到白人的奴役。南北战争结束后，为巩固战争胜利的成果、争取南方自由黑人的选票，共和党人占绝对多数的国会通过了宪法第十四修正案，给予每个人平等的法律保护。但黑人的地位并没有因此得到根本性改变，黑人仍然受到歧视，1896年普莱西诉弗格森案确立的“隔离但平等”（separate but equal）原则使种族隔离合法化。为了获取平等的权利，黑人进行了不屈不挠的抗争，1954年，联邦最高法院判布朗诉托皮卡教育委员会案原告胜诉，宣布“隔离但平等”原则不合宪，黑人从法律意义上获得了和白人均等的教育机会，但判决的执行却举步维艰。

第一节　布朗案前争取黑人教育机会均等的斗争

南北战争前，美国大部分黑人作为奴隶生活在南方，在奴隶制的压制下，黑人的教育机会遭到剥夺。弗吉尼亚州于1620年创立第一所招收黑人和印第安人的公立学校，[①] 在宗教和慈善组织的资助下，黑人学校逐渐增加。但各州在不同时期对黑人的教育政策有很大变化，19世纪上半期南方各州曾一度禁止黑人入学，1819年，弗吉尼

---

① 滕大春：《美国教育史》，人民教育出版社2001年版，第609页。

亚州的法律规定，教授黑人读书写字的集会均属违法乱纪。北部和西部各州黑人教育的总体状况好于南部，在黑人集中的南部各州，黑人被排除在公立教育之外。

一 南北战争后至19世纪末的黑人教育

（一）重建时期的黑人教育

南北战争时期，林肯总统于1863年发表《解放奴隶宣言》。为了巩固战争的胜利成果，国会于1865年通过宪法第十三修正案，废除了奴隶制。1866年，国会通过宪法第十四修正案，规定“州不得拒绝给予任何人平等的法律保护”，虽然黑人的教育机会均等难以真正实现，但它获得了法律上的认可，是历史的进步。

重建时期（1866—1877年），各州议会纷纷修改宪法，或建立学校体制，明确规定要普及黑人教育。亚拉巴马州于1867年颁布法律，规定凡6—21岁的青少年，不分肤色，都是教育的对象。田纳西州议会成立学制委员会，提高教育税额，建议设立黑人白人学生共读的学校。内战结束前联邦政府建立的自由民局（Freedmen's Bureau）在各州指派了督学，负责创办、监督管理各种学校，如日校、夜校、实业学校等，到1871年，自由民局已经为4239所学校和9300名教师花费了500万美元，25万余名南方年老和年轻的黑人涌向这些新建的小学接受基础的教育。① 为了解决教师匮乏的问题，自由民局与其他机构合作，在南方建立师范教育机构，据1868年总督学的报告，自由民局资助的师范教育机构有十余所，如霍华德大学（Howard University）、国家神学院（National Theological Institute）、里士满师范学校（Richmond Normal School）、南卡罗来纳中等及师范学校（South Carolina High and Normal Schools）等。②

---

① Walter C. Rucker, “From Black Nadir to Brown v. Board: Education and Empowerment in Black Georgian Communities—1865 to 1954”, *The Negro Educational Review*, Vol. 58, Fait/Winter, 2007, pp. 151 - 170.

② 屈书杰：《从种族隔离到学校一体化：20世纪美国黑人教育》，博士学位论文，河北大学，2002年，第20页。

基督教会、慈善机构和黑人民众也积极筹资发展教育。战争结束后，这些机构和自由民局积极合作，发展黑人教育。"新英格兰自由民援助协会"是最早致力于黑人事业的民间机构，在南方白人仇视和经费极为紧张的情况下，协会不断将学校扩大到许多地方，到1868年，协会在马里兰、佐治亚、南北卡罗来纳等地开办了79所学校，有教师182人，学生近万人。[①] 私人捐赠教育基金并由基金拨款办学是战后才出现的办学形式，最早出现的是1867年成立的皮博迪教育基金（Peabody Education Fund），基金会的早期捐助以需要而不以种族和宗教为标准。后来，斯莱特教育基金（John Slater Fund）和金斯教育基金（Anna T. Jeanes Fund）相继成立。重建给黑人的生活带来巨变，黑人对教育寄托了很大希望，纷纷开展教育自救。南方黑人创办"当地人学校"（Native School），聘用黑人教师。1865年，乔治亚州黑人协助成立了乔治亚教育协会（Georgia Educational Association），到1867年底，乔治亚教育协会建成了120所黑人小学，乔治亚的黑人社区购买了57栋建筑以满足自己的教育需要。[②]

据约略统计，1866年南方有黑人学校975所，学生90778名，次年增为1839所，学生111442名。10年之后，在过去南方蓄奴16州和哥伦比亚特区，从公立学校肄业的有色学生计达571506名。以往黑人识字者极少，1870年黑人文盲下降为79.9%。[③] 除了初级黑人学校，中等和高等黑人学校也受到重视。密苏里州的杰斐逊城于1865年成立林肯学校，还在芮雷（Raleigh）成立萧大学（Show University），弗吉尼亚、华盛顿特区、路易斯安那、密西西比等州也相继建立大学，这些州大学学术水平并不高，但大学朝黑人打开大门，意义重大。

---

① 屈书杰：《从种族隔离到学校一体化：20世纪美国黑人教育》，博士学位论文，河北大学，2002年，第21页。

② Walter C. Rucker, "From Black Nadir to Brown v. Board: Education and Empowerment in Black Georgian Communities—1865 to 1954", *The Negro Educational Review*, Vol. 58, Fait/Winter, 2007, pp. 151 – 170.

③ 滕大春：《美国教育史》，人民教育出版社2001年版，第616页。

（二）后重建时期的黑人教育

1876 年，南方民主党人与共和党总统候选人拉瑟德福·B. 海斯（Rutherford B. Hayes）做了一笔政治交易：南方人将选票投给海斯，海斯当选总统后从南方撤出联邦军队。1877 年，海斯就任总统后兑现了他的承诺，美国历史上的重建时期结束。后重建时期，黑人遭受吉姆·克劳法①的歧视、政治权利的剥夺、种族暴力的威胁，黑人历史学家雷福德·罗根（Rayford Logan）称 19 世纪最后 10 年和 20 世纪初叶是美国黑人社会地位的“低谷”（Black Nadir）时期。

重建时期结束后，南方种族主义者掌握了政权，黑人在重建时期获得的各项权利逐步丧失。首先，白人种族主义者制造社会舆论，实行暴力压制，企图剥夺黑人获得的教育机会。密西西比州教育厅长 T. S. 加斯莱特（T. S. Gathright）攻击该州 1868 年颁布的新教育法是对白人权利的侵犯，种族主义者唆使三 K 党袭击黑人学校，私刑杀害教师。其次，种族主义者反对公款办学，从经费上扼杀黑人学校。他们认为，黑人贫困，纳税极少，由白人纳税为黑人办学不合理。再次，实行教育种族隔离制度。国会关于是否在南方建立混合学校的争论从重建初期就没有间断，1866 年的《民权法案》没有涉及南方公立学校的问题。1873 年，在南方公立学校中禁止种族隔离的提案再次提出，但因反对者的阻止而被否定。虽然南方有个别地方尝试种族合校，但在后重建时期的社会环境下，这些尝试最终不了了之，各州通过立法确立了种族隔离的学校制度。②

北方是公立学校的发源地，并且种族关系相对缓和，有些地方如依阿华、芝加哥、纽约等地建立了种族混合学校。南方种族关系紧张，在白人的压制下，黑人教育缓慢发展，黑人接受教育的机会远低于白人，并且黑人与白人在教育设施、上课时间、教师工资等方面存在巨大差异。到 19 世纪 80 年代，南方白人开始管理黑人学校，大幅度削减黑人学校的资金。在黑人“低谷”时期，各种不利因素结合到一起，

---

① 吉姆·克劳是对黑人的蔑称，南北战争后，南部重建，各州通过立法或其他手段对黑人实行隔离和歧视，这些法律被统称为吉姆·克劳法。

② 祝贺：《美国公共学校种族隔离的终结》，浙江教育出版社 2014 年版，第 34 页。

侵蚀了南方黑人教育的基础。政治权利的剥夺使一些热衷黑人教育的人士不能说服州教育立法者继续支持黑人教育。作为黑人劳动力组织的主要形式，佃农耕种使人严重怀疑：如果黑人孩子注定要做佃农和雇佣农民，有必要为他们提供优质教育吗？吉姆·克劳法通过种族隔离对黑人教育造成最具破坏力的影响。① 1896 年，联邦最高法院对普莱西案的判决使种族隔离进一步合法化，加快了种族隔离的步伐。

二 普莱西案判决及对黑人均等教育机会的剥夺

（一）普莱西案判决

从内战结束到 19 世纪末，在公立学校是否可以废除种族隔离的问题上，美国社会陷入严重分裂，各州莫衷一是、各行其道。许多进步人士认为，实行种族隔离意味着对黑人平等权利的侵犯，他们希望联邦最高法院能从宪法的角度否定公立教育中种族隔离的合法性。

1890 年，路易斯安那州通过了《隔离车厢法案》，要求在火车上为白人和有色人种提供隔离的车厢。新奥尔良的一个公民权利组织说服荷马·普莱西（Homer Plessy）参与了一场精心策划的诉讼。普莱西具有 7/8 的白人血统和 1/8 的黑人血统，但是，根据路易斯安那州的法律，只要一个人拥有黑人血统，他就是一名黑人。1892 年 6 月 7 日，普莱西登上一列火车、进入白人车厢，并向列车员告知自己的身份，列车员要求他到有色人种车厢就座，普莱西予以拒绝，并因此而被逮捕。普莱西将路易斯安那州政府告上法庭，认为州法律因种族原因而将自己区别对待，违反了宪法第十三和十四修正案，案件最后上诉到联邦最高法院。1896 年 5 月 18 日，联邦最高法院以 7∶1 的多数票通过了大法官布朗（Brown）撰写的裁定，判种族隔离的法律不违宪，普莱西败诉。布朗认为，联邦宪法第十三和十四修正案的宗旨是实现所有种族在法律面前平等，但是平等包括政治平等和社会平等两方面，前者包括选举等权利，后者包括在学校、

① Walter C. Rucker, “From Black Nadir to Brown v. Board: Education and Empowerment in Black Georgian Communities—1865 to 1954”, *The Negro Educational Review*, Vol. 58, Fait/Winter, 2007, pp. 151 – 170.

剧场、公共交通工具中得到平等对待的权利，宪法第十三和十四修正案无法抹杀基于肤色产生的差别，也不可能试图实施不同于政治平等的社会平等，或者以两个种族都不满意的方式强制两个种族融合。如果两个种族在政治权力上平等，就谈不上一个种族比另一个种族劣等。如果一个种族确实在社会上低人一等，联邦宪法也无法将他们置于相同的水准。法律无法消除源于种族不同的自然差异，勉强为之只能适得其反。[①] 在此案中，唯一一个投反对票的是大法官约翰·马歇尔·哈伦（John Marshal Harlen），他认为，铁路交通具有公共性质，路易斯安那州的立法根据种族或肤色限制或禁止平等使用公共交通工具，显然违反第十四修正案。按照美国宪法的原则，公民行使其民权，无论是立法、行政还是司法机关，都无权过问其种族或肤色，否则不但违反公民的平等权利，还侵犯其人身自由。路易斯安那州禁止黑人自由选择车厢，显然侵犯了黑人的人身自由。他因此强调："美国宪法是色盲的（Colour-blinded Constitution），它不承认、也不容忍在公民中划分等级。在公民权利方面，所有公民在法律面前一律平等。对卑贱者和高贵者，将一视同仁。当涉及由国家最高法律保障的民权时，法律只就人论人，不考虑其背景和肤色。"[②] 哈伦的这段名言，掷地有声。

（二）普莱西案判决对黑人均等教育机会的剥夺

普莱西案"隔离但平等"判决为种族主义者进一步实施种族隔离提供了法律依据，1954 年之前，美国南方 17 个州有法律明文规定在公立学校中实行种族隔离，而另外 4 个州——亚利桑那、新墨西哥、堪萨斯和怀俄明州将是否在公立学校中实行种族隔离的选择权交给各学区。[③] 根据"隔离但平等"原则，只要为不同种族提供了平等的设施，种族隔离便合宪。但是，黑人学校教育支出、教师水平、每学期平均在校天数等方面和白人存在很大差距（见表 1—1）。1914—1915 学年，

① *Plessy v. Ferguson*, 163U. S. 537. 544 (1896).

② Ibid..

③ 祝贺：《美国公共学校种族隔离的终结》，浙江教育出版社 2014 年版，第 39—40 页。

乔治亚州公共教育支出黑人学生平均 2.08 美元，白人学生为 10.03 美元；[①] 1929—1930 学年，南方共投入教育 3.43 亿美元，但其中只有 12% 用于黑人社区的公立小学。1939—1940 年，南方白人学校的教师约 60% 至少接受过 4 年的大学教育，但只有约 1/3 的黑人学校教师达到这一水平。密西西比州教师的水平差距更大，接受过 4 年大学教育教师的比例分别为 62% 和 9%。[②] 在许多农村地区，有的县没有黑人高中，很多小学教师主要在种植园做厨师或佣人，很多教师受过的教育不超过 4 年。黑人学生的教室往往是破旧的木屋或废弃的教堂，课本陈旧并且数量不足。由于黑人学校数量远远少于白人学校，许多黑人学生不得不步行很远的路去上学。20 世纪 40 年代，亚特兰大黑人小学因为过于拥挤，学生每天只能上 3 小时的课，其他时间在街上游荡。1949—1950 年，亚特兰大黑人学校的平均班额为 36.2 人，白人为 22.6 人。[③] 由于教育条件的不公平和黑人的普遍贫困，黑人家长比白人家长更有可能早早让孩子离开学校。20 世纪 40 年代晚期，种族隔离州和哥伦比亚特区 25 岁以上黑人的平均教育年限为 5 年，而白人为 8.5 年。这一时期或许 1/4 的黑人为功能性文盲。[④]

表 1—1 **1919—1954 年黑人和白人学生每学期平均在校天数和出勤率**

	1919—1920	1929—1930	1939—1940	1949—1950	1953—1954
黑人学生每学期平均在校天数	119	132	156	173	177

① Walter C. Rucker, “From Black Nadir to Brown v. Board: Education and Empowerment in Black Georgian Communities—1865 to 1954”, *The Negro Educational Review*, Vol. 58, Fait/Winter, 2007, pp. 151 – 170.

② Henry M. Levin, *Education and Earnings of Blacks and the Brown Decision*, Palo Alto: Center for Educational Research at Stanford, 1979, p. 16.

③ James T. Patterson, *Brown v. Board of Education: A Civil Rights Milestone and It's Troubled Legacy*, New York: Oxford University Press: 2001, p. 11; Ronald Bayor, *Race and the Shaping of Twentieth-Century Atlanta*, Chapel Hill: The University of Massachusetts Press, 1996, pp. 198 – 219.

④ James T. Patterson, *Brown v. Board of Education: A Civil Rights Milestone and It's Troubled Legacy*, New York: Oxford University Press, 2001, p. 9.

续表

	1919—1920	1929—1930	1939—1940	1949—1950	1953—1954
白人学生每学期平均在校天数	162	173	175	178	179
黑人学生每天平均出勤率	67	72	80	85	85
白人学生每天平均出勤率	75	83	87	89	89

数据来源：Henry M. Levin, *Education and Earnings of Blacks and the Brown Decision*, Palo Alto：Center for Educational Research at Stanford, 1979, p. 14。

黑人的教育条件、教育机会与白人有很大差距，教育内容也不同于白人。中等教育阶段，白人学生学习内容倾向于人文和学术课程，为接受高等教育做准备。受布克·华盛顿（Booker Washington）思想的影响，黑人学生主要学习职业和工业课程，几乎没有做接受高等教育的准备。虽然一些黑人学生很想上大学，但学校还是为他们提供更实用的课程，罗斯沃德基金会（Rosenwald Fund）成员富兰克林·凯勒（Franklin Keller）说："传统课程对那些从事体力劳动的孩子没用，尤其是那些黑人孩子，他们利用这些传统课程的机会很少。"①也就是说，南方黑人孩子接受学术教育是浪费。对乔治亚州斯宾塞高中（Spencer High School）10 年级学生进行的一项社会学研究发现，84 名学生中有 74 名希望从事比父母更好的工作，尽管许多学生希望从事专业性或熟练工作，但学校的课程仍主要是烹饪、机械、木工等。黑人高中学生似乎要永远留在底层，资助南部黑人高中的北方慈善家们在竭尽全力维持现存的种族不平等。②

三　隔离时期争取黑人教育机会均等的斗争

"隔离但平等"原则加剧了黑人和白人关系的恶化，白人知识分

① Anderson, J. D., *The Education of Blacks in the South, 1860 - 1935*, Chapel Hill：The University of North Carolina Press, 1988, p. 222.

② Ibid..

子通过各种方式证明黑人是劣等种族，但是黑人的抗争一直没有停止过，黑人在20世纪上半叶争取教育机会均等的斗争为布朗案的胜诉提供了有利环境。

（一）布克·华盛顿的妥协主义观点

美国黑人史学家雷福德·洛根指出，19世纪末至20世纪初是黑人社会地位的最低点，在这一时期，南部掀起了剥夺黑人选举权的运动，黑人的政治权利被剥夺殆尽，对黑人的私刑和暴力达到了最猖狂的地步。在这个黑人历史上的黑暗时代，布克·华盛顿的妥协主义观点在黑人思想中占据主导地位，也得到白人的支持。

布克·华盛顿的思想与他所受到的教育和工作经历密切相关，他曾就读于职业技术学校，后任一所职业师范学院的院长。他认为，社会需要更多的工匠而不是政治家和教师，希腊、拉丁和哲学课程对改善南方黑人的生活并无价值。黑人应该通过职业教育，获得勤劳、节俭等良好的品格和机械、农业、商业等实用知识技术，把劳动自救放在首位，通过劳动证明黑人的价值、赢得白人的尊重，白人会渐渐地接受黑人进入主流社会，最终给予黑人经济机会、社会平等和政治权利，用W. E. B. 杜波依斯[①]（W. E. B. Du Bois）的话来说就是“使他们成为工匠”[②]。他呼吁南方白人“就地汲水”，不要依靠外国移民满足劳动力的要求，而应利用南部800万黑人，他们耐心、忠诚，不会挑起劳资冲突，而且不会要求社会平等。白人应资助黑人的职业技术教育，使他们成为有用、有文化的公民，以免拖南部发展的后腿。同时，他呼吁黑人也要“就地汲水”，与白人建立友好的关系，留在南方而不是迁移他乡，因为南部给予黑人最好的发展机会。他呼吁黑人不要参与政治，而应致力于商业、机械、农业、家政等工作，并不要抗议和抱怨。如果黑人和白人都能做到这些，将来一定会在南方建立一个消除种族仇

---

① W. E. B. 杜波依斯，美国社会学家、历史学家、民权运动者、作家和编辑，哈佛大学第一个取得博士学位的非裔美国人，美国全国有色人种协进会的创建者之一。

② W. E. B. Du Bois, *The Education of Black People: Ten Critiques 1906 – 1960*, Amherst: The University of Massachusetts Press, 1973, pp. 63 – 64.

恨、实现绝对平等和物质繁荣的“新天堂”。① 显然，布克·华盛顿是要黑人接受种族隔离和种族歧视的现实。一些白人担心黑人受教育后会威胁到自己的生活，因而支持布克·华盛顿的观点。1901 年，乔治亚前州长阿兰·D. 坎德乐（Allen D. Chandler）说：“我认为黑人不需要接受高等教育，如果他们接受了高于自己等级的艺术教育，他们会不快乐。”② 这些观点得到许多“进步主义”慈善家的支持。

布克·华盛顿解决美国黑人问题的方案在当时具有一定的合理性。他的方案是建立在对南部农村黑人状况的现实观察和对当时社会现实的理解之上的。他看到贫困的南部黑人当务之急是解决生存问题，然后才能谈权利问题；而要解决生存问题，没有知识和技术的黑人首先要通过职业技术教育学得一技之长；而要发展职业技术教育，贫困的黑人需要白人的帮助。另外，布克·华盛顿亲自经历了激进共和党人抛弃黑人的那段历史，因此他尤其强调黑人应自立自强，主要通过自身的努力去改善自己的经济与社会地位。他致力于改善黑人的经济状况，展现了黑人争取平等的一个侧面。当然，布克·华盛顿没有认识到，白人为剥夺黑人的权利无所不用其极。黑人即使拥有知识、品德和财产也会被堂而皇之地拒之于政治平等之外。布克·华盛顿也没有认识到，没有政治权利，黑人的经济利益以及人身安全和人格都毫无保障。③

（二）全国有色人种协进会争取教育机会均等的斗争

布克·华盛顿的妥协主义观点受到杜波依斯的挑战。杜波依斯认为，黑人应该坚持不懈地为反对种族歧视、争取自己的权利而斗争，不能放弃作为人和美国公民的正当要求。美国黑人问题的产生有两方面原因：白人的种族偏见，黑人在文化和经济上落后于白人。他构建

① 张聚国：《杜波依斯与布克·华盛顿解决黑人问题方案比较》，《南开学报》2000 年第 3 期。

② Berry, M. F. Blassingame J., *Long Memory: The Black Experience in America*, New York: Oxford University Press, 1982, p. 265.

③ 张聚国：《杜波依斯与布克·华盛顿解决黑人问题方案比较》，《南开学报》2000 年第 3 期。

了一个包括经济发展、道德重建、教育振兴等内容的多方面计划。杜波依斯不反对职业教育，承认黑人学习手艺的必要性，但是，对于有"天才的十分之一"的黑人，必须接受高等教育，黑人精英需要接受教育而不是接受培训，需要学习古典学科、人文、社会以及自然科学等最有价值的知识，而不是掌握简单的知识技能。[①] 黑人精英应该是人文高等教育培养出来的黑人领袖，如果不是黑人大学和学院重视人文课程，美国黑人不可能获得目前的地位[②]。实际上，黑人大学确实为20世纪五六十年代的民权运动提供了知识分子和斗士。从这个意义上来说，黑人人文高等教育培养了一些医生、律师和其他专业人员，不但为黑人社会提供了坚实的经济基础，还为社会进步和政治变革奠定了基础。

杜波依斯认为，从理论上来说，黑人既不需要隔离的学校，也不需要混合的学校，他需要的只是教育。杜波依斯是全国有色人种协进会（the National Association for the Advancement of Colored People, NAACP）的最初创建者，1909 年，全国有色人种协进会成立，杜波依斯当选为协进会理事会理事。协进会成立初期很少涉及教育领域，但杜波依斯已经开始注意到教育中的不公平问题。20 世纪 20 年代，杜波依斯发表了一系列文章，指出黑人学校和白人学校在教育经费方面的巨大差距，主张种族融合。他认为，摆在全国有色人种协进会面前的下一步任务是一个长远的行动：保障黑人儿童在全美学校中获得平等的教育权利。[③]

20 世纪 30 年代，全国有色人种协进会努力争取教育设施和工资的平等，也就是说，这时期的目标是希望州实现"隔离但平等"中的"平等"。出于对种族融合的失望，杜波依斯转而支持黑人分离，认为美国的种族歧视就是大部分黑人不能在白人主宰的制度下受到合

① ［美］韦恩·厄本、詹宁斯·瓦格纳：《美国教育：一部历史档案》，周晟、谢爱磊译，中国人民大学出版社 2009 年版，第 214—215 页。

② W. E. B. Du Bois, *The Education of Black People: Ten Critiques 1906 - 1960*, Amherst: The University of Massachusetts Press, 1973, p. 66.

③ 祝贺：《美国公共学校种族隔离的终结》，浙江教育出版社 2014 年版，第 43 页。

适的教育。杜波依斯及支持者认为，在由白人主宰的种族混合的学校里，黑人总是被轻视、觉得低人一等，很多黑人孩子将会感到痛苦。如果州能实现“隔离但平等”中的“平等”，州会发现维持双轨的教育制度成本太高而放弃二元制，并进行学校融合。1937 年，全国有色人种协进会设立法律保护和教育基金会（Legal Defense and Educational Fund，LDEF），法律保护和教育基金会把涉及公立教育的案件放在最重要的位置。早在 1931 年，全国有色人种协进会就决定重点关注这些案件，希望为最终改善隔离州学生的教育条件做铺垫。这个重要决定在多年后意味着中小学的种族隔离是最早达到联邦最高法院的案例之一。做出这个决定是出于以下考虑。首先，把目标定位于公共设施而不是私人设施更有意义；其次，宪法第十四修正案规定：各州不得制定或实施限制公民特权或豁免权的任何法律；不经过正当的法律程序，不得剥夺任何人的生命、自由和财产；不得拒绝给予任何人平等的法律保护。20 世纪三四十年代，瑟古德·马歇尔（Thurgood Marshall）[①] 和他的支持者没有挑战“隔离但平等”原则中“隔离”部分，“隔离”已经深深植根于美国的制度系统，当时似乎是难以撼动的。因此，全国有色人种协进会只希望隔离州实现“隔离但平等”中的“平等”。

主张废除学校隔离的人强烈反击。他们说，在华盛顿和其他地方，确实有一些非常优秀、充满学术活力的黑人学校。然而，他们也强调，生活在南部各州的黑人孩子无法在种族隔离和非种族隔离的公立学校之间进行选择。同时，许多自由主义改革者在 20 世纪 40 年代对寻求“隔离但平等”失去了兴趣。一些人总结说，只要吉姆·克劳法存在，平等就不可能实现。另一些人相信，种族融合（尤其是在学校和军队中）能推进宽容。还有些人认为，把黑人孩子带到教室和教育背景良好的白人孩子接触会改善黑人学生的表现，而黑人学生的表现在很多方面都和白人孩子差距甚远。改革者也认为，种族隔离的

① 瑟古德·马歇尔（Thurgood Marshall），全国有色人种协进会的重要领导人，联邦最高法院第一位黑人大法官。

学校将黑人隔离于白人享用的有价值的网络之外，因此加剧了工作歧视和贫困。废除学校隔离的拥护者还提出了其他许多观点，他们强调，教育中的吉姆·克劳法违背了宪法第十四修正案中的平等保护条款，也剥夺了黑人家长的一项基本权利：送孩子就近入学，如果他们愿意，把孩子送入以白人为主的学校上学。吉姆·克劳法的反对者进一步强调，白人故意建立一个隔离、歧视的制度，不仅阻碍了种族间的交流，还将黑人置于屈从的地位。

全国有色人种协进会坚持追求“平等”，首先将目标集中于公共经费支持的大学和专业学院，这方面的歧视非常受关注。南部只有1所被认可的黑人医学院，而白人医学院有29所；暂时认可的黑人医学院1所，白人医学院40所。① 没有学校可以接收黑人读博士学位。全国有色人种协进会的领导者们认为，由于白人法官根据他们学生时期的经历会知道一所好的法学院应具备什么样的师资设施，法学院中的种族歧视是非常理想的诉讼对象。

为了追求平等，全国有色人种协进会在1936—1938年主要的工作是支持劳德·盖恩斯（Loyd Gaines）的诉讼。盖恩斯是密苏里州立林肯大学的一名学生，这所大学为黑人设立，他想进入密苏里大学法学院学习，却遭到拒绝，仅仅因为他是黑人。学校提出可为他在林肯大学建独立的法学院，或为他提供学费以便能在相邻州愿意接纳他的法学院学习。当时，堪萨斯、内布拉斯加、依阿华和伊利诺斯接纳其他州的黑人学生。盖恩斯不愿接受这种安排，将密苏里大学告上法庭，要求接纳他。正如其他全国有色人种协进会处理过的案件一样，盖恩斯案费时很长并且令人沮丧。1938年12月，联邦最高法院以6∶2的投票比例判盖恩斯胜诉，要求州为他提供和白人相同的接受法学教育的设施。

这是“隔离但平等”原则令人鼓舞的胜利，成为后来诉讼经常被引用的一个案例。但是密苏里大学为黑人设立了条件很差的法学院，

---

① James T. Patterson, *Brown v. Board of Education*: *A Civil Rights Milestone and It's Troubled Legacy*, New York: Oxford University Press, 2001, p. 15.

这迫使全国有色人种协进会再次抗争。而在这时候，盖恩斯却神秘消失了，并且再也没出现，没有人知道他到底出了什么事，有人说他被谋杀了，也有人说他对全国有色人种协进会不满，接受贿赂后消失了。不管真相如何，全国有色人种协进会没有了原告，不得不中止努力。这是一个令人难过的结局，也证明了反抗吉姆·克劳法的艰难。

马歇尔和他的同伴们继续努力，终于在 1950 年得到回报——联邦最高法院又在同一天裁决了两件有利于他们的高等教育案件。第一个案件的原告是赫曼·斯威特，休斯敦的一名邮递员，他想进入州只接纳白人的法学院学习，但因种族原因被拒绝。州政府在一间地下室里建了极其简陋的“法学院”，斯威特进行了反击，经过四次诉讼，联邦最高法院最终认为，州为黑人和白人法学学生提供的教育设施不公平。由于斯威特没有机会在黑人法学院中接受平等的法学教育，德克萨斯大学法学院应该接纳他。这次法院第一次判决州接受黑人进入只接受白人的教育机构学习。另一个案件的原告是乔治·迈克劳林，他想在只接收白人的俄克拉荷马大学获得博士学位，州勉强接纳了他，但他坐的位置却和教室隔开了，在图书馆，他只能坐在夹层楼的一堆报纸后面，这使他感到很屈辱，不能有效地学习。联邦最高法院否定了这种安排，认为迈克劳林在其追求有效的研究生学习指导过程中受到了阻碍，这些限制破坏了其学习能力。然而，斯威特案和迈克劳林案并未产生很大影响。斯威特受尽了白人的侮辱，因此生病并退学。

面对全国有色人种协进会的司法诉讼和联邦最高法院的判决，为了使种族隔离的学校制度能够长期存在下去，南部各州决定在公立教育中推行“学校教育平等化计划”。1946 年，密西西比州决定对黑人教师进行培训、提高教师待遇、增加教育经费。南部其他州也实施了公立学校改革计划。佛罗里达、田纳西、佐治亚和得克萨斯州先后通过了最低标准的公立教育基金计划，北卡罗来纳州增加了公立学校的教育基金。但是，由于南部各州比较贫困，没有足够的经济实力支持两套完全平等的教育体系，“学校教育平等化计划”并不成功。南部教育经费的增加主要靠联邦拨款，而联邦最高法院已经做出判决，禁止使用联邦拨款进行种族歧视。由于“学校教育平等化计划”只是为了维护种族隔离，并不能给黑人带来平等的教育，所以越来越多的黑人开始批评“学校教育平等化计划”。1948 年，密西西比州黑人举行了大规模集会，抗议“学校教育平等化计划”中的不平等。到 20 世纪 50 年代早期，更多的南部黑人承认“学校教育平等化计划”的失败。①

在这种环境下，如果马歇尔期望获得平等，他要处理一个又一个州的一个又一个案件，这显然是不可能做到的。前景太黯淡，马歇尔考虑采取另一条策略：进行诉讼，推翻隔离，将所有教育案件的目标定位于在非隔离的基础上获得教育。1950 年之前，黑人要求的是平等，而不是废除隔离，如果“隔离但平等”的学校制度真的平等，这种制度是可以容忍的。黑人本来并不想和白人融合，很多黑人表示过，如果在“隔离但平等”原则下他们能获得真正的平等，他们是可以容忍的。但是大部分南方人强力反击，表明他们并不关心黑人的教育。直到黑人发现白人永远不可能给予他们平等，他们才开始要求废除学校中的吉姆·克劳法。1950 年底到 1951 年中期，全国有色人种协进会支持这个立场，1950 年前后，关于中小学种族隔离的案件大量出现，中小学种族隔离突然成为 20 世纪 50 年代美国种族问题的中心，于是，协进会精心挑选了五个案件，直接将矛头指向种族隔离，开始了布朗案的艰难诉讼。

第二节　布朗案的审理

在全国有色人种协进会的周密准备下，五个涉及中小学种族隔离的案件上诉至联邦最高法院，分别是堪萨斯州布朗诉教育委员会案（Brown v. Board of Education）、弗吉尼亚州戴维斯诉爱德华王子县学校委员会案（Davis v. County School Board of Prince Edward County）、

① 谢国荣：《全国有色人种协进会与美国公立教育中种族隔离的取消》，《山东师范大学学报》（人文社科版）2005 年第 5 期。

南卡罗来纳州布里格斯诉埃利奥特案（Briggs v. Elliot）、哥伦比亚特区博林诉夏普案（Bolling v. Sharpe）、特拉华州布拉诉格布哈特案和贝尔顿诉格布哈特案（Bulah v. Gebhart and Belton v. Gebhart）。1951年12月，联邦最高法院将五个案件一并审理，统称布朗诉教育委员会案，简称布朗案。

一　布朗案的缘起和初审

（一）布朗诉教育委员会案

和其他四个案件的发生地相比，堪萨斯州托皮卡市的种族关系有所不同，该市没有在公共汽车和火车候车室设隔离线，但是7所电影院中有5所为白人而设，1所为黑人而设，1所设置了隔离区。公园的游泳池黑人每年只可用一天。在非隔离的高中，篮球、高尔夫、网球等球队是种族隔离的。康萨斯州法律允许人口超过1.5万的城市设种族隔离的小学，托皮卡人口约10万，大部分居民为黑人，因此也设立了种族隔离的小学，黑人小学和白人小学的学校设施条件基本相同，托皮卡市为黑人学生提供了公共汽车，而没有向白人学生提供，因为白人学校距家很近，孩子步行就可以了，白人孩子很少需要乘坐公共交通工具，往往由家长开车接送。学校不鼓励黑人学生学习打字、速记，因为他们毕业后在这些领域找到工作的机会很少。奥利弗·布朗（Oliver Brown）的女儿琳达·布朗（Linda Brown）是一个7岁的学生，她必须每天早起，穿过一个危险的铁路交叉口，再坐校车，到离家20个街区远的门罗小学上学。琳达一直和白人邻居的孩子友好相处，却不能上近在咫尺的夏摩小学，因为州法律规定黑白分校，黑人只能上黑人学校。反对学校种族隔离的当地人（主要是全国有色人种协进会的白人和黑人领导者）认为学校设施不是主要问题，他们认为这种学校制度剥夺了黑人孩子就近入学的权利。力图推翻种族隔离制度的全国有色人种协进会正在寻找原告，协进会认为奥利佛·布朗是一个理想的原告，因为他一直在托皮卡居住，是“二战”退伍军人、受人尊重的牧师，隔离主义者不会把他看作危险的种族主义者。协进会说服了布朗和其他12名黑人家长后，于1951年2月28

日向联邦地区法院提起诉讼。本案中，奥利弗·布朗按字母排序并未排在首位，以奥利弗·布朗作为一群家长的代表原告是出于诉讼策略上的考量，全国有色人种协进会的律师认为将来如需要上诉，以奥利弗·布朗作为代表的原告可以使联邦最高法院的大法官们较愿意接收审理此案，因为其他共同原告多出于单亲家庭，而布朗有较完整的家庭。

在诉讼之前，托皮卡的激进分子就和马歇尔密切联系，马歇尔希望在比南部腹地种族关系争议较小的边界州赢得诉讼。不久，马歇尔的得力助手罗伯特·卡特（Robert Carter）、格林伯格（Greenberg）努力使诉讼成功。卡特是马歇尔身边最优秀的律师之一，1951 年，他急于向种族隔离发起挑战。卡特不想把孩子上学路上花费时间太长作为诉讼的理由，甚至不想把学校的种族隔离作为诉讼的重点，毕竟托皮卡的学校设施并非不公平。他坚称，托皮卡的隔离制度是法律要求的，并且是强制的，这一点让人难以忍受。

在法律保护和教育基金会的多次会议讨论中，心理学家肯尼斯·克拉克（Kenneth Klark）认为隔离的学校对黑人孩子的心理带来伤害，影响了他们的学习动力。这个观点算不上是克拉克最早提出的，杜波依斯曾称种族隔离是强加在黑人心理上的丑恶，战后早期，一些重要的社会科学家和种族自由主义者持类似的观点，杜鲁门总统的民权委员会谴责种族隔离，认为它是少数族裔受挫性格的根源。然而，受到律师重视的是克拉克，克拉克夫妇所做的隔离给学生带来的影响研究对律师们很有帮助。为了检验这种影响，他们让黑人小孩看棕色和白色的玩具娃娃，问孩子们更喜欢哪个，他们在南方和马萨诸塞州的斯普林菲尔德对隔离和非隔离学校的黑人儿童进行了测试。克拉克还在南卡罗来纳州克莱林顿县进行测试，他让 6—9 岁的 16 名黑人儿童看棕色和白色玩具娃娃的图片。所有的实验显示，黑人儿童更有可能说白色玩具娃娃“好”，克莱林顿县 16 名黑人孩子中有 10 名更喜欢白色玩具娃娃图片，11 名孩子说棕色玩具娃娃看起来“不好”。通过这些研究，克拉克得出结论：黑人孩子早在 6—8 岁的时候就接受了有关本种族的消极形象，克莱林顿县黑人孩子的“个性在发展过程中肯定受到了伤害”。① 格林伯格等人对这个研究持怀疑态度，但卡特和马歇尔决定在联邦地区法院采用这项研究。

诉讼并没有在托皮卡引起很大反应，甚至黑人也没产生多大兴趣。1951 年 6 月份开庭的时候，法庭里的许多位子还是空的。种族隔离程度较轻的托皮卡市黑人没有像南卡罗来纳州克莱林顿县黑人那样积极参与。堪萨斯州联邦地区法院的三名法官审理此案，法官认为托皮卡市黑人和白人学校的设施基本相同，“隔离但平等”等原则会在学校继续执行下去，直到高等法院推翻这个原则。但法官也认为公立学校中的种族隔离给有色人种孩子带来不利影响。法庭在意见表述中附上心理学理论：公立学校中的种族隔离对有色人种孩子带来不利影响。如经过法律许可，这种影响更为严重，因为种族隔离的政策往往被解释为黑人低人一等。低人一等的感觉影响孩子的学习动机，因此，法律许可的隔离存在妨碍黑人学生教育和智力发展的倾向，剥夺了他们在种族融合的学校制度中可能获得的利益。

（二）戴维斯诉爱德华王子县学校委员会案

弗吉尼亚州爱德华王子县坐落于黑人带中，和北部城市不同，在黑人带，黑人和白人呈相对的混合居住状态。一旦废除种族隔离，白人孩子将不可避免地和黑人孩子合校，这使南部白人比北部白人更加恐惧种族合校。爱德华王子县的莫顿高中是一所黑人学校，此校黑人学生对种族隔离的反抗最引人瞩目。莫顿高中十分拥挤，没有体育馆、咖啡馆，教室简陋，教师工资低于法莫维高中（白人学校）最低教师工资。这个地区的黑人给白人当局施加压力，要求建一所新的黑人学校，但白人当局一直拖延时间。1951 年，16 岁的黑人女生芭芭拉·琼斯（Barbara Johns）领导了一次 450 名学生参加的罢课，在其他学生仍然希望建立一所新学校的时候，芭芭拉明确表示她希望废除种族隔离。琼斯学校的黑人校长和罢工没有任何关系，却遭到解雇，理由是他没有制止学生罢工。全国有色人种协进会的地方分会担

① James T. Patterson, *Brown v. Board of Education: A Civil Rights Milestone and It's Troubled Legacy*, New York: Oxford University Press, 2001, pp. 43 – 44.

心白人报复，不愿支持学生，但分会的成员弗兰西斯·格里芬（Francis Griffin）坚定地站在学生一方。罢课持续了两周，向弗吉尼亚州种族隔离提出挑战，在这期间，法律保护和教育基金会的两名成员同意来帮助他们。该案在弗吉尼亚州的联邦地区法院提起上诉，认为学校关于种族隔离的州宪法和相关法律违反了联邦宪法第十四修正案，此案定名为戴维斯诉爱德华王子县学校委员会案。①

1951 年 5 月，爱德华王子县的黑人高中学生向爱德华王子县学校委员会提起诉讼，戴维斯诉爱德华王子县学校委员会案正式进入司法程序。原告认为，学校种族隔离构成对有色儿童的歧视，剥夺了他们作为美国公民的权利，违反了联邦宪法第十四修正案的平等保护条款。他们试图说服法官，种族隔离的教育制度会使黑人学生、白人学生、学生家长甚至社会大众都认为黑人学生是不受社会欢迎的群体，并且，由于弗吉尼亚州的种族隔离是由法律规定的，更会对黑人学生造成伤害。原告邀请了人类学家、心理学家、知名教育工作者等专家，主张学校的种族隔离会扭曲青少年的个性态度，抑制其心理发展，从而损害其受教育的权利。② 这一案件的辩护策略和布朗案非常相似。然而，弗吉尼亚州政府意识到这个案件会威胁到种族隔离制度，竭力抵制这场诉讼，州政府派出了州检察总长、学校委员会的律师和社会学家为种族隔离制度辩护。最终，联邦地区法院的三名法官一致判决原告败诉，没有接受原告关于种族合校的主张，仅仅认定莫顿高中在校舍、课程和学生交通上不及白人高中，要求被告采取措施改善黑人学校的条件。

（三）布里格斯诉埃利奥特案

南卡罗来纳州克莱林顿县的阿尔伯特·德莱恩（Albert DeLaine）和其他黑人起诉的案件最引人瞩目。1948 年，德莱恩希望黑人孩子能和白人孩子一样乘坐校车上学，遭到学区委员会主席罗德里克·

---

① James T. Patterson, *Brown v. Board of Education*: *A Civil Rights Milestone and It's Troubled Legacy*, New York: Oxford University Press, 2001, pp. 27 – 28.

② 张冉：《布朗案在执行中受到的抵制》，《北京大学教育评论》2012 年第 1 期，第 151—169 页。

W. 埃利奥特（Roderick W. Elliott）的拒绝，德莱恩开始起诉。马歇尔写了一份简短声明，抨击种族不平等，但未抨击种族隔离。1949年，在马歇尔的帮助下，他们召集了20个原告，要求的不再仅仅是校车，还包括交通、教师工资、教育设施和建筑的平等。原告坚称，黑人学校和白人学校间的差距违背了宪法第十四修正案。一名叫布里格斯（Briggs）的原告按字母顺序在20名原告中排首位，因此这个案件称为布里格斯诉埃利奥特案。参与起诉的黑人遭到报复：白人不肯借给德莱恩收割庄稼的农具，豆子、燕麦、小麦因此烂在地里；布里格斯夫妻被解雇；其他原告或收到署名三K党的威胁信，或房屋被烧，不得不逃离南卡罗来纳州。1951年此案被修改，转向挑战种族隔离。①

在审理中，原告摆出了黑白学校之间不平等的事实：1949—1950年，克莱林顿县公立学校中白人学生生均经费为149美元，而黑人学生为43美元；容纳6531名黑人学生的61所学校的总资产为194545美元，而容纳2375名白人学生的12所学校总资产为637850美元；白人学生的校舍往往用砖建成、用灰泥粉刷，而黑人学生的教室大部分是破旧的小屋。② 克拉克黑白娃娃实验的结论也在法庭上提出。法院承认黑人学校比白人学校条件差，命令克莱林顿县教育委员会改善黑人学校的教育条件，但拒绝黑人学生在改善学校期间进入白人学校就读。联邦地区法院最终以2∶1的意见判决原告败诉，维持“隔离但平等”的原则。反对意见来自维提斯·瓦林（Waties Waring）法官，他认为：“教育中的种族隔离永远不会带来平等……南卡罗来纳州在教育中采用和实施的种族隔离制度必须废除，并且是立刻废除，种族隔离本身就是不平等的。”③

（四）布拉诉格布哈特案和贝尔顿诉格布哈特案

特拉华州的案子由两个案件组成，分别是布拉诉格布哈特案和贝

---

① James T. Patterson, *Brown v. Board of Education: A Civil Rights Milestone and It's Troubled Legacy*, New York: Oxford University Press, 2001, pp. 49 – 51.

② Ibid., p. 25.

③ *Briggs v. Elliot*, 98 F. Supp. 546 – 548 (E. D. S. C., 1951).

尔顿诉格布哈特案。特拉华州克雷蒙特县的黑人学生不能到师资条件良好的克雷蒙特高中就读，而只能坐校车到威明顿县城区条件较差的霍华德高中就读，黑人家长埃塞尔·贝尔顿（Ethel Belton）和其他7名黑人家长请求州教育委员会允许他们的孩子在克雷蒙特高中入学，但遭到拒绝，于是他们进行诉讼。此外，在特拉华州的霍金林农村，白人女性莎拉·布拉（Sarah Bulah）收养的黑人女孩只能在两英里外的一所只有一间教室的乡村学校读书，而不能就近入条件较好的白人学校。她请求州教育委员会为黑人学生配备校车，但遭到拒绝。[①] 1951年，特拉华州的衡平法院[②]受理了这两个案件，定名为布拉诉格布哈特案和贝尔顿诉格布哈特案。

特拉华州衡平法院发现黑人学校的师资水平差、生师比高、家校距离远，并且种族隔离导致黑人孩子受教育程度低，判决原告胜诉，要求被告把黑人学生录取到以前只收白人学生的学校，被告对这样的判决不满，上诉到州最高法院。州最高法院一致同意州衡平法院的判决，要求被告尽快允许黑人进入白人学校读书，但如果被告改善黑人学校，达到和白人学校相同的条件，法院可以改判，被告不服，上诉至联邦最高法院。

（五）博林诉夏普案

博林诉夏普案来自哥伦比亚特区，1874年哥伦比亚特区为黑人学生建立了免费的公立学校，学校虽然实施种族隔离，但与白人学校差距不大。从20世纪30年代起，大量黑人涌入哥伦比亚特区，但教育厅并没有增加新的学校，40年代，黑人教育情况一直恶化。1949年，一些黑人家长想让自己的孩子到将要开设的苏萨初中（John Phillip Sousa Junior High School）读书，尽管学校还有空余的名额，学校董事会还是拒绝了他们的请求，并把这所学校设为白人学校。霍华德大学的法学教授詹姆斯·内布里特（James Nabrit）和全国有色人种

---

① *Belton v. Gebhart and Bulah v. Gebhart*（Delaware）（http：//www. civilrights. org/education/brown/belton. Html）.

② 在特拉华州，与平等有关的案件由衡平法院审理，衡平法院不实行陪审制，由大法官独自进行审理，自由裁量的余地很大。

协进会代表家长和孩子进行诉讼，要求学校接纳孩子。[1] 由于一个姓博林（Bolling）的孩子按照字母排序处于首位，哥伦比亚特区教育委员会主席是梅尔文·夏普（Melvine Sharp），此案定名为“博林诉夏普案”。

由于哥伦比亚特区是首都，其法律地位特殊，那些对各州产生约束力的宪法条款对哥伦比亚特区没有约束力，其中包括宪法第十四修正案。因此，黑人原告不认为种族隔离的学校剥夺了他们“法律的平等保护”，而是认为在“没有合理的法律程序”的基础上剥夺了他们进入种族混合学校的自由。然而，法院还不准备接受如此激进的立场，驳回了黑人原告的申诉。黑人原告继而向上诉法院提交诉讼，但这时事件发生了转机，联邦最高法院邀请原告提交上诉状，供联邦最高法院参阅，因此，博林案没有在上诉法院进行复审，就直接诉讼至联邦最高法院。[2]

二　联邦最高法院的复审和第一次布朗案判决

联邦最高法院是美国联邦司法系统中的最高级法院，其主要职责是对美国宪法做最终解释。对提交的各种案件，联邦最高法院一般由9位大法官以多数票的表决方法来决定。在历史上，它曾由5—9名不等的法官组成，1869年至今，法官一直为9人，其中一名为首席大法官，法官由总统提名，任职终身。

五个案件中，黑人只在特拉华州取得了令人振奋的结果，其他四个案件都败诉了，五个案件的审理法院都不敢推翻普莱西案判决，法院认为学校隔离只要平等就合宪，案件上诉到联邦最高法院。这组案件万众瞩目，黑人关注它，是因为此案关系到他们的孩子能否和白人儿童一样平等地接受教育，白人忧虑，因为废除种族隔离会颠覆白人的优越感，影响他们习以为常的生活方式。

---

① *Bolling v. Sharpe* (District of Columbia) (http://www.civilrights.org/education/brown/bolling.html).

② 祝贺：《美国公共学校种族隔离的终结》，浙江教育出版社2014年版，第77页。

（一）联邦最高法院的复审

1. 布朗案在文森法院的复审

1952年的首席大法官是思想保守的弗莱德·莫尔·文森（Fred Moore Vinson），12月9日，文森法院进行了布朗案的第一次复审，出庭的有联邦最高法院的9位大法官、布朗案诉讼双方的当事人和辩护律师。为黑人辩护的律师都是全国有色人种协进会的成员，为南方各州教育委员会辩护的大多是本州的副总检察长，约翰·戴维斯（John Davis）是南卡罗来纳州学校委员会的辩护律师，他是当时美国最负盛名的律师，有“律师中的律师”之称，曾担任过联邦司法部副部长，是1924年民主党总统候选人。他支持南卡罗来纳州的立场，在州长的邀请下免费为学校委员会辩护，戴维斯的参与加强了反对废除种族隔离的力量，马歇尔感到自己遇到了强有力的对手。

黑人学生的辩护律师继续沿用初审的证据和论点，坚称上诉人被剥夺了法律平等保护的权利，隔离的法律本身剥夺了黑人儿童第十四修正案赋予的均等教育机会，法律将上诉人和他们的种族置于低人一等的地位，降低了他们的期望，灌输了不安全感，妨碍了他们的智力和教育发展，没有哪个州把种族作为向公民提供公立教育时要考虑的因素，任何立法和政府分类必须以所有人待遇相同为落脚点。马歇尔强调，黑人的唯一要求是废除州强加的种族隔离，让县教育委员会和居民采取解决办法，按照合理的标准将孩子安置到想去的地方。①

弗吉尼亚州的司法部部长J. 林赛·阿尔蒙德（J. Lindsay Almond）为本州的案子辩护，他无法反驳马歇尔的论据，退而强调社会稳定的重要性。阿尔蒙德指出，如果联邦最高法院做出结束教育种族隔离的决定，将会毁掉弗吉尼亚的公立学校系统，像很多南方人一样，他认为，地方教育官员和家长宁可关闭公立学校，也不愿黑白合校。②

---

① Richard Kluger, *Simple Justice: The History of Brown v. Board of Education and Black America's Struggle for Equity*, New York: Oxford University Press, 1975, pp. 571 - 572.

② 任东来：《吹响结束种族隔离制度的号角——布朗诉托皮卡教育管理委员会案》，《南京大学法律评论》2003年第19期。

戴维斯强调，实行何种形式的教育制度完全是各州的权力，与联邦政府无关，并且，从南北战争结束后宪法第十四修正案的形成背景来看，当时的立法者认为平等保护权的保障范围并不包含公立教育，宪法第十四修正案也没有禁止建立种族隔离的学校。南卡罗来纳州的一些县已经接受下级法院的判决，正在使黑人学校和白人学校平等。他对黑人家庭是否真愿意黑白混校以及混校一定就好表示怀疑，因为，种族合校后，黑人和白人家长对自己的孩子被迫进行不受欢迎的交往未必接受。他对马歇尔所利用的社会调查结果不屑一顾，声称那大部分是以社会科学的名义来为自己的偏见寻找遁词的把戏，黑人学生无论上种族隔离的学校还是种族混合的学校，实验结果都是一样的。最后，他威胁说，强行结束黑白分校的种族隔离制度，必然会造成南方种族关系的紧张和社会动荡。①

法庭辩论持续了三天，法官们没有得出任何结论，他们需要时间进行协商和探讨。文森法官接任首席大法官之前的联邦最高法院已经四分五裂，由于哲学观点和个性的差异等原因，法官们分为两派。文森因其能力受到其他法官的轻视，加剧了法院内部的不团结，这导致文森法院的判决很难统一。到 1952 年的开庭期，法院 81% 的案件未能达成全体一致，② 法院的分裂使布朗案的判决更加困难。

分裂的文森法院没有为推翻普莱西案判决做好准备，法官们意见不一。哈罗德·伯顿（Harold Burton）、谢尔曼·米顿（Sherman Minton）、雨果·布莱克（Hugo Black）、威廉·道格拉斯（William Douglas）四位法官赞成废除种族隔离。伯顿和米顿主张司法克制，在斯威特和迈克劳林案中，支持对种族歧视的反抗。布莱克曾是亚拉巴马州一位野心勃勃的律师，加入过三 K 党，后来他意识到自己不堪的一面，转而同情黑人的处境。作为一个南方人，他为废除种族隔离后白人的强烈反应而深感担忧，尽管如此，布莱克认为法院必须废除种族

① 任东来：《吹响结束种族隔离制度的号角——布朗诉托皮卡教育管理委员会案》，《南京大学法律评论》2003 年第 19 期。

② Richard Kluger, *Simple Justice: The History of Brown v. Board of Education and Black America's Struggle for Equity*, New York: Oxford University Press, 1975, p. 582.

隔离。在1950年斯威特案的一次会议上，他说“隔离是黑奴制的残留、是希特勒思想”，像道格拉斯一样，他的立场建立在对种族主义的厌恶和对第十四修正案平等保护条款的理解之上。①

来自肯塔基的斯坦利·里德（Stanley Reed）法官反对推翻普莱西判决，他意识到南方的种族隔离已经导致严重的不公平，然而，他希望为了拒绝种族融合而改善黑人学校条件的南方州能够在短期内建立平等的教育，法院就可以强制执行“隔离但平等”中的“平等”部分，就像普莱西案那样。里德对种族融合的想法感到恐惧，和很多南方白人一样，他无法接受黑人和白人融合到一起的生活，种族隔离已经成为南方白人习以为常的生活方式。文森和汤姆·克拉克（Tom Klark）也支持里德。文森曾在1950年写过斯威特和迈克劳林判决书，他非常担心因为废除种族隔离而使联邦最高法院陷入更大的麻烦，和布莱克一样，他认为废除种族隔离会带来严峻的后果，但和布莱克不同的是，他不想推翻普莱西判决，或许，南方州会使学校平等，拖延是一个慎重的办法。并且，文森认为这个案件本质上是政治问题而非法律问题，废除种族隔离的责任在国会而不是在联邦最高法院。克拉克和文森的观点基本相同，也希望拖延，他不想废除南方学校的种族隔离，担心南方的反抗。法官考虑的不仅仅是法律问题，还要考虑社会和政治后果。

罗伯特·杰克逊（Robert Jackson）法官和菲利克斯·法兰克福特（Felix Frankfurter）法官处在矛盾之中。杰克逊法官来自纽约州，没有感到受普莱西案判决的束缚，同时，他对学校中的种族融合可以解决美国种族问题表示怀疑，他认为第十四修正案的制定者并没有将学校中的种族隔离视为违法。如果法院推翻普莱西案判决，需要有政治基础，也应该承认这是在制定新的法律。但是如果法院采纳其他依据，继续下去就会有困难。法兰克福特为马歇尔强有力的论据所折服，承认教育中的种族隔离是对黑人平等权利的剥夺，应该废除；另

① James T. Patterson, *Brown v. Board of Education: A Civil Rights Milestone and It's Troubled Legacy*, New York: Oxford University Press, 2001, p. 54.

一方面，作为司法克制的倡导者，他不会轻易地推翻在21个州经法律许可的学校隔离，并且，像杰克逊一样，他也怀疑第十四修正案的制定者是否考虑过学校。

面对观点的分歧，首席大法官文森束手无策，协调的重任就落在法兰克福特的肩上。经过艰难的协商，法兰克福特建议推迟判决，进行第二次庭辩，因为联邦最高法院需要进一步讨论，需要更多的时间达成一致。他要求双方在三个问题上做好准备，法院同意了法兰克福特的建议，将法庭辩论推迟到1953年10月，并邀请联邦司法部以“法庭之友”的身份出庭。法兰克福特提出的三个问题在经过法官的讨论后，修改为五个问题，并进行了公布。

第一，第三十九届国会制定、各州批准通过第十四修正案时是否理解到这个修正案将废除公立学校中的种族隔离?

第二，如果当时国会和各州都没有理解到，按照第十四修正案会立即废除公立学校中的种族隔离，修正案的制定者和通过者是否有意：①让国会将来可以根据第十四修正案第五款的实施条款废除种族隔离？或者②让法院有权根据未来的情况将这个修正案解释为可以自行废止种族隔离?

第三，如果对第二个问题的回答都不能解决这个问题，法院在解释第十四修正案时是否有权废除公立学校中的种族隔离?

第四，如果确定公立学校中的种族隔离违反第十四修正案，①是否因此应该颁布法令，规定在正常的小区地理范围内，应录取黑人孩子进入他们选择的学校；或者②联邦最高法院是否可以在行使其平衡权时，允许从现在的种族隔离制度逐步过渡到不根据种族区别的制度?

第五，根据第四个问题的假设，并进一步假设联邦最高法院将行使其衡平权力，①联邦最高法院是否应在本案中制定详细的判决；②如果应该，需详细到何种程度；③联邦最高法院是否应任命一个特别主管听取证据，以便为判决提出意见；④联邦最高法院是否应将本案发回初审法院，指示他们撰写判决。如果这样，联邦最高法院的指导应包括什么内容？初审法院应依据哪些程序做出更详细的判决？①

就在第二次庭辩举行前夕，首席大法官文森突然去世，联邦最高法院的所有法官都出席了文森的葬礼，但并不是每个人都悲伤。法兰克福特认为文森没有处理好这个案件，对自己的职员说：“我平生第一次真正感到世间有上帝存在。”② 艾森豪威尔总统提名厄尔·沃伦（Earl Warren）任首席大法官，沃伦的继任使布朗案产生了转机。

2. 布朗案在沃伦法院的复审

沃伦注重公正独立，曾破纪录地连任三届加利福尼亚州州长，他还是1948年共和党副总统候选人，但沃伦主张由艾森豪威尔竞选总统，为艾森豪威尔当选总统立下大功。作为回报，艾森豪威尔对沃伦做出承诺：首席大法官出现空缺时，便提名由他接任，沃伦暂任联邦司法部长。文森突然离世，艾森豪威尔有些犹豫，因为他在民权问题上比较保守，认为废除种族隔离会导致南方出现动乱，甚至社会解体，并且，他不能预知沃伦是否遵守共和党保守的施政纲领，沃伦不得不提醒艾森豪威尔履行诺言。结果，这一任命成为艾森豪威尔执政生涯中最后悔的一件事。沃伦凭借自身的领导才能和为人处世的技巧，在几周内就和同事建立起了融洽的关系，使联邦最高法院内部的敌对气氛逐渐消散，赢得了其他大法官的尊重，到退休的时候，他成为联邦最高法院历史上影响力最大的四位首席大法官之一。

（1）法庭辩论

1953年12月，布朗案再次开庭，庭审持续了三天。全国有色人种协进会的律师斯波茨伍德·罗宾逊（Spottswood Robinson）提出，宪法第十四修正案的目的是让黑人获得“完全的法律平等”（complete legal equality）、禁止所有州强加的等级法律，很明显，学校隔离的法律是被禁止的，因此应推翻。他反复提到修正案制定者们的“一般目的”（broad purpose），他说制定者们并未想到要隔离学校，在国会讨论的时候，新泽西州的代表罗格斯（Rogers）宣称修正案将禁止

① *Brown v. Board of Education*, 345U. S. 972 (1953).

② David Halberstam, *The Fifties*, New York: Villard Books, 1993, p. 416.

学校隔离，没有人对他提出异议。罗宾逊最后说，州目前的行为表明它们明白学校隔离不符合修正案的要求。[①] 马歇尔在这次庭辩中对联邦最高法院的用心不甚了了，没有正面回答联邦最高法院提出的五个问题，而是滔滔不绝地引述联邦最高法院对种族问题曾做出的种种判决、相关案件对第十四修正案的解释以及普莱西案判决的立场，法官不愿再听一次相似的观点，不断打断马歇尔的发言。

80 岁的戴维斯继续为南卡罗来纳州辩护，他宣称，州没有认为第十四修正案视学校隔离为非法，国会也没有权力视学校隔离为非法，因为国会获得的权力是第十四修正案第一款赋予的，在非隔离学校入学的权利并不在其中，并且，联邦最高法院不是一次而是七次支持“隔离但平等”原则。戴维斯认为，南卡罗来纳州按种族把学生分类并非不合理，克莱林顿县黑人密集，有 2800 名黑人学生和 300 名白人学生，如果容纳 30 名学生的教室里有 27 名黑人学生和 3 名白人学生，孩子们是不是更快乐？学习效率是不是更高？他们的生活会不会更宁静？如果教室里有 3 名白人学生，黑人学生就会免于可怕的心理灾难吗？为弗吉尼亚州辩护的贾斯汀·莫尔（Justin Moore）承认一些身居高位的人反对把隔离作为原则，但这些人并不了解南方。在南方白人的同情、爱和关心下，有色人种的处境已经改变，在国家获得了地位和尊重。[②]

罗宾逊的辩驳给人留下深刻的印象，他说，弗吉尼亚州和南卡罗来纳州的黑人和白人孩子可以一起在大街上、在农场里玩，放学后一起踢球，但要上隔离的学校；他们可以一起投票、可以上同一所大学，但如果上中小学，却要分开。如果要继续种族隔离的法律，法院需要找到白人比黑人优等的依据。

联邦司法部副部长 J. 李·兰肯（J. Lee Ranken）参加了庭审，司法部站在黑人一边，兰肯表示，既然州提供公立教育，就要根据同样的标准向所有公民提供平等的教育。司法部的立场是，为了公众的利

---

① Richard Kluger, *Simple Justice: the History of Brown v. Board of Education and Black America's Struggle for Equity*, New York: Oxford University Press, 1975, pp. 668–669.

② Ibid., pp. 671–672.

益，公立学校中的种族隔离不能再维持下去，如果做出种族合校的判决，应该由下级法院根据各地的不同情况灵活执行，联邦最高法院应该给予种族隔离的学校体系必要的时间来进行调整，以“谨慎的速度”（with deliberate speed）实施黑白混校。

在法庭辩论过程中，沃伦很少插嘴，静静地聆听着双方的辩论。他为马歇尔等律师的慷慨陈词所感动，更为黑人学生因种族隔离所受到的身心伤害而震惊。对他来说，重要的已经不是第十四修正案制定者的最初动机，而是黑人学生受到不公正待遇的残酷现实。但沃伦丰富的政治经验也让他意识到，在白人至上的美国，歧视黑人已成为美国白人社会一种普遍的心理，种族隔离在南方更成为一种生活方式。废除种族隔离制度必然会引起南方的强烈抵制，操之过急必然会引起社会的不稳定。因此，必须把判决可能引起的反对和抵制减少到最低程度。

（2）沃伦法院对布朗案的讨论

法庭辩论结束后，沃伦和大法官们进行了两次讨论。沃伦很快提出他的观点：法律上的学校隔离不合宪。他解释说，“隔离但平等”中的“隔离”是建立在有色人种天生低人一等的观念之上，他重视推翻早期判决和推理方法的必要性，认为应结束对黑人学生的种族隔离。并且，如果联邦最高法院要维持种族隔离，就还得以普莱西案为依据，而法庭辩论已经证明普莱西案是不正当的。沃伦的论述表达了他废除种族隔离的坚定立场，将普莱西案的支持者置于种族主义的尴尬境地。

布莱克、道格拉斯、伯顿和米顿支持废除种族隔离。道格拉斯赞同沃伦的观点，他认为隔离不能再延续下去，法院不要在立场上思考太多，而应意识到调整对解决后来的种族隔离问题很有必要，重要的事就是在本开庭期确定基本的原则。伯顿希望在实施法院判决问题上设置一个灵活的时间表。米顿认为，“隔离但平等”的观念已经被普莱西案赋予了宪法内涵，但 1953 年的世界已经和 19 世纪 60 年代有很大不同，黑人低人一等的观点成为种族平等的障碍。为了解决这些问题，应尽可能让地区法院灵活处理。[1]

联邦最高法院赞同废除隔离的法官已占多数，但沃伦法官不满足于微弱多数，法院的严重分裂对联邦最高法院和国家来说都不是好事，他希望在布朗案中达成全体一致的意见。

尽管首席大法官态度坚决，里德仍反对推翻普莱西案判决。他坦承宪法是一部动态法律，普莱西时代合宪的事情现在未必合宪，并且，不可否认的是，黑人在“隔离但平等”原则下未能获得平等。但这并不意味着在这一原则下不能得到平等，通过法院强制执行可以实现学校平等，就像南卡罗来纳和弗吉尼亚州的案件一样。法兰克福特是文森法院最有声望、最有影响力的法官，对于布朗案，他由犹豫不决转向支持废除种族隔离。个人的本性和法官的公共责任使他陷入苦恼的内心冲突，但他的态度逐渐明确，认为南方的种族隔离是不公正的、短视的，内战的成果（指宪法第十三、十四、十五修正案）表明，美国的统一社会正在形成，“一战”以来，白人和有色人种的关系已经发生了巨大变化，这与三项修正案的要求是一致的。有色公民是美国民族的组成部分，应该和其他公民一样，不能被剥夺享受历史文明的机会，不能被剥夺和其他公民共同成长的权利。平等保护是一个动态的观念，法律必须对观念和外部环境的变化做出回应。心理学和社会学的前提可以像判例法一样成为审判依据。法兰克福特支持废除种族隔离还有一个原因：沃伦希望能达成全体一致，这样可以避免引起隔离州大规模的抵制。杰克逊认为，判决不能简单化，否则，外行以及受过训练的律师会不明白国家的法律为什么会禁止50年前允许做的事情，立法和司法史几乎没有向联邦最高法院提供判学校隔离非法的有力证据，宪法没有提到教育和种族隔离。但是，他同情黑人的境遇，承认隔离为黑人带来了痛苦，废除种族隔离不是因为宪法的变化，而是因为黑人人口的变化，种族间的界限因为同化而越来越模糊。教育是义务更是权利，实施教育为个人带来益处，更有利于国

[1] Richard Kluger, *Simple Justice: The History of Brown v. Board of Education and Black America's Struggle for Equity*, New York: Oxford University Press, 1975, pp. 681 – 682.

家的安全和稳定。克拉克通过研究法律史发现，第十四修正案并没有禁止种族隔离，这些发现显然对废除种族隔离的决定没有价值。然而，如果联邦最高法院的最终的原则能使各地方灵活处理，他同意废除种族隔离。①

沃伦说服了法兰克福特和克拉克，同意推翻普莱西案判决，持反对意见的只有里德了，他坚持以 1 票反对 8 票。其他法官认为，里德反对种族融合是因为他觉得种族关系已经有了很大的进步，如果判种族隔离不合法，会使阻碍进步甚至使种族关系的发展停滞。沃伦一直在和里德沟通，最后一次会谈时，沃伦直率地说：“斯坦，你现在完全是孤立一人了。你要考虑你的决定对国家是不是最好的。”② 里德是南方人，他知道自己孤立的一票会成为很多人制造麻烦的理由，为了国家的利益，他把自己的分歧放到一边，最终同意全体一致的判决。

（二）第一次布朗案判决

1. 第一次布朗案判决的内容

1954 年 5 月 17 日，联邦最高法院宣布布朗案判决，由于联邦最高法院于 1955 年再次做出判决，这次判决又被称为第一次布朗案判决。大法官们全体出席，杰克逊法官觉得这个案件非常重要，也抱病前来。这是沃伦任首席大法官后第一次宣布重要案件的判决，它在《回忆录》中追述道：“法庭气氛之紧张，是我此前和今后都未曾经历过的。”③ 因为，除了大法官，没有人知道这个重要案件的判决结果。宣读判决时，他语气坚定，不带任何感情色彩。判决书只有 11 页，对这样一个具有历史意义的案件来说，确实很简短。判决书全文如下：④

---

① Richard Kluger, *Simple Justice: The History of Brown v. Board of Education and Black America's Struggle for Equity*, New York: Oxford University Press, 1975, pp. 687 – 693.

② Ibid., p. 698.

③ Warren Earl, *The Memories of Earl Warren*, Garden City: Doubleday, 1977, pp. 2 – 3.

④ *Brown v. Board of Education*, 347U. S. 483 (1954).

这些案件来自堪萨斯、南卡罗来纳、弗吉尼亚和特拉华。案件的事实不同、地方情况不同，但是，考虑到这些案件指向共同的法律问题，因此将判决意见合并。

在每个案件中，作为少数种族的黑人通过法定代理人寻求法院的帮助，希望社区能在非隔离的基础上接纳他们的孩子进入公立学校。根据按种族标准要求或允许隔离的法律，黑人孩子被拒绝进入白人孩子就读的学校。原告宣称，这种隔离剥夺了第十四修正案赋予他们的平等保护权利。除特拉华州的案件以外，三名法官组成的联邦地区法院拒绝在普莱西案判决制定的所谓“隔离但平等”原则下对原告给予救济。根据这个原则，待遇平等就是向不同种族提供的设施平等，即便设施是隔离的。在特拉华案件中，特拉华州最高法院坚持这个原则，但要求接纳黑人孩子进入白人孩子就读的学校，因为白人孩子比黑人孩子的学校条件好。

原告声称，隔离的公立学校不“平等”，也不可能达到“平等”，因此他们被剥夺了法律的平等保护权利。鉴于问题的重要性，联邦最高法院进行裁决。1952 年开庭期进行了法庭辩论，今年开庭期就法院提出的问题进行了再次辩论。

两次法庭辩论主要是为了说明 1868 年第十四修正案通过时的情况。辩论很详尽，包括国会对修正案的考虑、各州的认可、当时种族隔离的现实、修正案支持者和反对者的意见。尽管讨论和法院的调查使我们了解了一些情况，但不足以解决法院面临的问题，它们并不全面。主张在本案中适用第十三、十四和十五修正案的人无疑想使修正案能够在所有出生或归化于美国的人中间消除一切法律上的区别。反对在本案中适用这些修正案的人，肯定也反对这些修正案的文字和精神，希望将其效力限制在最低限度。当时国会和州立法者是怎么想的，现在无法确实查明。

仅凭修正案的历史不能解决种族隔离学校问题的另一个原因是当时公立学校的情况。在南方，由普通纳税人支持的公立学校运动影响不大。白人孩子的教育主要由私人团体负责。黑人教育几乎不存在，黑人基本上都是文盲，实际上，一些州通过立法禁止黑人接受教育。相比之下，如今很多黑人在科学、艺术、商业和专业领域取得了杰出的成就。在修正案通过时，北方的公立学校教育确实有了很大发展，但是国会在辩论修正案时，一般忽视了修正案对北方各州的影响。甚至在北方，公立教育和今天也不同。当时，课程一般是初级，农村的学校一般不分年级，很多州一年的学期只有三个月，事实上没人知道什么是义务教育。因此，难怪人们对第十四修正案如何影响公立教育的历史了解不多。

第十四修正案通过后不久，在联邦最高法院解释修正案的最初案例中，联邦最高法院将其解释为禁止所有州对黑人强加的歧视。1896 年联邦最高法院在普莱西案中才提到“隔离但平等”原则，但这个原则涉及的不是教育，而是交通。此后半个多世纪中，美国法院一直遵循这个原则。联邦最高法院曾有 6 个案件涉及公立教育领域中的“隔离但平等”原则。在卡明诉县教育委员会案和冈·拉姆诉莱斯案中，“隔离但平等”原则没有受到挑战。近期的案例都涉及研究生教育，符合同样教育条件的黑人学生被剥夺了白人学生享有的特定权益，如盖恩斯案、西普尔案、斯威特案和迈克劳林案，没有一个案件重新审查“隔离但平等”原则，对黑人原告进行救济。在斯威特案中，联邦最高法院明确表示不愿审查普莱西案判决是否适用于公立教育。

问题在本案中被直接提出来。本案和斯威特案不同，法院已经发现黑人学校和白人学校在建筑、课程、教师质量和工资以及其他“有形”因素方面已经平等或正在趋向平等。因此，联邦最高法院的判决不能仅仅比较黑人学校和白人学校中的这些有形因素。我们必须考察隔离本身对公立教育的影响。

探讨这一问题时，我们不能把时钟拨回到修正案通过时的 1868 年，甚至普莱西案判决的 1896 年。我们必须根据公立教育的充分发展和它如今在全国生活中的地位来思考公立教育。只有这样，才能确定公立教育中的隔离是否剥夺了对原告的法律平等保护。

今天，教育可能是州和地方政府最重要的职能。强迫入学法律和巨额的教育经费表明，我们已经认识到教育对民主社会的重要性。在履行公共职能时甚至在服役中，都需要教育。教育是好公民的基础。今天，教育已经成为唤起孩子的文化价值观、为他准备今后的专业训练、帮他适应环境的基本手段。如今，如果孩子被剥夺了教育机会，希望他在生活中成功，值得怀疑。当州承担起提供这种机会的责任时，这种机会便成了必须为所有人平等享有的权利。

在斯威特案中，当联邦最高法院发现黑人法学院不能为黑人学生提供均等的教育机会时，其判决很大程度上依赖那些无法客观衡量但对法学院的成功又非常重要的因素。在迈克劳林案中，联邦最高法院要求在白人学院就读的黑人得到同其他学生同样的待遇时，也是诉诸一些无形的考虑，如黑人的学习能力、与其他同学讨论和交流观点的能力、学习专业的能力，这些考虑对中小学生更适用。仅仅因为种族的原因，把这些孩子同年龄和条件相似的孩子隔离，会使他们对自己在社区的地位产生低人一等的感觉，这对他们心理造成的影响可能无法治愈。堪萨斯州的案件清楚地表现了隔离对教育机会的影响，认为白色和有色人种孩子的隔离给有色人种的孩子带来了负面影响，得到法律许可的隔离造成的影响更大，因为种族隔离的政策往往被解释为黑人低人一等，低人一等的感觉影响孩子学习的积极性。因此，得到法律许可的隔离有阻碍黑人孩子教育和智力发展的倾向，有剥夺他们在种族融合的学校里可能获得某些权益的倾向。无论普莱西案判决时心理学知识发展的程度如何，这个发现得到现代权威的广泛支持。应否定普莱西案中和这一发现相悖的说法。

我们的结论是："隔离但平等"原则在公立教育领域无法成立。隔离的教育设施本来就是不平等的。因此，联邦最高法院裁定，本案原告和为公立学校中种族隔离提起诉讼的情况相同的其他人，被剥夺了第十四修正案保障的法律平等保护。有了这个立场，没必要再讨论隔离是否违背了第十四修正案的平等保护

> 条款。
>
> 鉴于这是一个集体诉讼案，鉴于判决的广泛适用性，鉴于地方情况的巨大差异，在这些案件中进行统一的判决会遇到极为复杂的问题。在第二次法庭辩论时，联邦最高法院就考虑到有必要先解决公立学校中种族隔离是否合宪这一基本问题。为了获得各方的充分帮助以制定判决，现将案件发回，要求各方根据第二次法庭辩论时联邦最高法院提出的第四和第五个问题进一步讨论，美国司法部长将受邀参加下一次的审理。1954 年 9 月 15 日前，要求或允许在公立学校实行隔离的各州司法部长作为法庭之友参加庭审，并在 1954 年 10 月 1 日前提交诉状。

哥伦比亚特区不是州，第十四修正案不适用于它，因此联邦最高法院对博林诉夏普案另行判决。联邦最高法院认为，尽管适用于哥伦比亚特区的第五修正案没有平等保护条款，但公立学校中的种族隔离违反了第五修正案中的“正当程序条款”，同样是违宪的。

2. 第一次布朗案判决引发的争议

联邦最高法院对布朗案的判决结果很快在全美进行了播报。一个小时之内，“美国之声”就用34 种语言向全世界宣告了这个消息：在美国，学生不会再因种族而隔离，隔离不再合法，美国人一律平等，吉姆·克劳法正在走向灭亡。[①] 作为美国历史上最重要的判决之一，这个“世纪之案”引发了极大的争议。

第一次布朗案判决赢得了广泛的支持。《时代周刊》称：164 年间，联邦最高法院在美国历史上树立了许多里程碑，除了斯科特案[②]（后来被南北战争推翻），没有哪个案件比学校隔离问题更重要，没

---

① Richard Kluger, *Simple Justice: The History of Brown v. Board of Education and Black America's Struggle for Equity*, New York: Oxford University Press, 1975, p. 708.

② 斯科特诉桑福德案是美国联邦最高法院于 1857 年判决的一个关于奴隶制的案件，黑人斯科特要求自由人身份，被联邦最高法院驳回。该案的判决严重损害了美国联邦最高法院的威望，更成为南北战争的关键起因之一。

有哪个案件直接或间接影响了那么多美国家庭。[①] 哈莱姆《阿姆斯特丹新闻》认为，联邦最高法院判决是《解放宣言》以来最重要的胜利，它能缓解其他领域的许多问题。《芝加哥卫报》补充说，这意味着美国生活和制度中的双元社会开始瓦解。作家拉夫·埃里森（Ralph Ellison）在给朋友的信中写道：法院开始支持我们，认可了人类心理的复杂性和我们的公民地位。其余的就靠我们了，我很高兴……，孩子们面前将要展开一个充满机会的奇妙世界。[②] 黑人学者埃里森·戴维斯（Allison Davis）认为这个判决不仅是黑人的胜利，更是整个国家的胜利，"当这个判决实施的时候，美国的潜能和技术将出现巨大的增长。美国的生存将取决于几百万有色人种能力的发掘，而这种能力被种族隔离削弱了"[③]。黑人教授罗格·威克斯（Roger Wilkins）对废除种族隔离持肯定态度。他生于密苏里州，20 世纪 40 年代迁到密歇根州，在他的学校里只有他一个黑人学生，他很痛苦，但这种经历对他很有用，因为他在这个学校里学到了在隔离学校学不到的东西，在那种环境下，使自己不感觉低人一等是很难的，但是他也明白了白人并不都优秀，很多白人并不比他聪明，一些白人很糟糕，一些白人真的很可爱，成为他一生的朋友。在隔离的学校里，他不会懂得这些，如果没有和白人朋友在一起的经历，他不会成为一个有效的公民。[④] 马歇尔说："我很高兴，我麻木了。"[⑤] 他认为不到五年的时间，美国学校中的种族隔离将会完全根除，《解放宣言》一百周年的时候，美国各种形式的隔离将消失。

对于这样一个敏感的种族问题，第一次布朗案判决同样引起了抨

---

① Richard Kluger, *Simple Justice: The History of Brown v. Board of Education and Black America's Struggle for Equity*, New York: Oxford University Press, 1975, p. 709.

② *New York Times*, 1954 - 05 - 18.

③ Richard Kluger, *Simple Justice: The History of Brown v. Board of Education and Black America's Struggle for Equity*, New York: Oxford University Press, 1975, p. 714.

④ Roger Wilkins, "the Importance of Brown v. Board", *Brown v. Board of Education: Its Impact on Education, and What It Left Undone*, Washington, DC: The Woodrow Wilson International Center for Scholars Divisions of United States Studies, 2002, pp. 14 - 16.

⑤ *Time*, 1955 - 09 - 19.

击和质疑。南方白人至上主义者强烈反对。乔治亚州州长赫曼·泰曼治（Herman Talmadge）称法院的裁决使宪法成为“一张废纸”，法官公然无视一切法律和先例修订宪法，侵犯了国会和人民的权力，制定法律侵犯了国会的权威。弗吉尼亚州参议员拜德（Byrd）则认为，这个判决是对州权利最沉重的打击，极大地影响了它们的权威和福祉。[①]一些专家从法学的角度对判决提出质疑，一方面，联邦最高法院未能引用哈兰法官在普莱西案关于宪法是色盲的著名反对意见，沃伦没有声称所有关于肤色的法律考虑都是不允许的；另一方面，判决引用了社会学、心理学研究成果，批评者认为，社会科学随时间变化，在这样一个重要判决中，最好不要以易变的社会学成果为依据。一些媒体表达了对判决的反对，密西西比州的《杰克逊每日新闻》指出，联邦最高法院的裁决将会在南方导致流血事件，黑白混校将导致种族之间的通婚，进而导致出现混种婚姻和混血人种。[②]

除了支持和反对意见之外，还有冷静和观望。这个判决是马歇尔期盼多年的结果，在短暂的兴奋之后，马歇尔很快冷静下来，他深知废除种族隔离的艰难。它对全国有色人种协进会的职员说：“你们只管高兴吧，我们的工作还没有真正开始。”他公开声明，如果各州不遵守布朗案判决，协进会就会提起诉讼。[③]田纳西州没有轻举妄动，而是静观其变。南卡罗来纳州州长说，南卡罗来纳州静观其变，等待联邦最高法院将给出的命令，后来又说，南卡罗来纳州采取什么行动不取决于他，而取决于州立法机构和民众的态度。[④]

无论第一次布朗案判决带来多大的分歧，但必须肯定的是，联邦最高法院在9位大法官对种族隔离观点迥异的情况下，能够对困扰美国的种族问题达成一致意见，的确反映了联邦最高法院对保护美国人

---

① Richard Kluger, *Simple Justice: The History of Brown v. Board of Education and Black America's Struggle for Equity*, New York: Oxford University Press, 1975, p. 710.

② “Bloodstains On White Marble Steps”, *Jackson Daily News*, 1954 – 05 – 18.

③ Gerald N. Rosenberg, *The Hollow Hope: Can Courts Bring About Social Changes?*, Chicago: University of Chicago Press, 2008, p. 43.

④ 祝贺：《美国公共学校种族隔离的终结》，浙江教育出版社2014年版，第43页。

民个人和社会权利的深切关怀。[①]“二战”后，美国种族关系开始缓和，种族歧视政策使美国受到来自国际社会的极大压力，在这种国内外环境下，解决种族问题势在必行。这个看似激进的判决其实是温和、妥协的。它没有立即废除种族隔离，也没有确定一个时间表；它把裁定限制在公立学校范围里；对种族主义者，没有使用指责性语言，甚至邀请隔离州参加讨论如何实施判决，给予当事人救济。沃伦以政治家的高度灵活和巧妙的政治技巧在法律意义上终结了美国公立学校中的种族隔离。其实，布朗案的影响远远超出了教育领域，它加深了人们对平等公民权的认识，成为以后一系列重大社会关系和政策变化的催化剂，也为全国范围内种族状况的改变奠定了法律基础。[②]

第三节　第一次布朗案判决的执行

第一次布朗案判决推翻了公立教育领域中的“隔离但平等”原则，但没有制订具体的执行方案。鉴于美国社会的复杂性，各州情况不同，联邦最高法院决定将案件发回，进一步讨论后再做出判决。1955 年 5 月，联邦最高法院做出了第二次判决：“以十分谨慎的速度”（with all deliberate speed）实施种族合校。这次判决实际上是第一次布朗案的具体执行方案，虽然判决较为谨慎，但在执行过程中仍受到强烈的抵制。

一　第二次布朗案判决

（一）第二次布朗案判决前的种族合校

通过推翻学校隔离的合法性，联邦最高法院动摇了至少 27 个州和哥伦比亚特区学校制度的基础。在联邦最高法院判决前，17 个州和哥伦比亚特区的宪法或法律条款要求在学校中实施种族隔离，另有

---

① 邱小平：《法律的平等保护——美国宪法第十四修正案第一款研究》，北京大学出版社 2005 年版，第 191 页。

② 屈书杰：《从种族隔离到学校一体化：20 世纪美国黑人教育》，博士学位论文，河北大学，2002 年，第 62 页。

10个州的法律允许社区建立双元制的学校制度。5300万人生活在这27个州，因此大约1/3的美国人会受到第一次布朗案判决的影响。[①]

北部各州对第一次布朗案漠不关心，1953年的法庭辩论和1954年的宣判没有通过电视播报，1954年5月17日后的几天，北部报纸将布朗案放到头版，之后再也没有关注过种族关系。北部各州种族隔离不严重，第一次布朗案判决对北部影响不大。

南部腹地各州，如南卡罗来纳、乔治亚、亚拉巴马、密西西比、路易斯安那，种族合校进展缓慢，弗吉尼亚、北卡罗来纳的种族融合面临巨大困难。乔治亚州白人对第一次布朗案判决的反应是由沉默到强烈抵制，政治领导人支持抵制。在布朗案判决后的几个月中，州政府官员坚称本州的隔离仍合法。为了保障隔离的合法性，1954年秋天，州政治官员起草了一份提议，免除立法机构为学生提供“充足教育”的权力。[②] 1954年夏，弗吉尼亚州长斯坦利说：“我会利用一切法律手段继续弗吉尼亚州的种族隔离。”[③] 他任命了一个32人的委员会，研究布朗案判决并提出行动建议，委员会领导人格兰德·格瑞斯说：“我对黑人不反感，我一直和他们生活在一起，但我不愿让我的孙辈和黑人一起上学。”[④] 斯坦利还召集南方州长在里士满开会，在经过一天的讨论后，9个州决定不愿遵守联邦最高法院在公立学校反对种族隔离的裁决。密西西比州拒绝实施种族合校，一些白人认为黑人不会破坏双元的学校制度，但几个黑人组织要求在艾米特（Amite）和沃瑟尔（Walthall）县以及哥伦布（Columbus）镇开始实施种族合校，遭到白人的威胁。1954年8月，全国有色人种协进会在沃瑟尔县的分会提交废除学校种族隔离的请愿书后，地方官员将本县的黑人学校关闭了两周，并解雇了涉嫌和全国有色人种协进会有关系的学校

---

① Brian J. Daugherity, *With All Deliberate Speed: Implementing Brown v. Board of Education*, Fayetteville: The University of Arkansas Press, 2008, p. 179.

② Ibid., p. 95.

③ *Richmond Times-Dispatch*, 1954－05－18.

④ Robbins L. Gates, *The Making of Massive Resistance: Virginia's Politics of Public School Desegregation, 1954－1956*, Chapel Hill: University of North Carolina Press, 1962, p. 36.

雇员。[①]

边界州如特拉华、西弗吉尼亚、肯塔基、俄克拉荷马、密苏里、马里兰的州长或高层官员支持第一次布朗案判决，但进展速度不一。管辖这些州的联邦地区法院和巡回法院的法官开始实施种族合校。到1955年，临近这些州以白人为主的城市和城镇，如阿肯色西北部，似乎也会遵守判决。到1955年，马里兰州的23个县中，只有3个县完全废除了学校中的种族隔离。[②] 在马里兰州，包括州长在内的一些政治领导人谨慎地观望。布朗案判决后，巴尔的摩市教育委员会马上实施种族合校，住房当局也宣布废除隔离，到1954年7月，巴尔的摩市只有公园和海滩还保留法律上的种族隔离。但是，合校进展并不快，1954—1955学年，公立学校中的57064名黑人学生中，只有3%的学生和白人孩子合校。在全市的189所学校中，只有47所有为数不多的黑人学生。很少有黑人教师被分配到白人学校，没有白人教师在黑人学校工作。[③] 但大部分巴尔的摩人认为，学校的变化反映了家长和教师的自由选择，很多黑人家长说他们不想“走得太快”。观察者很高兴地发现，在10月份之后，暴力冲突不大，教育没有受到影响。作为布朗案的发生地，堪萨斯州在布朗案判决之前就已开始废除种族隔离，1953年，琳达·布朗所在的托皮卡将两所白人小学改为混合学校，艾奇逊（Atchison）县废除了全县所有学校8年级的种族隔离。法院宣布判决意见后，堪萨斯州加速了种族合校的进程，1954年9月，托皮卡将另外12所小学改为混合学校，只剩下10所小学实行种族隔离，而艾奇逊县废除了所有学校7年级的种族隔离。[④] 特拉华南部的米福德（Miford）镇，白人强烈抵制。1954年9月米福德高中开学的时候，800人在请愿书上签字，反对种族合校。对于种族冲

---

① Brian J. Daugherity, *With All Deliberate Speed*: *Implementing Brown v. Board of Education*, Fayetteville: The University of Arkansas Press, 2008, p. 126.

② James T. Patterson, *Brown v. Board of Education*: *A Civil Rights Milestone and It's Troubled Legacy*, New York: Oxford University Press, 2001, p. 78.

③ Ibid., pp. 76 –77.

④ 祝贺：《美国公共学校种族隔离的终结》，浙江教育出版社2014年版，第134页。

突，州长和其他高层官员无动于衷，当地白人布兰特·鲍尔斯（Bryant Bowls）成立了全国白人协进会（National Association for the Advancement of White People），他声称：“特拉华会一直维持种族隔离”，并对不愿参与抵制的白人家长进行威胁。9 月底，学校委员会停止种族合校。直到 1962 年，白人学校才接纳黑人学生。尽管如此，布朗案判决的支持者对边界州的合校保持乐观。特拉华州的威明顿是布朗案五个案件之一的发生地，这个地方开始了种族合校。边界州的其他大城市也如此，如康萨斯市、圣路易斯、俄克拉荷马市、路易斯维尔等。1955—1956 学年，边界州 70% 的学区有两种族混合的教室。①

（二）第二次布朗案判决的过程和引发的反应

联邦最高法院行动迟缓，部分原因是杰克逊法官因病去世，艾森豪威尔总统提名约翰·马歇尔·哈伦（John Marshall Harlan）出任大法官。约翰·马歇尔·哈伦的祖父是在普莱西案中写下著名反对意见的哈伦法官，出于对第一次布朗案判决的不满，国会中的南方人将哈伦的任命推迟到 1955 年 3 月。

1. 法庭辩论

1955 年 4 月 11 日，联邦最高法院再次开庭审理。为黑人辩护的是卡特、路易斯·里丁（Louis Redding）、詹姆斯·内布里特（James Nabrit）、罗宾逊和马歇尔。他们希望能立即开始废除种族隔离，不同意各州渐进的观点。辩护律师认为，在案件中宣称的权利，是孩子们的权利，如果要满足他们，就应在他们还是孩子的时候满足，上学的阶段很短，任何耽误都是不可挽回的损失，公众会屈从于当局强硬的手段，不能因为当地人的态度而放慢种族融合的进程，法官应该采取果断行动让隔离州知道他们不能藐视联邦最高法院的意愿，如果让地方法院决定整个过程，黑人会陷入可怕的境地，这种境地和“隔离但平等”原则下的境地相差无几。

为南卡罗来纳州克莱林顿县辩护的戴维斯已经去世，这次的辩护

---

① James T. Patterson, *Brown v. Board of Education: A Civil Rights Milestone and It's Troubled Legacy*, New York: Oxford University Press, 2001, p. 75.

律师是埃默里·罗格斯（Emory Rogers）。罗格斯称，1954 年的判决给美国人带来可怕的问题，克莱林顿县不是哥伦比亚特区，两地的种族关系非常不同，克莱林顿县黑人多于白人，种族合校意味着把几个白人学生送入黑人学校。1954 年的判决说不可能把时钟拨回到第十四修正案通过时的 1868 年和普莱西案判决的 1896 年，但是，“我相信，在存在个两种族的社会，也不能把时钟突然拨到 2015 或 2045 年”。克莱林顿会在法律的框架下行事，但是，“只有放慢速度，地方的态度才会变化。因此，我们要求在不加指导的情况下把这些案件发回下级法院”。①

弗吉尼亚、佛罗里达、北卡罗来纳、阿肯色、俄克拉荷马、马里兰、得克萨斯 7 个南方州的司法部长建议谨慎合校，弗吉尼亚州的阿蒙德认为，5000 万黑人的生活和联邦最高法院的裁决紧密地联系在一起，全国有色人种协进会提出的“不拖延”原则将会破坏公立教育，而布朗案判决曾提出发展公立教育是州和地方政府最重要的职能。佛罗里达州的理查德·W. 厄文（Richard W. Ervin）称，给人们一次通过民主过程改变态度的机会，如果没有起到作用，联邦最高法院可以再制定最后期限时间表。北卡罗来纳州的 I. 波佛利·雷克（I. Bevery Lake）则指出，如果马上允许黑人学生进入白人学校，很可能是对公立教育致命的打击。

联邦政府的态度有些模糊不清。代表美国政府的司法部副部长西蒙·E. 苏白劳夫（Simon E. Sobeloff）督促法官指导下级法院在坚持隔离的学区马上开始融合，以“可行的迅速”（as speedily as feasible）实施法院的判决，“可行”是考虑所有因素后做出的决定，其中，“公众的态度是因素之一”。②

马歇尔在最后逐个反驳了对方的观点，他指出，1954 年的判决宣布了公立学校中的种族隔离违反宪法，但到现在为止，全国上下都

---

① Richard Kluger, *Simple Justice: The History of Brown v. Board of Education and Black America's Struggle for Equity*, New York: Oxford University Press, 1975, p. 731.

② Brian J. Daugherity, *With All Deliberate Speed: Implementing Brown v. Board of Education*, Fayetteville: The University of Arkansas Press, 2008, pp. 734 – 735.

知道南方各州公然藐视这一判决。只有当联邦最高法院为种族融合的进程设置了明确的截止日期之后，才会引起南方各州的重视，种族合校的进程才会开始。①

2. 联邦最高法院的讨论和判决

4 月 16 日，哈伦主持布朗案实施的讨论会。他还没有形成特定看法，法官们可以自由发表见解，他还希望法官们能达成全体一致。他强调，联邦最高法院尽可能给地区法院自由，也尽可能给他们支持。布莱克和道格拉斯仍担心南方腹地各州白人会发起煽动，甚至暴力抵制种族融合，警告法院不要制订无法实施的方案，法院应该向 1954 年五个案件的原告提供救济，开始废除种族隔离，其他学区的原告可以在以后上诉。第一次判决时最后一个同意废除种族隔离的里德这次却坚信，相当一部分南方人会对废除种族隔离予以同情的考虑，一旦一些学校在非隔离的基础上开办，废除隔离的进程会加快并能容易地持续下去。法兰克福特认为，废除隔离可以在边界州逐渐实施，然后向腹地州推开，最重要的是联邦最高法院的原则传递的感情。伯顿的观点和哈伦相似，他认为，很明显，这些案件是集体诉讼，他们提出的问题是种族界限的合法性，而不仅仅是把几个有色人种孩子送入白人学校。克拉克认为联邦最高法院不能仅仅把案件局限于原告，全美的黑人都在争取联邦最高法院认可的属于他们的权利，尽管很多黑人因为不信任白人而留在全是黑人的学校。米顿赞同达成全体一致，他还认为，联邦最高法院的主要目的是不能在开始融合进程时显示自身的无能为力。新来的哈伦法官很谨慎，他同意对废除隔离不做时间限制。

时间限制成了最难以解决的问题，确定任何日期都可能是独断专行，哈伦十分清楚，联邦最高法院不能实施严格的制度，国会不会支持实施严格的制度，艾森豪威尔总统也不愿意支持大胆的行动。因为这些原因，法官们同意妥协，采用了法兰克福特提出的解决这个麻烦问题的方式：“以十分谨慎的速度”（with all deliberate speed）。或许，

① 祝贺：《美国公共学校种族隔离的终结》，浙江教育出版社 2014 年版，第 155 页。

就像龟兔赛跑中的乌龟，它以谨慎的速度比赛，最终却赢了。

1955 年 5 月 31 日，联邦最高法院宣布执行布朗案的判决，称为第二次布朗案判决（Brown Ⅱ）。判决书很短，全文没有出现“隔离”或“废除隔离”的词语。大法官称，联邦最高法院不想剥夺地方政府在结束隔离日期一事上的权力，学校当局对解释、评价、解决这些问题负有基本的责任，法院会考虑学校当局是否真诚地执行了宪法原则。由于地区法院了解当地情况、有必要举行进一步的听证会，最初审理这些案件的法院能最好地进行司法鉴定，因此，联邦最高法院将这些案件发回原法院进行重审。针对可能面临的许多障碍，衡平法院会在考虑公众利益的情况下以系统有效的方式加以消除。但是，毫无疑问，不能因为对宪法原则有效性的异议而放弃宪法原则。下级法院应要求被告马上合理执行 1954 年的判决，要允许学校管理者“以十分谨慎的速度”行动，这样才有时间解决现实问题，如重新划分学区、为校车划定新路线、重新分配教师和学生、修订地方法律法规。但是，联邦最高法院称不打算为迎合地方社区的种族主义者而拖延时间，被告要表明时间的延长符合公共利益，要尽早完成合校。过渡期间，下级法院保留对案件的司法权，并在非隔离的基础上以谨慎的速度接纳本案原告进入公立学校。

两次布朗案判决是一个整体，确实开启了废除种族隔离的进程。联邦最高法院把具体的执行权交给地方，或许是因为大法官们明白只有南方白人才能真正解放南方黑人。毕竟，无论地区法院法官有怎样的局限性，他们不是落后地区实施私刑的人，不是秘密的三 K 党成员，他们是最优秀的南方白人。也许，除了冒险进行大规模的暴动外，联邦最高法院能做的只有向这个国家宣布：强制的人类种族隔离既不是上帝的意愿，也不是内战后宪法修正案的目的。或许，大法官们最想做的，用易懂的语言来说就是：隔离是错误的，找出根除种族隔离的方法依赖于美国人的智慧。①

① Richard Kluger, *Simple Justice: The History of Brown v. Board of Education and Black America's Struggle for Equity*, New York: Oxford University Press, 1975, p. 746.

3. 第二次布朗案判决引发的反应

联邦最高法院用模糊的语言对布朗案进行了第二次判决，主张用渐进的方式结束种族隔离，并且没有确定结束隔离的最终日期，这次判决同样引发了不同的反应。

得知这个判决结果，佛罗里达州的议员兴高采烈。一位路易斯安那州议员称，这是联邦最高法院能制定的最温和的原则。其他南方白人松了一口气，因为联邦最高法院并不真想让他们在很短时间里推进种族融合。南方议员认为再过五十或一百年，种族融合才会可能。一位密西西比官员为这次判决感到高兴，因为当地法官可以决定何为“尽快”。一些南方官员认为这次判决是联邦最高法院“意图依赖州解决这个问题”，纠正它的“错误”。[①]裁决布里格斯案的地区法院法官约翰·帕克（John Parker）于 1955 年 7 月说了一段重要的、被广泛引用的话：“在公立学校，州必须把不同种族的人融合到一起。……采取的决定是……州不能基于肤色剥夺入学的权利。……换言之，宪法不要求融合，……它只是禁止利用政府的力量实施隔离。”帕克的裁决被称为“布里格斯名言”，对南方官员有很大吸引力。[②]

黑人难以掩饰对判决的失望。密西西比州全国有色人种协进会的一位领导人哀叹道：“似乎联邦最高法院不相信宪法。”著名的黑人记者詹姆斯 L. 黑科斯（James L. Hicks）说他感到“深深的失望”，“无法自欺欺人地认为我们获得了巨大的胜利”。[③] 协进会的法律顾问斯蒂德更是猛烈抨击第二次判决，指责以哈伦为首的联邦最高法院，作为一个白人法院，为维持美国现存制度的稳定最终还是保护了白人的利益。整个时代已经改变，美国法官可以在国际法庭上严惩犯下种族灭绝罪行的纳粹，但对自己国家的罪恶却不敢采取同样的立场，这

① Michael J. Klarman, *Brown v. Board of Education and the Civil Rights Movement*, New York: Oxford University Press, 2007, p. 85.

② James T. Patterson, *Brown v. Board of Education: A Civil Rights Milestone and It's Troubled Legacy*, New York: Oxford University Press, 2001, pp. 85 – 86.

③ Michael J. Klarman, *Brown v. Board of Education and the Civil Rights Movement*, New York: Oxford University Press, 2007, p. 85.

将是美国法制上的一个污点。[①] 在判决后的第二天，马歇尔在和一个朋友的谈话中表达了对这次判决的不满，他称这是一个“该死的好判决”。[②] 他做好了长期斗争的准备，认为南方白人不会对黑人的抗争坐视不管。

二 种族合校的推进

第一次布朗案判决宣布公立学校中的种族隔离没有立足之地，但南方白人在第二次判决中找到了抵制和拖延的理由。之后，联邦最高法院又通过格林案、斯旺案和米利肯案判决干预种族合校的进程。

（一）第二次布朗案判决执行过程中受到的抵制

艾森豪威尔总统对融合缺少支持以及美国国会一些议员的反对强化了南方对学校融合的抵制。对是否同意布朗案判决，艾森豪威尔总统拒绝回答。1956 年 3 月，美国国会中的 101 名南方议员联名签署了“宪法原则声明”，这份声明又被称为《南方宣言》。《南方宣言》谴责联邦最高法院的判决是对司法权力的明显滥用，以联邦司法部门的身份颁布损害国威、地方各州以及其人民独立权利的立法。它还赞扬了那些表达决心将以任何合法手段抗拒强制性种族合校的州，发誓要撤销布朗案判决。[③] 美国南方各州之间、各州内部的抵制行为存在巨大差异，阿肯色、弗吉尼亚州的抵制影响较大。

1. 弗吉尼亚州的抵制

1955 年夏末，全国有色人种协进会弗吉尼亚分会向 7 个城市的学校委员会提交了学校融合的申请，开始了弗吉尼亚种族融合的第一步，但学校委员会都断然拒绝了秋天实施种族合校的要求。1956 年 2 月，弗吉尼亚州立法机构通过《异议决议》（*Resolution of Interposi-*

---

① 邱小平：《法律的平等保护——美国宪法第十四修正案第一款研究》，北京大学出版社 2005 年版，第 200 页。

② James T. Patterson, *Brown v. Board of Education: A Civil Rights Milestone and It's Troubled Legacy*, New York: Oxford University Press, 2001, p. 85.

③ "Declaration of Constitutional Principles", *Arkansas Historical Quarterly*, Appendix A. Vol. 55, No. 2 (Summer, 1996).

tion)，宣称反对布朗案判决的实施，这份异议和其他南方州通过的异议相似。

1958 年，阿蒙德州长关闭了 9 所公立学校，很多受影响的白人学生用纳税人的钱进入私立学校，而温和的白人公开反对关闭学校，并致力于保护公立教育。全国有色人种协进会马上进行诉讼。1959 年 1 月，联邦和州法院宣布《弗吉尼亚州关闭学校法》（*Virginia's School-closing Law*）违宪。不久，官方重新开放了关闭的学校。2 月，21 名黑人学生进入原来只收白人的学校。在第一次布朗案判决后的大约 5 年，弗吉尼亚州的全国有色人种协进会终于达到了最令人振奋的目的。

弗吉尼亚州白人至上主义者仍通过多种手段消极地实施学校融合。首先，对白人学生进行资助。通过新的学费资助法，资助进入隔离学校的白人学生。其次，实施自由择校（freedom-of-choice）计划。自由择校计划允许家长自由选择学校，但实际上，几乎没有白人进入黑人学校。而黑人家长要了解转学的程序，须经过一些烦琐的障碍如《学生安置法》（*Pupil Placement Law*），还要担心孩子在学校受到身体、精神和感情的伤害，因此，黑人也不愿进白人学校。历史学家安德鲁·莱维斯（Andrew Lewis）和马修·拉斯特（Marthew Lassiter）说："60 年代，在有意义的种族融合政策中，取代大规模抵制的是私立学校学费资助——歧视性的《学生安置法》——自由择校计划。"①

有一段时间，废除隔离的速度加快了。在司法压力下，州学生安置委员会慢慢提高了接纳黑人学生进入白人学校的数量，甚至开始强迫一些学区实施融合。联邦最高法院对弗吉尼亚州 1963 年种族融合的进程仍不满意，联邦政府的其他部门也不断向南方白人施加压力。1964 年的《民权法案》第六条规定，任何人都不能因种族、肤色或来源国等原因而被排除在获得联邦经费资助的福利之外，削减拒绝合校地区的联邦资助。1965 年，出于对失去联邦资助的担心，弗吉尼

① Brian J. Daugherity, *With All Deliberate Speed: Implementing Brown v. Board of Education*, Fayetteville: The University of Arkansas Press, 2008, p. 53.

亚的学区向联邦卫生教育和福利部报告了它们的合校计划，最常用的策略是自由择校。到 1965 年夏，在全州 130 个公立学校部门中，约 90 个进行了不同程度的合校，当年秋天，其他大部分部门也计划合校。[①]

2. 阿肯色州的抵制

第一次布朗案判决后，阿肯色州的一些县很快就开始了种族合校。首府小石城有阿肯色最大的学区，黑人比率也最高，小石城的行动对其他地区有重大影响。1954 年底，主管维吉尔·布劳瑟姆（Virgil Blossom）就宣布计划从 1957 年开始逐步完成包括中央高中在内的 3 所高中的合校计划，1960 年前后开始小学的种族合校。1955 年夏，东北部的豪克斯（Hoxie）废除了二元的教育制度，豪克斯的白人学校接纳了 21 名黑人学生。到 1956 年，又有 3 个学区实施学校融合。[②]其中，班顿威尔学区（Bentonville School District）很轻松地在所有 12 个年级实现了种族合校。[③] 其他一些县也陆续合校或计划合校。

但是，包括州长奥威尔·福布斯（Orval Faubus）在内的很多白人官员反对种族合校。1957 年 2 月，在福布斯的指示下，州立法机构通过了 4 项维持种族隔离的法令。1957—1958 学年，包括小石城在内的 4 个大学区的隔离计划即将实施，种族融合者和种族隔离者双方的关系开始紧张。

1957 年，全国有色人种协进会在以前只招收白人学生的中央高中为黑人学生们注册登记，挑选出了 9 名优秀的黑人学生。一些种族隔离主义者在议会进行抗议，阻止黑人学生进入学校。1957 年 9 月 4 日，福布斯部署国民警卫队支持这些种族隔离主义者，并阻止学生进入学校。9 月 9 日，小石城中央高中发表声明，谴责州长在学校附近部署士兵的行为。艾森豪威尔总统会见了阿肯色州州长，试图让他阻止事态扩展，并警告他不要违抗联邦最高法院的裁决，支持黑人学生

---

① Brian J. Daugherity, *With All Deliberate Speed: Implementing Brown v. Board of Education*, Fayetteville: The University of Arkansas Press, 2008, p. 53.

② Ibid., p. 7.

③ Ibid., p. 9.

的小石城市长伍德鲁·威尔森·曼（Woodrow Wilson Mann）向艾森豪威尔总统请求联邦军队的干预。9月24日，为了维护法律的尊严，艾森豪威尔总统下令美国陆军部队第101空降师前往小石城，整个阿肯色州国民警卫队一万多人被联邦接管，随后，101空降师护送黑人学生进入学校。被联邦接管后的国民警卫队在中央高中守卫了一年，护送黑人学生上学。

这一学年之后，法院同意了小石城学校委员会的暂缓合校计划。州长福布斯在州最近立法的授权下，下令将小石城4所高中学校全部关闭。经学校委员会投票，学校于1959年秋重新开学，但仍然维持融合计划。在之后的十年中，小石城学校委员会继续实施渐进式废除隔离的计划。根据州《学生安置法》，学校委员会将在白人教室上课的黑人学生限制到最少。然而，联邦上诉法院批评学校委员会利用《学生安置法》，并要求其制订一个更实际的计划安置学生。1965年，小石城学校委员会不再采用州的《学生安置法》，转而采纳自由择校计划。根据这个计划，刚上一年级、初中、高中的学生可以依自己的喜好选择学校。然而，这个计划仍然没有实质性地废除隔离。1966年，全州有5.5%的黑人学生进入融合学校，而南方的平均比例为16%。[①]

（二）格林案：单一、非种族教育制度的创建

种族合校进展缓慢，联邦卫生教育和福利部废除隔离的指导原则许诺加快融合的步伐，但它对自由择校计划的接受继续把融合的责任留给了黑人，由于恐吓、社区等方面的原因，黑人往往安于现状。同时，包括联邦最高法院在内的联邦法院，拒绝要求学校委员会采取更积极有效的合校行动。出于对融合速度过慢的不满，全国有色人种协进会在20世纪60年代发起了新一轮对学校隔离的诉讼，许多诉讼直接攻击自由择校计划。

最重要的诉讼来自弗吉尼亚州，到1965年，弗吉尼亚的约

① Brian J. Daugherity, *With All Deliberate Speed*: *Implementing Brown v. Board of Education*, Fayetteville: The University of Arkansas Press, 2008, p. 18.

235000 名黑人学生中，进入融合学校的不足 12000 人。[①] 布朗案以来，在保守的新肯特县（New Kent County），种族关系几乎没有变化。新肯特县学区只有两个学校，一个黑人学校、一个白人学校，自由择校计划实施 3 年后，没有一个白人上原来只收黑人的学校，只有 15% 的黑人学生进入原来只收白人的学校，种族合校进程缓慢。[②] 1960 年，全国有色人种协进会分会主席卡利文·古力齐·格林（Calvin Coolidge Green）向县当局施加压力，要求开始种族融合，但未取得任何效果。1965 年 3 月，格林发起一场诉讼，迫使学校委员会进行学校融合，这个案件称为格林诉新肯特县学校委员会案（Charles C. Green v. County School Board of New Kent County，Virginia），简称格林案。在案中，全国有色人种协进会的律师指出，在布朗案判决 11 年后，新肯特县的学校仍是完全隔离。面对全国有色人种协进会的诉讼和联邦卫生教育和福利部的压力，县当局于 1965 年夏采纳了自由择校计划，但转学的学生很少，自由择校计划实际上是把种族隔离的二元教育制度永久化。

诉讼在下级法院遭到了失败，最后，联邦最高法院受理了这个案件。在这一时期，联邦法院系统对学校融合问题有了改变态度的迹象。1965 年，哥伦比亚特区上诉法院的法官 J. 斯格里·怀特（J. Skelly Wright）预测，联邦最高法院会判决事实上的隔离违宪。1967 年，第五上诉巡回法院的法官约翰·米那·威斯德姆（John Minor Wisdom）写道："根据第十四修正案，管理公立学校的委员会和官员肯定有责任实施融合的、单一的学校制度，在这种制度中，没有白人学校和黑人学校，仅仅有学校。"联邦最高法院也谴责地方的不服从，在 1964 年的格里芬诉爱德华王子县学校委员会案中，联邦最高法院宣称："在行使布朗案提出的宪法权利时，完全是谨慎有余、

---

① Brian J. Daugherity, *With All Deliberate Speed*: *Implementing Brown v. Board of Education*, Fayetteville: The University of Arkansas Press, 2008, p. 54.

② Mark G. Yudof, *Educational Policy and the Law*, Wadsworth: Cengage Learning, 2012, p. 421.

速度不足。”①

1968 年 5 月 27 日，联邦最高法院全体一致通过了布伦南（Brennam）大法官撰写的裁定，宣布了对格林案的判决。联邦最高法院认为新肯特县实施的是二元制的学校制度，以致“学校运行中的每一个方面——职员、交通、课外活动和设施”② 都不公平，也就是说，布朗案判决在新肯特县没有发生效力。“1965 年学校委员会向黑人孩子打开原来只收白人的学校的大门，向白人孩子打开只收黑人的学校的大门仅仅是学校融合的起点，而非终点。”③ 法院并没有宣布自由择校违宪，在废除二元制的过程中，自由择校计划本身不是目的，在有些情况下，不排除自由择校计划仍是有效的手段。但如果还有其他合理方法，如重新划分学区，能迅速有效地向单一、非种族的学校制度转变，就不能接受自由择校。布伦南最后总结道：新肯特县的学校系统是“二元的”，它采纳的自由择校计划“仅仅是让学生和家长承担了第二次布朗案判决要求学校委员会承担的责任”，学校委员会必须制订一个新计划，“立即建立没有‘白人’学校和‘黑人’学校、仅仅有学校的制度”。④

格林案宣布学校委员会的责任是积极消除州强加的所有隔离残余，把布朗案的禁止隔离转化为要求融合，并进一步明确了废除种族隔离后如何救济和救济的适当范围，以至于联邦最高法院的一位法官称格林案是“布朗案的重大扩展”。⑤ 历史学家戴维森·道格拉斯（Davison Douglas）称格林案判决是“布朗案以来联邦最高法院关于

① Brian J. Daugherity, *With All Deliberate Speed: Implementing Brown v. Board of Education*, Fayetteville: The University of Arkansas Press, 2008, p. 55.

② *Charles C. Green v. Country School Board of New Kent Country*, *Virginia*, 391U. S. 430 (1968).

③ Mark G. Yudof, *Educational Policy and the Law*, Wadsworth: Cengage Learning, 2012, p. 422.

④ Ibid..

⑤ Justice William H, *Rehnquist in Keyes v. School District No. 1*, *Denver*, *Colrado*, 413U. S. 189 (1972).

学校隔离最重要的观点”。[①] 宪法学者芭芭拉·弗里克认为，格林案标志着联邦最高法院放弃了“十分谨慎的速度”。[②]

新肯特县判决的影响远远超出了新肯特县。联邦法院意识到北部的学校隔离和歧视政策有关，要求北部学校委员会也重新制订废除隔离计划以消除二元的学校制度。在加利福尼亚，学校委员会调整政策以符合新要求，到20世纪70年代早期，大部分地区进行了黑白学生的融合。在城市地区，这意味着用校车接送学生，导致白人强烈反对。在农村，按地区划分的入学区代替了按种族划分的入学区。短短几年中，南方的种族融合取得了令人震惊的效果：进入融合学校的黑人学生由1968—1969学年的32%提高到1970—1971学年的79%；[③] 在白人为主的学校中，黑人学生的比例由1968—1969学年的23.4%提高到1970—1971学年的33.1%。[④]

但黑人也为种族融合付出了代价。很多南方黑人学校被关闭或降格为低水平学校，黑人教师和管理者被降级甚至解雇。

（三）斯旺案：利用校车进行跨学区救济

格林案判决是强有力的，也取得了明显的效果，但仍把一些重要的问题留给联邦下级法院、州立法机构和学校委员会：联邦下级法院应该决定、能够决定哪些融合计划？为实现种族合校，应该做什么？不应该做什么？联邦最高法院通过斯旺案判决给出了答案。

北卡罗来纳州的夏洛特—麦克林博格（Charlotte-Mecklenburg）是一个城乡结合区，1969年，本地有21000名黑人学生，占全部学生的29%，2/3的黑人学生进入了融合的学校。[⑤] 格林案后，黑人要求

---

① Brian J. Daugherity, *With All Deliberate Speed: Implementing Brown v. Board of Education*, Fayetteville: The University of Arkansas Press, 2008, p. 57.

② 邱小平：《法律的平等保护——美国宪法第十四修正案第一款研究》，北京大学出版社2005年版，第216页。

③ Brian J. Daugherity, *With All Deliberate Speed: Implementing Brown v. Board of Education*, Fayetteville: The University of Arkansas Press, 2008, p. 56.

④ James T. Patterson, *Brown v. Board of Education: A Civil Rights Milestone and It's Troubled Legacy*, New York: Oxford University Press, 2001, p. 153.

⑤ Ibid., p. 156.

进一步废除种族隔离，联邦地区法院要求学校委员会制订更加可行的方案，以保证各学校黑人学生的比例不少于9%，不多于38%。具体做法是，命令学校委员会购买100多辆校车，接送黑人学生到种族比例不足的学校。这样，学校委员会每年的开支由50万美元增加到100万美元，学校委员会对地区法院的这一方案提出了质疑，案件上诉到联邦最高法院。①

那时，为了实现种族合校，许多学校系统正在开始采纳公共汽车方案。时任联邦最高法院首席大法官的沃伦·伯格（Warren Burger）和布莱克反对法院命令的公共汽车方案，但为了达成全体一致，他们同意了这一方案，但在判决中措辞谨慎。联邦最高法院在判决中宣称：（1）地区法院针对特定的学校采取种族平衡的措施与针对整个学区的组织相似，只要目标不是作为严格的定额，就是被允许的；（2）一个学区在种族融合的命令下因隔离的生活方式而保持一些单一种族的学校，是可能的，但学校要承担“证明学校这样安排真正无歧视的责任”；（3）作为救济故意隔离的措施，允许法院命令学校分组和改变入学区域划分；（4）允许强制性地用校车在学区内接送学生，只要乘车时间和距离既不会危害学生健康，也不会严重影响教育过程；（5）一旦学区完全遵守了融合的命令，就被宣布为“整体化”，从此将不再进一步批准救济计划。即便原来存在法律隔离的学区成为事实隔离学区，“一旦完成了融合的积极责任，并通过官方措施将种族歧视从制度中消除，都不再要求学区当局和地区法院在宪法上逐年调整学生群体的种族构成”②。

在斯旺案后的几个案件中，联邦最高法院改进了规则，使原告更容易证明学校当局促成了法律隔离，而他们的错误政策导致种族隔离在整个学区扩展而不是在学区的部分学校扩展。这些原则实践的结果

---

① Bernard Schwartz, *Swann's Way*, New York: Oxford University Press, 1986, pp. 67 – 87.

② Michael Imber, Tyll van Geel, *Education Law*, New York: Routlege Taylor & Francis Group, 2010, pp. 244 – 245.

是使法院更容易命令在学区广泛采用校车接送方案。[①]

斯旺案是联邦最高法院第一个涉及用校车接送黑人学生、以达到废除公立学校种族隔离的案例。艾森豪威尔总统对布朗案判决不满，此时的尼克松总统同样不支持斯旺案判决。斯旺案判决之后的两年中，夏洛特－麦克林博格在执行法院判决过程中遭遇了不少困难，黑人和白人学生间的谩骂致使所有高中短时间关闭，有条件的白人家长选择让孩子去私立学校就读，判决后的五年，约一万名白人孩子去了私立学校。[②]

尽管如此，斯旺案判决还是改变了夏洛特，许多白人和黑人的高层领导努力执行判决，到 1974 年，所有学区实现了种族平衡。夏洛特的大部分家长对此感到骄傲，1975 年以后，两个种族孩子的标准化成绩都有所提高，黑白学生的成绩差距也略有缩小。判决两年后，北部和西部各州表示服从联邦最高法院的判决。

（四）米利肯案：跨学区救济的受阻

联邦法院对斯旺案做出判决后，种族比例平衡、重新划分入学区、用校车接送学生成为学区实现种族合校最常用的策略，得到了地区法院的认可。但这些策略也带来一些问题：交通费用大幅度提高，学生在校时间缩短，学生远离熟悉的生活环境。在田纳西州的纳什维尔，高中学生的在校时间由 7 小时缩短为 6 小时；87 辆汽车的购买费用为 1418100 美元，设备保养费用 177000 美元，每年运行费用 70000 美元，学区不得不降低教育项目和服务的质量及数量以保障校车的开支。[③]

鉴于这些问题，政治环境中出现了日益敌视种族合校政策的氛围。为了避免进入融合学校，许多中产阶级白人从城市迁至郊区。在

① Michael Imber, Tyll van Geel, *Education Law*, New York: Routlege Taylor & Francis Group, 2010, p. 245.

② James T. Patterson, *Brown v. Board of Education: A Civil Rights Milestone and It's Troubled Legacy*, New York: Oxford University Press, 2001, p. 158.

③ Benjamin Michael Superfine, *Equality in Education Law and Policy, 1954 – 2010*, New York: Cambridge University Press, 2013, p. 58.

《1972年教育修正案》(*Education Amendments of 1972*)中，国会通过了一项条款：联邦资助不能为实现种族平衡而用于交通，除非有学校官员明确的书面请求。在开始使用校车的北部州出现了地方的抵制行为。1970年的一次哈里斯（Harris）民意调查发现，对于用公共汽车实现学校融合，77%的白人受访者反对，16%支持，7%不确定；黑人46%支持，40%反对，14%不确定。[①] 反对意见很快出现在地方和国会甚至联邦最高法院。

在1974年的米利肯诉布拉德利案（Milliken v. Bradley）中，联邦最高法院放弃了布朗案以来在种族合校问题上的积极立场，也是35年来第一次做出判决，反对全国有色人种协进会种族融合的观点。密歇根州的底特律市区主要居住着黑人，公立学校72%为黑人学生，[②] 白人集中在郊区，81%的学生为白人，[③] 形成了事实上的种族隔离，联邦地区法院认为，如果命令市区和郊区合成一个大都市系统，可以控制白人迁移、促进学校融合。但是，这个方案会影响到53个城郊、78万名学生，大约31万名学生需要用校车接送，一些学生要在校车上坐一个半小时，这无异于一场管理和后勤上的噩梦。[④]

此时联邦最高法院的大法官中有4位由尼克松总统任命，联邦最高法院中保守主义倾向日渐浓厚，5∶4的裁定否决了地区法院的融合方案，持否定意见的5位法官中，包括了尼克松总统任命的4位。在判决中，联邦最高法院宣布地区法院可以强制做出跨学区的救济，但必须首先证明在一个学区内的违宪对另外一个学区造成严重的隔离后果。特别需要证明的是，州或地方学区的种族歧视行为或单个学区的种族歧视行为是学区间隔离的重要原因。因此，当一个学区或多个学

---

① Benjamin Michael Superfine, *Equality in Education Law and Policy, 1954 – 2010*, New York: Cambridge University Press, 2013, p. 58

② James T. Patterson, *Brown v. Board of Education: A Civil Rights Milestone and It's Troubled Legacy*, New York: Oxford University Press, 2001, p. 178.

③ 邱小平：《法律的平等保护——美国宪法第十四修正案第一款研究》，北京大学出版社2005年版，第231页。

④ James T. Patterson, *Brown v. Board of Education: A Civil Rights Milestone and It's Troubled Legacy*, New York: Oxford University Press, 2001, p. 179.

区的种族隔离行为导致附近学区的种族隔离，或者学区的边界故意根据种族来划分时，才可以要求跨学区的救济。在这种情况下，跨学区的救济对消除学区违反宪法引起的隔离是合适的。相反，如果不存在学区间的违宪和学区间的相互影响，也就没有宪法上的错误需要进行跨学区的救济。① 本案中的城郊学区没有违反，也没有助长违法，把它们包括在救济方案在内是肆意扩充当事人的宪法权利，这一扩充在宪法原则和司法先例上没有根据。

以瑟古德·马歇尔为代表的大法官持反对意见，他们强调，地区法院已经查明，州对底特律地区公立学校中的种族隔离负有责任，也有责任采取跨学区的救济措施。马歇尔指出，州通过建立一个故意把白人和黑人隔离并使他们不能习惯一起学习的体制，助长了白人迁到城郊以对抗学校融合，不进行跨学区救济，实际上是把种族隔离永久化，在经历了20年向法律平等保护微小且常常是艰难的跋涉后，联邦最高法院今天来了个大倒退。②

判决后，地区法院制定了一系列救济措施，除了在学区内用校车接送学生，还计划实施13个补救项目，用来保障底特律黑人学生不会在教育上遭受法律隔离残余带来的伤害。计划的主要部分是“补救性阅读和交流技巧项目”，“为教师和管理者提供在职培训，使他们能应对融合进程”，并确保将来平等地对待学生，制定没有偏见的测验方案，以及“咨询和职业指导”项目。③ 1977年，联邦最高法院全体一致通过了地区法院的方案，被称为第二次米利肯判决（Milliken Ⅱ）。

第二次米利肯案判决后，补救性教育项目成为在全美被广泛采用的废除隔离计划。然而，对这些项目的评估却发现它们对学生教育机

① Michael Imber, Tyll van Geel, *Education Law*, New York: Routlege Taylor & Francis Group, 2010, p. 246.

② Richard Kluger, *Simple Justice: The History of Brown v. Board of Education and Black America's Struggle for Equity*, New York: Oxford University Press, 1975, p. 773.

③ Michael Imber, Tyll van Geel, *Education Law*, New York: Routlege Taylor & Francis Group, 2010, p. 246.

会的提高和公平化作用有限，在执行中，这些项目没有为解决隔离问题制订全面的计划，而被用于学区人员随意可为的活动。并且，学区几乎不对这些项目进行严格的评价，项目最终没能产生有意义的结果，资助持续时间有限。一些评论者总结说，这些项目的主要作用似乎仅仅是“使学区和州因歧视而承受暂时和表面的惩罚”，① 而并没有真正改善教育机会。第二次米利肯案判决加快了白人迁移，使内城黑人学生的比重加大。

三 对布朗案基础教育机会均等效果的分析

南北战争以来，黑人一直在争取平等权利，“隔离但平等”判决使种族隔离合法化，加剧了种族隔离。在教育领域，20 世纪 50 年代之前黑人争取的是平等，当他们发现白人不可能给他们真正平等时，才转向废除隔离。联邦最高法院认为，公立教育中的种族隔离剥夺了原告平等的法律保护，违背了宪法第十四修正案中的平等保护条款，应通过学校融合，给予黑人学生均等的基础教育机会。布朗案判决宣布公立学校中的种族隔离无立足之地，从法律意义上结束了公立教育中的种族隔离，为黑人均等的基础教育机会提供了法律保障。黑人无法靠自身的努力改变受歧视的境遇，他们能做的只有寻求法律救济，布朗案也是对弱势群体进行法律救济的经典案例，布朗案判决给黑人提供了精神动力。

出于对国内政治经济形势和国际环境的考虑，也出于对黑人的同情，联邦最高法院在布朗案、在格林案和斯旺案中做出了积极行动，但在第二次布朗案和米利肯案中态度谨慎，种族合校进展缓慢，联邦最高法院的判决对种族合校的实际效果有限。1974 年，在布朗案发生地托皮卡市，一些学校仍保持隔离。到 1988 年，南方黑人学生在多数为白人学生的学校上学的比例仅为 43.5%。②

---

① Gary Orfield, *Dismantling Desegregation: The Quiet Reversal of Brown v. Board of Education*, New York: New Press, 1997, p. 145.

② ［美］乔尔·斯普林：《美国教育》，张弛、张斌贤译，安徽教育出版社 2010 年版，第 96 页。

20 世纪 50—70 年代，种族合校是保障黑人基础教育机会均等的主要形式，但是，种族合校没有取得很大进展，黑人均等的基础教育机会没有得到充分的保障。可以从两方面分析其原因。首先，联邦最高法院没有权力执行种族合校，种族合校也没有得到权力部门支持。美国实行行政、立法、司法三权分立制度，总统、国会、法院各司其职。联邦法院虽然有最高的司法权，但没有预算和实质性的权力，正如亚历山大・汉密尔顿（Alexander Hanmilton）所说，法院缺乏对“剑和钱袋”的管理权，[①] 带来社会变革的可能性有限。在布朗案中，联邦最高法院把具体执行方案的制定权交由地方法院，地方法院会误读甚至不同意联邦最高法院的判决，或者拖延时间，从而降低了种族合校的效率。如果联邦最高法院的判决得到总统和国会的支持，种族合校进展可能会顺利。但是，艾森豪威尔总统不支持在种族问题上做出积极行动，对布朗案判决不满。国会中的南方议员签署了《南方宣言》，表达对种族合校的强烈反对，艾森豪威尔总统对《南方宣言》没有进行任何驳斥。在小石城事件中，他没有利用此机会号召全美继续废除隔离，而声称联邦是为了维持秩序，制止暴乱，不是为了缓和种族关系。小石城事件从另一个侧面证明了联邦最高法院对抵制的无能为力，如果没有总统行使权力，小石城事件可能是种族主义者的胜利。尼克松总统反对利用校车实施“强制融合”。如果艾森豪威尔和尼克松利用总统的权力对黑人尽到责任，种族合校可能会少一些障碍。

其次，种族合校判决缺乏利益群体的支持。虽然种族合校是全国有色人种协进会争取的目标，布朗案判决由白人法官做出，一些白人也对黑人持同情态度，但是，大部分白人对判决不满是不能否认的现实，一些黑人对种族合校并不认同。白人认为黑人是“半人半兽的劣等动物”，愚昧、懒惰，种族合校会影响白人孩子的成绩。种族隔离是白人习以为常的生活方式，布朗案判决能推翻“隔离但平等”原

---

① Gerald N. Rosenberg, *The Hollow Hope: Can Courts Bring About Social Change?*, Chicago: the University of Chicago Press, 1991, p. 3.

则，但不能在短时间内改变白人的生活方式，更不能改变白人至上的观念，抵制隔离是白人自然的反应。一些黑人并不愿意把孩子送入融合学校，在融合学校，黑人学生要面对白人学生的恐吓和侮辱，遭受身体和精神的伤害，这种现实使他们对融合学校望而却步。1955 年，盖洛普民意调查发现，约一半（53%）的南方黑人赞同布朗案判决，[①] 可见，黑人对布朗案判决的支持率并不高。布朗案判决 10 年之后，一些 13—17 岁的黑人孩子甚至没听说过布朗案判决。[②] 白人认为种族合校使自身的利益受损，而部分黑人也不认可种族合校会给黑人带来利益，种族合校进展缓慢大势所趋。

小　结

在美国历史上，黑人教育长期不受重视。南北战争后，黑人的教育曾一度快速发展，但 1896 年普莱西案“隔离但平等”的判决使种族隔离合法化，黑人因此被剥夺了同白人均等的教育机会。种族隔离时期，布克·华盛顿认为黑人和白人应接受不同的教育。全国有色人种协进会努力争取教育机会均等，由争取“隔离但平等”中的平等转向废除隔离，并在几项高等教育的案件中胜诉。

20 世纪 50 年代，公立学校中的种族隔离成为种族隔离问题的中心。全国有色人种协进会将 5 个涉及公立学校种族隔离的案件上诉至联邦最高法院，统称布朗案。在文森法院审理时，为白人辩护的律师强烈反对推翻普莱西判决，法官意见不一，由于案件的复杂性，布朗案没有在文森法院做出判决。在沃伦法院审理时，经沃伦法官的协调，联邦最高法院于 1954 年达成全体一致，推翻了“隔离但平等”原则，开始了种族合校，判决引起了极大争议，遭到白人的强烈抵制，但种族合校从此开始。

1955 年，联邦最高法院做出第二次布朗案判决，要求以“十分

---

① Gerald N. Rosenberg, *The Hollow Hope: Can Courts Bring About Social Change?*, Chicago: the University of Chicago Press, 1991, p. 132.

② Ibid..

谨慎的速度”推进种族合校，南部各州强烈抵制，种族合校进程缓慢。1968 年，联邦最高法院做出格林案判决，要求建立单一、非种族的教育制度，种族合校的速度加快。1969 年，联邦最高法院做出斯旺案判决，采取积极行动，要求学区配置校车接送学生，以推进种族融合。但在 1974 年的米利肯案中，联邦最高法院放弃了在种族合校问题上的积极立场，没有支持全国有色人种协进会提出的跨学区救济的主张，而是实行补救性教育项目，这加快了白人迁移，使内城黑人学生的比重加大。

布朗案判决宣布公立学校中的种族隔离无立足之地，从法律意义上结束了公立学校中的种族隔离，赋予了黑人学生均等的基础教育机会，在美国历史上具有极其重要的影响。但是，种族合校进展缓慢。这是因为，其一，虽然联邦最高法院在 1968 年的格林案判决和 1969 年的斯旺案判决中采取了积极行动，但在 1974 年的米利肯案中，联邦最高法院放弃了在种族合校问题上的积极立场，没有支持全国有色人种协进会提出的跨学区救济的主张，而是实行补救性教育项目，加快了白人迁移，使内城黑人学生的比重加大。并且，联邦最高法院没有权力执行种族合校，种族合校也没有得到权力部门支持。其二，种族合校判决缺乏利益群体的支持。

第二章 基础教育机会均等法律保障的拓展

依据宪法第十四修正案，联邦最高法院推翻了“隔离但平等”原则，黑人从法律意义上获得了均等的教育机会。黑人争取教育机会均等的斗争引发了民权运动，20 世纪 60 年代，民权运动已将残疾学生纳入到关照的对象中来。[①] 1964 年，国会通过了《民权法案》(*Civil Rights Act*)，禁止基于种族、肤色和来源国的教育歧视，该法案使美国社会意识到双语教育有利于语言少数族裔获得均等的教育机会，从而推进了双语教育的发展。约翰逊总统把教育作为反贫困战争、构建伟大社会的工具，于 1965 年签署了《初等和中等教育法》(*Elementary and Secondary Education Act*, *ESEA*, P. L. 89 - 10)，重点关注贫困儿童的教育。由此，基础教育机会均等的受益群体由黑人学生扩大到贫困、语言少数族裔和残疾学生。

第一节 贫困学生基础教育机会均等的法律保障

20 世纪 60 年代，联邦政府发起的反贫困战争是建立在 19 世纪公共学校改革的理念之上：教育能缩小社会阶级差距并减少贫困。肯尼

---

① ［美］乔尔·斯普林：《美国教育》，张弛、张斌贤译，安徽教育出版社 2010 年版，第 106 页。

迪政府时期，对贫困文化的战争已经成为重点关心的问题，约翰逊则“向贫困宣战”，希望通过教育结束贫困。1965 年 4 月，《初等和中等教育法》颁布，法案以 1958 年的《国防教育法》和 1964 年的《民权法案》为基础，把改善贫困儿童的教育作为核心内容，希望通过联邦政府的资助，使贫困儿童获得均等的教育机会，从而打破贫困的循环，摆脱贫困。

一 《初等和中等教育法》颁布的背景

（一）贫困和文化剥夺

“二战”后，虽然美国经济稳步发展，但直到 20 世纪 60 年代早期，收入和就业的巨大鸿沟仍然存在，失业和贫困在大城市和农村地区更为严重，失业者和穷人大多为黑人，他们受教育水平低，不得不接受救济，由于歧视和低收入，只能住在隔离的贫民窟，不能进入工作市场。人们渐渐认为，这些差距不仅仅是地区繁荣的障碍、对获得有报酬工作的个人权利的侵犯，更是美国国际形象上的一个污点。

贫困学生辍学率很高，辍学者无所事事，容易产生犯罪行为，并且，无知和失业密切相关并能循环，而传统教育项目不能有效训练这些年轻人。20 世纪 50 年代中期，美国一些最大城市制定了“改善学校伟大城市项目”（Great Cities Program for School Improvement），研究城市地区的特殊问题，该项目主要关注问题之一是教育处境不利儿童，尤其是黑人。很明显，传统教育不能解决文化剥夺学生的学习问题。1963 年初，全美教育协会（National Education Association）研究分会列出了 42 个在全美最大教育系统中进行的面向处境不利学生的实验项目，这些项目由城市、州和专业协会发起。[①] 这些实验的结果几乎没有经过严格的评估，很难得出令人信服的结论，并且往往持续时间短。然而，这些项目为许多不同的实验活动提供了重要的基础，也反映了对全美学校的新要求。

---

① Stephen K. Bailey, Edith K. Mosher, *ESEA: The Office of Education Administers a Law*, New York: Syracuse University Press, 1968, p. 9.

（二）教育对消除贫困作用的研究

20世纪60年代，美国社会普遍认为歧视和贫困是社会两大问题，这两个问题限制了学校发现和甄选人才，进而限制了教育的经济功能，因此，学校有必要消除歧视、消灭贫困，从而确保无偏见地培养人才。

社会学研究为教育在反贫困战争中的作用提供了理论依据。冈纳·迈尔多（Gunnar Myrdal）在其著作《美国的两难处境：黑人问题和现代民主》（*An American Dilemma*：*The Negro Problem and Modern Democracy*）中提出了贫困循环圈的概念。他于1940年开始进行这项研究，研究发现，贫困可以循环并与生活的其他方面有因果关系。他还构建了一个关于贫困的模型，这个模型说明了一个人在因果循环圈的任何一个点上，都有可能开始重演贫困。1962年，米切尔·哈林顿（Michael Harrinton）在其著作中分析了大规模的贫困在普遍繁荣中持续存在的原因，他认为，可以用文化这个更丰富的概念描述循环圈，因为这个贫困循环圈已经形成自己的文化模型。[①] 1964年，经济委员会顾问主席瓦尔特·赫勒（Walter Heller）的报告强调教育在彻底消除贫困文化中的作用，并把教育作为对抗贫困战争的核心力量。

人力资本理论是反贫困战争的另一个理论依据。20世纪60年代，经济学家西奥多·W. 舒尔茨（Thodore W. Schults）等人完善了人力资本理论，该理论认为，人力资本体现在人的身上，是对生产者进行教育、职业培训等支出及其在接受教育时的机会成本等的总和，表现为蕴含于人身上的各种生产知识、劳动与管理技能以及健康素质。人力资本的核心是提高人口质量，教育投资是人力投资的主要部分，通过接受教育，个体劳动能力增强，从而促进社会经济增长，教育还是使个人社会收入分配趋于平等的因素。通过教育结束贫困、实现收入平等成为“伟大社会”的重要战略目标。

（三）基础教育资源投入不足

基础教育资源投入不足是美国长期存在的问题，但大萧条和“二

① ［美］乔尔·斯普林：《美国教育》，张弛、张斌贤译，安徽教育出版社2010年版，第535页。

战”加剧了教育资源的紧张。大萧条使美国经济遭到严重打击，对公立初等和中等教育的投入由 1929—1930 年的 3.7 亿美元下降到 1939—1940 年的仅 2.58 亿美元，[①] 20 世纪 40 年代末，美国的中小学破旧、拥挤。“二战”后的通货膨胀使美元的价值下降 40%，[②] 虽然州和地方的税收不断增加，但对建筑、设备、人员和服务的需求超过了税收，地方学区意识到财政匮乏，向州政府施加压力，请求增加教育资助，但州政府也在遭受财政制度严格和财政不足的困扰，不得不求助于联邦政府。

各州和学区间教育投入差距大，资源分配不公平。美国有地方自治的传统，“二战”前，联邦政府很少干预教育，教育投入水平直接取决于州及学区的经济发展水平以及税收。各州间的经济差距导致教育极不公平，1959—1960 学年，以教室为单位，某个州仅投入 3645 美元，而另一个州投入 12215 美元。[③] 尽管州对地方学区的投入由 20 世纪 40 年代的 30% 上升到 1964 年的 40%，[④] 缩小了州内教育投入差距，但学区间的投入差距仍然存在，一些州的均衡资助也未能缩小学区间巨大的生均支出差距。

二　《初等和中等教育法》对贫困学生基础教育机会均等的保障

在制定《初等和中等教育法》过程中，党派之间、利益群体之间在资金分配、种族问题、教会与国家关系等方面存在严重分歧，经过各利益群体和党派的妥协，最终达成了较为一致的意见。法案共六章，开篇就明确了立法的目的：“在全国初等和中等学校加强、提高教育质量和教育机会。”[⑤] 前五章为联邦拨款的内容，第六章为总则，是对一些术语和相关问题的界定。

---

① Stephen K. Bailey, Edith K. Mosher, *ESEA: The Office of Education Administers a Law*, New York: Syracuse University Press, 1968, p. 11.

② Ibid. .

③ Ibid. , pp. 12 – 13.

④ Ibid. , p. 12.

⑤ *Elementary and Secondary Education Act of 1965*, P. L. 89 – 10.

(一) 为低收入家庭学生的教育提供财政资助

第一章（Title Ⅰ）为法案的最主要部分，标题是“为低收入家庭学生的教育向地方教育机构提供财政资助，扩展第81届国会的874号公法”，本章的主要目的是向服务于低收入家庭学生集中地区的地方教育机构提供经济资助，通过各种方式扩大、改善教育项目，满足教育被剥夺孩子（educationally deprived children）的特殊教育需要，主要有以下几方面内容。

联邦资助额度和方法。联邦资助额度和方法是本章最重要的部分，法案制定了一个为期3年的州向学区分配资金的联邦资助项目，向学区资助最大额度的计算方法为：符合资助标准的两种学生数量之和×生均支出×联邦百分比。两种学生为：（1）低收入家庭5—17岁学生，1966财政年度，低收入家庭指年收入低于2000美元的家庭；（2）年收入超过2000美元但需要抚养孩子、符合《社会安全法》（*Social Security Act*）Title Ⅳ资助标准家庭的5—17岁学生，生均支出为州的生均支出，联邦百分比为50%。接受资助学生的数量达到以下要求，地方教育机构可以得到基本资助：（1）至少100名学生；或（2）占5—17岁学生数量的至少3%。[①] 法案还向有资格获得基础资助的地方教育机构提供特别激励资助。[②]

资助的申请。在提出申请并经州教育机构批准后，地方教育机构可以获得基本资助或特殊激励资助。但地方教育机构要确保做到以下几点：资金用于项目和计划，这些项目和计划应满足低收入家庭集中的入学区里教育被剥夺孩子的特殊需要，并具备足够的规模、范围和质量，防止两个或更多的地方教育机构联合实施项目和计划；私立初等和中等学校中教育被剥夺的孩子也可以接受特殊的教育服务和安置；要保障资金用于本章的目的，保障公共机构合理管理资金；地方教育机构采取包括适当的目标评估条款在内的有效程序，对项目进行至少每年一次的有效性评估；地方教育机构向州教育机构递交年度报

① *Elementary and Secondary Education Act of 1965*, P. L. 89 – 10, sec. 203.

② *Elementary and Secondary Education Act of 1965*, P. L. 89 – 10, sec. 204.

告，州教育机构可以获得信息，有效履行职责。在未允许州教育机构递交合理的申请、给予听证机会的情况下，州教育机构不得拒绝地方教育机构申请资助。[1]

法案还规定了州教育机构的职责、资金拨付的要求、参与人员的待遇、对不遵守规定州的资金扣留、全国咨询委员会的任命和职责等。

《规章和指南》（*Regulations and Guidelines*）是对法案的补充说明，便于法案的实施，和法案有同等的法律效力。《规章》对核心概念“教育被剥夺孩子”进行了界定，“教育被剥夺孩子”指在一个特定学区对特殊教育援助有最大需要的孩子，援助可以使他们的教育获得提高到同龄孩子的水平。这个群体包括残疾孩子，由于贫困、文化和语言隔离于社区而需要得到特殊教育援助的孩子。[2]《指南》补充了对残疾学生的资助办法，联邦直接根据州的需要确定对残疾学生基本资助的最大额度，州教育机构最大资助额计算公式为：所有残疾学生的出勤率×州生均教育支出×50%。[3]

Title Ⅰ得到法案13亿美元拨款中的10.6亿美元，[4]是各级学校管理者、国会成员以及相关的联邦财政管理人员最重视的部分。基于满足教育被剥夺孩子需要的紧迫性的认识，新的法律条款通过公式向州和地方拨付资金。美国教育办公室（U. S. Office of Education, USOE）的法律和统计专家经过对学生数量、家庭贫困情况和州学校支出的检测，通过试错的方式制定了一个财政和政治都可行的拨款公式。资金拨付给各县，并且学区之间不存在资金竞争。Title Ⅰ的条款规定，学区之间的均衡在州内部而不是州之间进行考量，保障了联邦资助能分配给全国各学区，使资金能用于教育质量最需要提高的地

① *Elementary and Secondary Education Act of 1965*, P. L. 89 - 10, sec. 204.

② Stephen K. Bailey, Edith K. Mosher, *ESEA: The Office of Education Administers a Law*, New York: Syracuse University Press, 1968, p. 269.

③ Ibid., pp. 278 - 279.

④ Patrick J. McGuinn, *No Child Left Behind and the Transformation of Federal Education Policy, 1965 - 2005*, Lawrence: University Press of Kansas, 2006, p. 31.

区，分配公式有利于最靠近市中心的和最偏远的学区获得资助。联邦教育资助还协调了国家和教会的关系，因为几个州的法律明文规定禁止政府资助教会学校，在制定法案时，健康、教育和福利部副部长威尔伯·科恩（Wilbur J. Cohen）依据儿童受益原则，提出联邦资助与学生个体挂钩，而不与学校挂钩，[①] 从而保障了教会学校的贫困学生也能得到资助。法案要求对项目进行效性评估，可以避免联邦资金被用于和教育被剥夺孩子教育质量提高无关的项目上。

Title Ⅰ建立的政府间关系模式对地方、州和联邦三级政府都有很大影响，也赋予它们重要职责。在决定资金最初分配时，美国教育办公室避开了州政府。州官员本来对地方官员有管理权，但在资金分配问题上受到了联邦制定的原则的限制。地方政府可直接获得特定资助，可以根据地方需要设计项目，但仍受州约束。只有接受法案条款，地方教育机构才可以获得资助。

（二）其他资助项目

Title Ⅰ巧妙地平衡了各级政府间的权力，将长期目标和短期目标融合到一起。即便如此，法案制定者认为 Title Ⅰ未完全达到管理政策目标、满足所有利益群体的要求，因此，又制定了四章条款，对 Title Ⅰ进行补充，也是为了保障 Title Ⅰ能够通过和顺利实施。

第二章（Title Ⅱ）的标题是“学校图书馆资源、课本和其他教学资料”。本章的目的在于向学校图书馆资源、课本和其他印刷、出版的资料提供资助，以供公立和私立中小学的孩子及教师使用。法案制定了一个面向各州为期 5 年的资助项目，1966 财政年度的项目资助总额为 1 亿美元。根据各州公立和私立学校注册学生的数量分配资金。第一年，州教育机构可将最多 5% 的分配资金用于管理州方案，后几年最多 3%。每个州必须递交一项依据各州法律制订的项目实施方案，方案必须提供：（1）关于所有孩子和教师对附加教学资料相关需求的考虑；（2）在公立学校批准使用的限制材料；（3）公共当

① 傅林：《权力的制衡与积极的自由：美国 ESEA（1965）的制定及实施过程分析》，《北京大学教育评论》2006 年第 4 期。

局对它们的所有权。本章还授权美国教育专员（the U. S. Commissioner of Education）向非公立学校提供和公立学校相同的资源。①

本章的主要内容是为了争取对私立学校的支持，因为该章如能获得通过，私立学校都将具备获得联邦资助的合法资格。而且，教育专员弗朗西斯·凯佩尔（Francis Keppel）在听证会过程中还用一些统计数据说明学校图书馆的质量与学生成就之间的关系，用于支持该章内容。② 反对者认为，资助私立学校是将公共资金用于不恰当的开支，许多专业教育者和国会议员认为向非公立学校提供资助是联邦权力不受欢迎的扩张。但联邦决策者认为，出台《初等和中等教育法》是为了国家利益，应该保障每个贫困学生接受联邦资助，教会学校的学生不应被排除在外。

第三章（Title Ⅲ）的标题是“辅助教育中心和服务”。本章要求专员实施一个向辅助教育中心和服务提供资助的项目，目的在于刺激和援助数量或质量不足、急需的教育服务，并刺激和援助示范性初等和中等学校教育项目的发展和建立。项目为期 5 年，第一年拨款 1 亿美元，每个州得到 20 万美元的基础拨款。剩余部分的一半根据每个州 5—17 岁人口数量拨付，另一半根据各州总人口数量拨付。地方教育机构要制定项目提案，个人或团体要规划、实施项目。项目要包括结构和设备，必须由地方教育机构专门同时提交给美国教育办公室和州教育机构。项目最终由美国教育办公室拨款，但必须经州教育机构审核通过。③

本章规定了有关辅助教育中心和服务项目的制定、申请、批准和拨款，又一次触及了各级政府的关系。由于联邦政府实际上加大了对地方教育的干预、违背了地方分权的传统，为了保障本章内容的通过，法案的语言表述很模糊。法案似乎主张地方教育机构或个人随心所欲地建立教育中心，不再受州的控制，很多人意识到其中的危险，

---

① *Elementary and Secondary Education Act of 1965*, P. L. 89 - 10, sec. 201.

② ［美］乔尔·斯普林：《美国教育》，张弛、张斌贤译，安徽教育出版社 2010 年版，第 539 页。

③ *Elementary and Secondary Education Act of 1965*, P. L. 89 - 10, sec. 201.

但主张提升地方教育创新的决策者占了上风，结果，地方社区得到了前所未有的机会，可以建立教育中心，而这一切是它们不可能用自己的资源做到的。联邦官员在拨款时考虑项目标准，实际上重视的是质量而非均衡，因而导致不太贫困的学区也得到了资助，偏离了公平的目标。

第四章（Title Ⅳ）的标题是“教育研究和培训”。本章的目的在于向大学及其他公立和私立的机构、组织及个人提供资助，研究教育、调查和论证问题，传播教育研究信息，开发、加强培训教育研究者的项目。本章得到为期 5 年的 1 亿美元拨款，尽管只资助非营利组织，但研究机构可通过基金或合同的形式得到资金。提案由申请者制定，并递交美国教育办公室，美国教育办公室征求专家意见后再进行拨款。①

本章扩大了美国教育办公室在 1954 年《合作研究法》（*Cooperative Research Act*）支持教育研究的授权和资源范围。新知识是社会进步的关键，这种观点逐渐被认可，教育也可以通过纯粹的、应用性研究得以改善，许多有影响的教育学者支持这个立场。和 Title Ⅲ 相似，州教育官员认为联邦向地方研究机构的直接资助是联邦干预的一种形式，削弱了州的领导责任。在 Title Ⅳ 更宽泛的研究目标和 Title Ⅰ、Title Ⅲ、Title Ⅴ 的立法命令之间有逻辑上的一致关系。例如，Title Ⅰ要求地方教育机构评估所有的项目，并向教师和管理者传播改善教育实践的信息，而这也是研究和发展中心的基本工作，计划授权地区的实验室可向研究和发展中心提供咨询和援助。②

第五章（Title Ⅴ）的标题是“向各州教育厅提供资助”。专员实施一个为期 5 年的资助项目，激励和援助各州加强州教育机构的领导资源，并在项目的制定和改善方面帮助州教育机构确定、满足各州的教育需要。第一个财政年度拨款 2500 万美元，后 4 年只有在法律授

① *Elementary and Secondary Education Act of 1965*, P. L. 89 – 10, sec. 401, sec. 403.

② Stephen K. Bailey, Edith K. Mosher, *ESEA*: *The Office of Education Administers a Law*, New York: Syracuse University Press, 1968, p. 57.

权后才可拨付。[①]

本章条款是在凯佩尔的努力下制定的，他认为，如果希望州教育机构在政府间的合作关系上发挥重要作用，联邦政府必须帮助它们。然而，联邦教育政策的许多其他制定者对州教育机构能实施自主改革并不乐观。

（三）《初等和中等教育法》总览

《初等和中等教育法》各章都有明确的目的和具体实施方案，但各章又对联邦资金的目的和分配方案、政府间的责任、教育实践的改善以及教会和国家的关系等问题进行了阐释（见表2—1）。

表2—1　**《初等和中等教育法》各章内容摘要**

政策领域和选项	Ⅰ	Ⅱ	Ⅲ	Ⅳ	Ⅴ
1. 联邦学校资助的目的和分配方案					
以教育处境不利学生的比例为基础优先分配资金	X	X			
主要基于相关的教育工作量进行资金分配		X			X
要求与联邦资金匹配					X
在可接受的教育项目方案上成立资金分配团队	X		X		X
2. 向教区学校学生提供联邦资助的条款					
根据学生受益原则将学生列入公立学校项目	X	X	X		
依法令规定在公立和私立学校官员间咨询	X	X	X		
3. 政府间的责任					
美国教育办公室对所有项目的指导				X	
美国教育办公室对项目的直接监督					
通过制定指南	X		X	X	
通过拨付资金、签订合同			X	X	X
加大州教育机构的监督作用	X	X	X		X
加大地方教育机构的项目设计或领导作用	X		X		
4. 城市学校问题					
有利于城市地区的资助条款	X				

① *Elementary and Secondary Education Act of 1965*, P. L. 89 - 10, sec. 501.

续表

政策领域和选项	Ⅰ	Ⅱ	Ⅲ	Ⅳ	Ⅴ
5. 改进教育实践					
鼓励学校项目或教育研究活动的创新	X	X	X	X	X
对项目评估的法规要求	X				
扩大地方社区机构在教育项目中的参与度	X		X		

资料来源：Stephen K. Bailey，Edith K. Mosher，*ESEA*：*The Office of Education Administers a Law*，New York：Syracuse University Press，1968，p. 59。

三 《初等和中等教育法》的实施

（一）《初等和中等教育法》的修订

《初等和中等教育法》实施后，国会根据实施情况对其进行了多次修订，增加了一些条款。1966 年，法案把贫困家庭的收入标准从 2000 美元上调到 3000 美元，接受资助儿童的数量扩大了 30 万，[①]《1966 年初等和中等教育法修正案》（*Elementary and Secondary Education Act Amendments of 1966*，P. L. 89 – 750）调整了援助方案，增加了成人教育条款和残疾儿童教育条款。《1968 年初等和中等教育法修正案》（*Elementary and Secondary Education Act Amendments of 1968*，P. L. 90 – 247）增加了校车安全研究条款和双语教育项目。《1974 年教育修正案》（*Education Amendments of 1974*，P. L. 93 – 380）、《1978 年教育修正案》（*Education Amendments of 1978*，P. L. 95 – 561）对双语教育部分进行了较大修改。

（二）资金的拨付和使用

《初等和中等教育法》的资助项目需要联邦拨款的支持，但是，法案实施之初，资金没有及时拨付，影响了项目的质量。根据法案规定，全国 54 个州和领地的 25000 个学区可以在 15 个月内支取 10 亿美元。法案于 1965 年 4 月通过，应该在新学年开始的 9 月前拨付资金，但是，国会直到 9 月 23 日才投票通过了资金分配的法令，一

① John A. Andrew，*Lyndon Johnson and the Great Society*，Chicago：Ivan R. Dee，Inc.，1998，p. 127.

些地区甚至到 1966 年 4 月才得到拨款，这时，法案已经颁布了一年，一个学年即将结束，拨款的延迟使法案的实施面临很大压力。①

随着时间的推移，法案的实施逐渐转入正轨，联邦政府的投入逐渐增加，接受资助的学生越来越多。在实施的第一年，830 万孩子接受了 Title Ⅰ的服务，开支约 9.876 亿美元。Title Ⅰ生均支出为 119 美元，但各州生均支出额度从 25 美元到 227 美元不等，对许多州来说，这意味着目前的生均支出大幅度提高，1965—1966 学年，全美生均支出约为 532 美元。Title Ⅰ9.876 亿美元的开支中，约 52% 用于教学，教学开支中约 2/3 用于语言艺术和补救性阅读，大部分地方教育机构认为这是最需要做的工作。总额的约 20% 用于教育设备，约 10% 用于建筑，4.5% 用于食品和健康服务。近 65% 的 Title Ⅰ项目参与者为学前到 6 年级学生，其中 92% 的学生在公立学校上学，6% 的学生在非公立学校上学，2% 的学生未在学校上学。② 由于没有足够的资金为各年级所有合格学生的每个学科提供补救性教学，学区必须选择最需要资助的学科和年级，补救性阅读和基础数学是资助最多的学科，1—6 年级是接受资助最多的年级。③

（三）地方教育机构的参与

由于法案实施之初联邦资助的针对性不强，因此大部分地方教育机构有资格参与 Title Ⅰ，但这些地方教育机构并未都参与 Title Ⅰ。美国教育办公室专员哈罗德·豪（Harold Howe Ⅱ）撰写的第一份《〈初等和中等教育法〉年度报告》显示，法案实施的第一年，17841 个地方教育机构参与了 Title Ⅰ，约占所有合格地方教育机构的 3/4。在合格但未参与 Title Ⅰ的地方教育机构中，104 个不符合 1964 年

① Stephen K. Bailey, Edith K, Mosher, *ESEA: The Office of Education Administers a Law*, New York: Syracuse University Press, 1968, p. 100.

② Ibid., p. 164.

③ Jung Richard K., Buhl Barbara Ann, *Title I, Today: A Factbook. A Descriptive Summary of Title I (Financial Assistance to Meet Special Educational Needs of Children) of the Elementary and Secondary Education Act*, Washington, DC: Department of Education, 1981, p. 25.

《民权法案》的 Title Ⅵ条款，其他地方教育机构或未能成功提交申请，或因未达到联邦或州的规模、范围、质量标准而被各州拒绝（见表 2—2）。从法案第一年的实施情况来看，法案推行的速度还是较快的，地方教育机构能积极地参与 Title Ⅰ，毕竟，联邦政府的高额资助对地方教育机构有很大的吸引力。

表 2—2　　1965 年参与 Title Ⅰ的地方教育机构一览表

教育机构	数量
1965 年秋的地方教育机构	26983
参与 Title Ⅰ的合格地方教育机构	24926
参与 Title Ⅰ的地方教育机构	17481
合格但未参与 Title Ⅰ的地方教育机构	7445
不符合 1964 年《民权法案》Title Ⅵ条款的地方教育机构	104

数据来源：Stephen K. Bailey，Edith K. Mosher，*ESEA：The Office of Education Administers a Law*，New York：Syracuse University Press，1968，p. 164。

（四）Title Ⅰ项目学生的选择

由于缺乏足够的资金，Title Ⅰ不能向全美所有有需要的学校提供服务，因此，国会决定集中有限的资源，向在最贫困的学校就读的、教育被剥夺学生提供服务。一般情况下，只有贫困学生的集中程度达到学区平均水平的学校才有资格参加 Title Ⅰ项目，最贫困的学校优先得到资助。为了使学区根据地方的情况灵活处理，法案允许采取其他标准选择学校，比如，根据学区贫困度排名，某学校已经失去了接受资助的资格，但学区可以选择保留这个学校两年的接受资助资格，法案也允许采用不同的贫困标准对学校进行排名，包括统计数据、接受免费午餐或早餐情况、学校调查、就业情况等。

一旦学区选定了目标学校，便要确定每所目标学校“最需要”补救性帮助的学生。一般情况下，成绩最差的学生优先，学校通过标准化考试成绩、教师的判断或其他方式确定成绩最差的学生。为了提高服务的连续性，法案允许学区向已不再是最有需要但仍然是教育被剥夺的学生提供服务。①

随着法案的不断修订，《初等和中等教育法》资助的学生群体逐渐扩大，由资助贫困学生扩大到双语教育学生、残疾学生、被忽视和犯罪学生。《双语教育法》是《1968 年初等和中等教育法修正案》的第七章（Title Ⅶ），1975 年，《所有残疾儿童教育法》颁布，因此，《初等和中等教育法》Title Ⅰ资助的重点群体仍是贫困学生。

（五）项目的设置

《初等和中等教育法》的拨款实际上是项目拨款，学区设立面向贫困学生的项目，联邦政府拨款对项目进行资助。《初等和中等教育法》实施后，学区制定了大量的项目。尽管每个学区的 Title Ⅰ项目各有不同，但就全美而言，Title Ⅰ项目仍有很大的相似性。

根据项目内容，Title Ⅰ项目可分为三大类：第一类为课堂教学项目，这种项目对成绩最落后的学生进行补救性教学，涉及的主要学科是阅读和数学；第二类为和课堂教学直接相关的服务项目，资金用于支持性人员的工资、设备、校舍维修等；第三类项目为辅助服务项目，如家长参与活动、图书馆、健康和营养服务、咨询。虽然各学区的 Title Ⅰ项目各不相同，但都有很强的目的性，以课堂教学项目为例，各项目以改进学生的教育条件、提高质量为目的。康涅狄格州哈特福特的精读教学小组（Intensive Reading Instructional Teams）项目是一个针对 3、4 年级有阅读问题学生的项目，项目重视三个领域：编码和解码、个别化阅读、词汇和理解。学生每天上午在实验室接受 3 小时的精读教学，下午返回教室接受其他基本课程的教学。芝加哥的前代数发展中心（Pre-Algebra Development Centers）项目是一个为期 8 周的夏季项目，为即将接受高中教育的学生提供 5 方面的内容：比、分数、小数、百分数和度量，教学在数学实验室和普通教室进行，教

① Jung Richard K., Buhl Barbara Ann, *Title I, Today: A Factbook. A Descriptive Summary of Title I (Financial Assistance to Meet Special Educational Needs of Children) of the Elementary and Secondary Education Act*, Washington, DC: Department of Education, 1981, pp. 33 – 34.

学中要进行个别诊断并补救。①

大部分学生不在普通教室接受补救性教学，Title Ⅰ条款要求实施“抽出项目”（“pull-out” program），即在校日的部分时间，学生离开普通教室、在实验室或其他场所接受额外的补救性教学。其实，在普通教室也可以进行 Title Ⅰ服务，如学生在普通教室分成小组，在普通班级的学习中心学习。另外，学生还可以上夏季学校、参加放学后项目和周末项目。研究发现，“抽出项目”和“普通教室”项目（“in-class” program）几乎同样有效，因此，国会在 1978 年的重新授权中强调，“不要认为 Title Ⅰ鼓励或要求特殊教学策略”。②

四 《初等和中等教育法》的基础教育机会均等效果

《初等和中等教育法》实施后至 20 世纪 70 年代初，美国教育办公室、劳工和公共福利委员会（Committee on Labor and Public Welfare）提交的多份报告认为，没有证据表明法案提高了学生的学业表现。③ 随着时间的推移和法案的不断修正，法案的积极效果开始显现，20 世纪 70 年代末的一些研究发现，法案对学生教育机会的改善起了积极作用，当然，其中的问题也很值得关注。

（一）《初等和中等教育法》对基础教育机会均等的积极作用

《初等和中等教育法》向贫困学生、贫困学区提供资助，改善其教育条件，接受资助学生的成绩取得了较为明显进步。

1. 学生资助公平程度的提高

法案实施之初，联邦资助额度相对较高，但资金使用针对性不强，1966 年，联邦资助额度为 12.17 亿美元（扣除通货膨胀因素，下同），1975 年为 11.62 亿美元，联邦资助降低了。1966 年，820 万

---

① Jung Richard K., Buhl Barbara Ann, *Title I, Today: A Factbook. A Descriptive Summary of Title I (Financial Assistance to Meet Special Educational Needs of Children) of the Elementary and Secondary Education Act*, Washington, DC: Department of Education, 1981, p. 56.

② Ibid., pp. 27 – 28.

③ Stephen K. Bailey, Edith K. Mosher, *ESEA: The Office of Education Administers a Law*, New York: Syracuse University Press, 1968, p. 167; *Elementary and Secondary Education Amendments of 1974 Report*, Washington, DC: Committee on Education and Labor, 1974, p. 5.

孩子参加了 Title Ⅰ项目，生均支出为 119.81 美元；1975 年，约 520 万名学生参加了 Title Ⅰ项目，但生均支出 193.71 美元。受益学生的数量减少了，但生均支出提高了，这是因为，在法案实施初期，接受资助的学生中，很多学生不具备资助条件，联邦的“助贫”资助被用作了一般资助，820 万名学生几乎是具备资助条件学生的 1.5 倍。[1] 20 世纪 70 年代中后期，地方学区改变了资金使用的策略，将有限的资金用于真正贫困的学生，提高了资助的公平程度。

2. Title Ⅰ学区教育服务质量的提高

学区利用 Title Ⅰ资金设计了许多项目，向 Title Ⅰ学生提供的服务在很多方面不同于向同学校非资助学生提供的服务。Title Ⅰ服务包括更充足、质量高的师资，更小的班额，更长时间的阅读和数学教学，更多样化的教学方法和资料，提高了对贫困学生教育服务的质量。

（1）师资数量的增加和质量的提高

法案实施之前，没有专门对贫困学生进行教学的教师，法案实施后，Title Ⅰ项目的设置需要专门对贫困学生进行教学的教师。1979 年，Title Ⅰ人员中，有 97772 名教师，104286 名教育助手，这些教育助手往往向学生提供个人或小组指导，接受 Title Ⅰ工资的教育助手多于教师。Title Ⅰ教师的质量较高，其中的 67% 在有学士学位的基础上又接受了培训，62% 的教师主讲一门课程。和非 Title Ⅰ教师相比，Title Ⅰ教师接受的专门在职培训更多、修过的教育技术课程更多。[2]

（2）班额的缩小

教育部发起的持续影响研究（the Sustaining Effects Study）发现，Title Ⅰ学生接受教学的班额小于非 Title Ⅰ学生。Title Ⅰ学生由专门的教师进行教学，补救性教学的平均班额为阅读 9 人、数学 12 人，

---

① Jung Richard K.，Buhl Barbara Ann，*Title I，Today：A Factbook. A Descriptive Summary of Title I（Financial Assistance to Meet Special Educational Needs of Children）of the Elementary and Secondary Education Act*，Washington，DC：Department of Education，1981，pp. 18 – 20.

② Ibid.，p. 44.

远低于27人的非补救性教学班额。[①]

（3）教学时间的延长

尽管在校日的学习时间固定，但Title Ⅰ学生比非Title Ⅰ学生接受了更长时间的阅读和数学教学。不同年级和学科的教学时间有差异，1、2年级Title Ⅰ学生接受的阅读教学时间和非Title Ⅰ学生大致相同，3—6年级Title Ⅰ学生接受的阅读教学时间更长；Title Ⅰ学生在各年级接受的数学教学时间都长于非Title Ⅰ学生。[②]

（4）教学内容和方法的多样化

根据对教师的调查，和非Title Ⅰ学生相比，Title Ⅰ学生在特殊教学中学习了不同的、更多样化的内容。在阅读教学中，Title Ⅰ学生接受了更基本、补救性的内容教学，不同年级和项目的教学内容有很大差异，1—6年级Title Ⅰ学生比非Title Ⅰ学生写词、朗读更多，这种差异在高年级更明显。和非Title Ⅰ教师相比，Title Ⅰ教师更多地尝试根据教学内容进行个别化教学，为提高成绩进行教学，而非Title Ⅰ教师更多地依据课程标准进行教学。对两种学生的教学方法也有所不同。一般来说，Title Ⅰ教师会采用更多样化的教学资源，如个别化对待设备、学习单间、学习中心和特殊阅读机器。[③]

3. 教育质量的提高

关于Title Ⅰ是否提高学生的阅读和数学成绩的早期研究结论令人沮丧，这或是因为研究方法有问题，或是因为未考虑到Title Ⅰ在早期往往用于普遍资助。1975年以来的多项研究发现，Title Ⅰ项目确实提高了学生的阅读和数学成绩，并且，学生在不接受Title Ⅰ项目资助后，成绩仍保持增长的势头。

1977年，国家教育研究院（the National Institute of Education）报告了400个班Title Ⅰ学生的阅读和数学成绩。这些班接受的Title Ⅰ

---

① Jung Richard K., Buhl Barbara Ann, *Title I, Today: A Factbook. A Descriptive Summary of Title I (Financial Assistance to Meet Special Educational Needs of Children) of the Elementary and Secondary Education Act*, Washington, DC: Department of Education, 1981, p. 25.

② Ibid., p. 26.

③ Ibid., pp. 26 – 27.

项目旨在提高成绩差学生的阅读和数学成绩，虽然这些班不是随机选择的，但学生来自不同的收入水平和种族背景，就读的学校遍布北部和南部的郊区、农村和城市地区。研究发现：在秋季和春季考试之间的7个月中，1年级Title Ⅰ学生的阅读取得了12个月的进步，数学取得了11个月的进步；在同一时间内，3年级的Title Ⅰ学生的阅读取得了8个月的进步，数学取得了12个月的进步。主持这项研究的艾瑞斯·罗森博格称："尽管我们不能得出结论，认为所有接受补救性教育的学生都取得同被研究的学生一样的进步，但研究结果表明，学区确实可以通过创造必要的条件使补救性教育服务更有效。"①

另外，据1981年国家教育进步评估的报告，处境不利学生的阅读成绩在近10年中取得了进步。1970年，国家教育研究院首先在全美进行了有代表性的中小学生阅读技能调查，并在1975和1980年又进行了两次调查。研究认为，和1970年相比，1980年小学生的阅读技能提高了，初中和高中学生的阅读技能相同，阅读技能一直低于全国水平的群体进步最大。②

（二）《初等和中等教育法》内容和实施中的问题

虽然《初等和中等教育法》在一定程度上提高了教育机会均等的程度，但是，法案内容和实施仍存在一些问题，影响了其作用的发挥。

1. 法案目标的表述语言模糊，使项目设置和资金使用混乱

《初等和中等教育法》是各党派、各利益群体之间妥协的结果。民主党和共和党之间的冲突最为尖锐，以约翰逊为代表的民主党主张扩大联邦的教育预算，向全美的处境不利学生提供资助，但遭到了共和党的反对，共和党认为联邦对教育资助会加大联邦政府对教育的控制，削弱地方的教育管理权，打破地方分权的教育传统。双方相持不下，最后双方意识到唯有彼此都做出妥协，立法才能在国会通过。全

① Jung Richard K., Buhl Barbara Ann, *Title I, Today: A Factbook. A Descriptive Summary of Title I (Financial Assistance to Meet Special Educational Needs of Children) of the Elementary and Secondary Education Act*, Washington, DC: Department of Education, 1981, p. 12.

② Ibid., p. 15.

国教育协会（the National Education Association）、全国教派协会（the National Council of Churches）、美国教师联盟（the American Federation of Teachers）、全国教育委员会协会（the National School Board Association）等也有自身的利益诉求。

为了协调各方面的矛盾，确保法案通过，法案语言表述模糊。法案的目标以及如何达到目标是最核心部分，但是，为了消除各州对联邦控制的担忧，法案尽可能减少对地方的干预，此部分的表述非常模糊。法案提出，Title Ⅰ的目标是“向服务于低收入家庭学生集中地区的地方教育机构提供经济资助，通过各种方式扩大、改善教育项目，满足教育被剥夺孩子的特殊教育需要”，“这些项目和计划应满足低收入家庭集中的入学区里教育被剥夺孩子的特殊需要，并具备足够的规模、范围和质量”。具体通过什么方式“扩大、改善教育项目”，项目和计划“规模、范围和质量”的标准又是什么，法案没有详细的解释和说明。目标的模糊导致项目很难操作，在实施过程中，地方学区通过各种项目满足教育被剥夺孩子的特殊需要，但项目应有什么特点，如何实施，怎样奖惩，法案并未提及。

目标表述模糊使地方学区获得了很大的自主权，但地方学区对项目的执行没有经验，导致项目种类繁多，资金使用混乱，处境不利学生很难真正受益，目标无法实现。在项目设置方面，有的学区提供补救性数学的教学，有的缩小班额，有的提供个人指导，有的改善学生的自我形象，尽管这些项目似乎有益，但它们未能计划好，缺乏明确的目标，很多项目并未给教育被剥夺学生带来新的收获，教师不知道如何应对这些学生，传统的教学没有多大变化。健康、教育和福利部对小学的调查发现，70%的接受 Title Ⅰ资助学生每周接受不足4小时的学业指导。[①] 在资金使用方面，由于没有明确的使用指导和评价奖惩制度，资金使用混乱。资金或被用于和提高成绩无关的项目；或被用于许多项目，导致使每个学生得到的资助过少，对提高处境不利

---

① Julie Roy Jeffrey, *Education for the Children of the Poor*, Huston: Rice University, 1972, pp. 110 – 111.

学生的成绩起不到很大的作用；或用于普遍资助，使不需要资助的学生获益更多，偏离了法案的目标。

2. Title Ⅰ资金未使贫困学生真正受益

资金分配不公平。Title Ⅰ对贫困学生的资助标准有两个：年收入不足2000美元家庭的学生，年收入超过2000美元但有接受联邦资助的、有需抚养儿童的家庭（aid to families with dependent children, AFDC）的学生。这两种家庭数量之和乘以州或全美平均中小学生均支出，便是每个学区可得到的资助。然而，AFDC孩子在Title Ⅰ公式中占的比例由1966财政年度的10%提高到1974财政年度的60%多，研究还发现，越是富裕的州，AFDC的联邦资助越高，在Title Ⅰ项目中使用联邦AFDC统计数据使富裕州得到更多的资助。[①] Title Ⅰ公式依赖AFDC使富裕州得到更多的资助。这种不公平同样体现在各学区之间。1970年美国健康、教育和福利部的调查发现，贫困学生集中在几个地区，80.6%的贫困学生集中在31.8%学区，但是，富裕学区每个贫困学生得到的Title Ⅰ资助平均为257美元，而贫困学区为149美元。[②] 1967—1968年，健康、教育和福利部对小学的调查发现，Title Ⅰ使许多来自富裕家庭成绩较好的学生而不是处境不利学生受益。在人口超过50万的城市，18%的Title Ⅰ资助孩子并非处境不利，在郊区这一比例为50%。[③] Title Ⅰ的目标是向低收入家庭集中的学区和州提供资助，显然，资金的实际分配偏离了Title Ⅰ的目标。

资金的使用不合理。尽管《初等和中等教育法》提出了目标，但是，立法并没有明确如何达到这一目标。法案根据贫困学生的数量向学区拨款，但未明确学区应向学生提供哪些服务，法案的灵活性导致联邦资金被通过多种方式用于多种目的，地方学区在再分配时往往挪用资金。在罗德爱兰州，每年有96000美元的Title Ⅰ资金被用于学

① *Elementary and Secondary Education Amendments of 1974 Report*, Washington, DC: Committee on Education and Labor, 1974, pp. 9 – 11.

② Julie Roy Jeffrey, *Education for the Children of the Poor*, Huston: Rice University, 1972, pp. 82 – 83.

③ Ibid., p. 108.

生服装,[①] 有的学校甚至用 Title Ⅰ资金购买彩电。另外，Title Ⅰ项目太多，学生平均受资助额度小，很难提高学生的学习成绩。为了使 Title Ⅰ在国会中的政治影响最大化，资助公式使全国几乎每个学区都可以接受联邦资助，导致项目数量繁多。马里兰大学的休·戴维斯·格莱汉姆（Hugh Davis Graham）认为，Title Ⅰ产生的不是一个 Title Ⅰ项目，而是3 万个独立而又不同的 Title Ⅰ项目。[②] 20 世纪 60 年代，由于越南战争开支加大，联邦政府对《初等和中等教育法》的投入并不充足，1969 年，受助学生的平均资助仅 113 美元，健康、教育和福利部秘书罗伯特·芬奇（Robert Finch）称，当年受助学生平均需要 538—805 美元。[③] 资金使用过于分散，每个学生接受的资助有限，Title Ⅰ对学生成绩的提高很难起到较大作用。

3. 合格的实施人员短缺

《初等和中等教育法》是一项在全美范围内实施的新法案，需要大量有执行能力的各级政府工作人员和教师，然而政府工作人员和教师未经训练，对这项陌生的法案准备不足，美国教育办公室的工作人员也不例外，学区合格人员短缺的问题更为严重。各学区对“合格”没有明确的界定，但第一年对《初等和中等教育法》的评论认为，补救性阅读专家、指导顾问、健康和营养专家、教育研究学者、教育规划人员以及评估人员严重短缺，寻找合格的人员成为各级学校官员（包括美国教育办公室）面临的巨大压力。[④]

在联邦层面，初等和中等教育局（Bureau of Elementary and Secondary Education）项目实施分部（Division of Program Operation，DPO）负责管理《初等和中等教育法》的实施，项目实施分部负责所有的

---

① Julie Roy Jeffrey, *Education for the Children of the Poor*, Huston: Rice University, 1972, p. 129.

② Hugh Davis Graham, *The Uncertain Triumph: Federal Education Policy in the Kennedy and Johnson Years*, Chapel Hill: The University of North Carolina Press, 1984, p. 204.

③ Julie Roy Jeffrey, *Education for the Children of the Poor*, Huston: Rice University, 1972, p. 84.

④ Stephen K. Bailey, Edith K. Mosher, *ESEA: The Office of Education Administers a Law*, New York: Syracuse University Press, 1968, p. 192.

Title Ⅰ资助。项目实施分部的主要核心人员曾从事过《国防教育法》的执行工作，有一定经验，但其他合格人员不足。法案实施后，专家（如心理学家和经济学家）或从教育办公室的其他办公室临时选派，或由大学教师兼职。① 直到 1970 年 1 月，教育办公室从事 Title Ⅰ的专业人员不足 30 人，如此少的人员很难向地方提供有关项目制定的建议，也无法检查 Title Ⅰ的实施情况。从事全国 Title Ⅰ工作的地方办事员只有 3 名，除了 Title Ⅰ工作外，他们要承担其他任务。一名办事员这样描述他的工作：解答疑问、倾听抱怨、提供服务，根本没有时间了解各州的进展情况。②

在各学区，合格人员短缺的现实同样严峻。在州层面，虽然人员缺乏也影响了管理和资金的有效使用，但学区层面的问题更严重。尽管有些学区曾经实施过特殊项目以满足贫困学生的需要，但不能确定何种活动真正有效，并且，合格的项目规划和实施人员普遍缺乏，实际上，许多学区在实施联邦项目上并无经验。作为项目的实际执行者，教师未经培训，缺乏指导教育被剥夺学生的经验。美国教育办公室进行的调查发现，全国 56% 的被调查学区认为合格人员缺乏是主要的问题，另外，不同规模的学区人员短缺程度不同，美国社会科学研究局（Bureau of Social Science Research）的调查发现，综合规模和收入因素，大规模的贫困学区合格人员短缺的问题最严重，而这些学区正是 Title Ⅰ的目标学区。虽然州和地方教育机构渐渐重视人员的培训，但教育和劳工委员会在其向众议院提交的《1974 年初等和中等教育修正案》报告中认为，《初等和中等教育法》实施八年来主要的教训便是教师必须接受特殊训练，解决处境不利学生的问题。③

---

① Stephen K. Bailey, Edith K. Mosher, *ESEA: The Office of Education Administers a Law*, New York: Syracuse University Press, 1968, p. 94.

② Julie Roy Jeffrey, *Education for the Children of the Poor*, Huston: Rice University, 1972, p. 102.

③ *Elementary and Secondary Education Amendments of 1974 Report*, Washington, DC: Committee on Education and Labor, 1974, p. 17.

4. 地方追求自身利益，使法案执行失真

为了避免对联邦控制的担心，法案尽可能减少对地方的干预，地方政府向州提出项目申请，州对合格的项目予以批准，在决定资金最初分配时，美国教育办公室避开了州政府，州的权利并不大。因此，法案实施效果如何，主要取决于地方政府。每一级政府都是一个利益群体，有着不同的利益需求，联邦政府为了打破贫困圈，向处境不利学生进行资助，但地方政府为了自身利益，会在执行过程中做出取舍，使法案执行失真。

首先，地方学区有多种投资来源渠道，Title Ⅰ资助对处境不利学生的教育效果很难确定，学校管理者在使用资金时会首先考虑学区的需要，而非服从 Title Ⅰ资助的要求。一方面，Title Ⅰ资助只是地方学区的多种资金来源渠道之一，每一种资金都有不同的目的和使用限制，在复杂的学校账目制度下，很难判断每一种资金对学生成绩产生的确切效果，许多学区仅仅在形式上资助贫困学生，而实际上则把 Title Ⅰ资助当作一般资助使用。并且，在许多学校管理者看来，学区的需要比“处境不利学生的特殊教育需要”更重要。Title Ⅰ主要资助高度贫困的学区，这些学区教育财政压力远远高于其他学区，因此，学区管理者会把 Title Ⅰ资金用于一般资助。比如，可以使用 Title Ⅰ资金购买幻灯机，所有学生都可以使用，并且联邦审计员很难发现资金使用不合理。另一方面，许多学区缺乏统一的利益群体向学区施加压力，保障 Title Ⅰ资金的合理使用。贫困学生的家长缺少话语权，他们仅有的影响被其他利益群体压倒：学校委员会要达到收支平衡，教师要求提高工资，纳税人希望降低税收。在一些学区，Title Ⅰ的实施已经偏离了目标。

其次，学校管理者不愿实施新项目。一方面，学区实施新项目的机会成本高，可能会失败，在制定新项目时，学校管理者要对实施成功有把握，即便不比原有的项目效果好，至少也应和原有的项目效果差不多。然而，在教育领域，不存在这种确定性。并且，新项目失败会引起更多的关注，教师和家长会产生不满。许多管理者因此选择更有把握的方式使用 Title Ⅰ资金，比如实施较为熟悉的项目，购买技术设备。另一方面，联邦资助自身的态度决定了学校管理者不愿实施新项目。在历史上，联邦资助具有不稳定性，尽管 Title Ⅰ已经通过立法确定，联邦不太可能撤回 Title Ⅰ资助，但是，地方认为大量或不可预测地减少资助并非不可能，这种担心在每一个资助周期都会加强，[①] 因此，学校管理者不愿在 Title Ⅰ资源的使用上花费更多精力。

第二节　语言少数族裔学生基础教育机会均等的法律保障

美国是一个多族裔国家，在语言少数族裔集中的许多地区，英语并未普遍使用，学生因英语水平差而早早辍学，布朗案判决和《民权法案》唤醒了语言少数族裔的权利意识。国会在《1968 年初等和中等教育法修正案》中增加了第七章（Title Ⅶ），本章又被命名为《双语教育法》（*Bilingual Education Act*）。《双语教育法》通过学生母语和英语的教学，帮助学生克服学习中的问题，提高学业成绩。为了提高语言少数族裔（language minority）学生的英语能力，法案几经修订，英语在双语教育中的地位逐渐增强，英语水平的提高缩小了语言少数族裔学生和其他学生学业差距，从而保障了他们均等的教育机会。

一　《双语教育法》颁布的背景

（一）民权运动的推动

1954 年的布朗案判决推动了美国民权运动的发展，此时的民权运动不仅限于黑人，并且，在此之前，其他少数族裔就已经开始关注自己的平等权利。“二战”时，少数族裔成员纷纷入伍，为共同的目标而奋斗。然而，“二战”后黑人、墨西哥裔和亚裔美国人并未获得和白人平等的权利，黑人民权运动兴起后，其他少数族裔争

---

① McLaughlin, Milbrey W. *Implementation of ESEA Title Ⅰ: A Problem of Compliance*（http://www.eric.ed.gov/contentdelivery/servlet/ERICServlet? accno = ED094090）.

取平等的运动也进入高潮。1964 年的《民权法案》禁止基于种族、肤色和来源国的歧视，为少数族裔争取平等的权利提供了法律依据。20 世纪 60 年代中后期，墨西哥裔美国人的“奇卡诺（Chicano）运动”是美国黑人民权运动后的又一个少数族裔的民权运动，“奇卡诺运动”反对种族隔离，不承认美国文化和社会和他们之间的关联，否定美国化运动和同化运动，追求民主、平等，要求墨西哥裔人的权利和自由。在教育方面，“奇卡诺运动”强调降低墨西哥裔中小学辍学率的必要性，重视提高学生的教育机会，主张扩大双语和双文化教育项目。

（二）唯英语教学导致语言少数族裔学生学业失败问题严重

美国是一个多语言国家，各语言少数族裔普遍保留着自己的民族语言，在语言少数族裔集中的地区更是如此，美国人口结构复杂性和语言的多样性要求学校教学语言多样化。但是，美国政府一直信奉“熔炉”思想，主张其他族裔接受居主流地位的盎格鲁－撒克逊文化，熟练使用英语。20 世纪上半期的两次世界大战进一步激发了美国民族主义者同化异族的情绪，一系列限制非英语教学的法案纷纷出台。

把英语作为唯一的教学语言，限制了语言少数族裔学生平等接受教育的权利。由于语言少数族裔学生英语水平有限，难以随主流班级就读，中途辍学比例很高，语言少数族裔平均受教育年限远低于母语为英语的族裔。墨西哥裔学生的辍学率超过 60%，没有辍学的，其学业也只停留在 3 年级水平。① 1960 年的统计数据表明，西南部 5 个州墨西哥裔学生平均学校教育年限为 8.12 年，比盎格鲁学生少 4 年。②

（三）双语教育研究结果的支持

20 世纪 20 年代，关于智力和学业成绩的研究认为双语教育是成

① Zehr, M. A. Mass, “Voters May Get Choice on Bilingual Education”, *Education Week*, 2002, Vol. 21.

② Leibowitz, Arnold B., *The Bilingual Education Act: A Legislative Analysis*, Rossly: InterAmerica Research Associates, Inc., 1980, p. 11.

功的障碍，双语教育和智力负相关。然而，20 世纪 60 年代的研究却推翻了原来的研究结论，研究发现，双语在学生的学校学习中起了很大作用，对智力发展有积极影响。并且，在智力测验及语言运用的其他方面，接受双语教育的学生和接受单语教育的学生水平相同，甚至高于接受单语教育的学生。[①] 非英语或母语教学可以普遍提高而非降低学业成绩，双语教学尤其能提高学生第二语言的获得能力。比如，一项研究发现，接受双语教育的母语为西班牙语的学生（主要为墨西哥裔）英语水平也很好，并且西班牙语言能力得到提高；接受双语教育项目的盎格鲁学生的英语水平发展未受到负面影响，并且还学会了西班牙语。[②]

（四）反贫困战争的影响

反贫困战争影响了双语教育的发展，相关的立法改变了人们对语言少数族裔贫困和学业失败关系的看法，通过立法，联邦在消除贫困中的作用加强了。20 世纪 60 年代，约翰逊总统提出向贫困宣战，发展教育成为摆脱贫困的主要途径。为了消除贫困，联邦政府颁布了两项法案：1964 年的《经济机会法案》（*the Economic Opportunity Act*）和 1965 年的《初等和中等教育法案》，前者要求贫困的家长参与联邦项目的开发和实施，后者向贫困学生提供资助。

反贫困战争使学者们开始关注影响贫困有色人种学生成绩的因素。对拉丁裔学生的研究发现，歧视性的学校政策（如禁止说母语的规定和唯英语法案）对学生的学业失败有影响；制度歧视导致语言少数族裔学生缺乏自尊以致学业失败。[③] 一些语言专家认为唯英语教学浪费了可以使国家受益的语言资源。[④]

---

① Guadalupe San Miguel, Jr. , *Contested Policy: The Rise and Fall of Federal Bilingual Education in the United States 1960 – 2001*, Deton: University of North Texas Press, 2003, p. 6.

② Ibid. , pp. 6 – 7.

③ Mildred V. Boyer, "Poverty and Mother Tongue", *Educational Forum*, Vol. 29, No. 3, 1965, pp. 290 – 296.

④ Mildred V. Boyer, "Texas Squanders Non-English Resources", *Texas Foreign Language Association Bulletin*, Vol. 5, No. 3, 1963, pp. 1 – 8.

二 《双语教育法》对语言少数族裔学生基础教育机会均等的保障

1968 年，美国国会通过了《双语教育法》，开启了双语教育的历程。《双语教育法》力图使语言少数族裔学生获得英语能力，提高学业成绩，保障他们和英语学生均等的教育机会。法案实施后，经过了多次修订。

（一）1968 年的《双语教育法》：认可母语教育

1.《双语教育法》的出台过程

（1）《被忽视的少数族裔》报告引起官方重视

1966 年，全国教育协会发布的《被忽视的少数族裔》（*the Invisible Minority*）报告引起了官方重视。报告指出，学校教育对墨西哥裔美国人的文化认同和在校表现有负面影响，墨西哥裔学生成绩差不是因为他们对教育不感兴趣或缺乏学习动机，也不是因为他们的语言和文化背景，而是因为被歧视以及学生难以适应的学校政策和实践，报告建议把双语教育作为改进墨西哥裔学生教育的途径。报告认为，如果学校能聘用西班牙语教师，根据墨西哥裔学生的文化和智力需要开设课程，学生的自尊、文化认同和学校表现将会得到改善。① 对改善墨西哥裔教育感兴趣的教育者和活动家因为这份报告而联合到一起，报告开启了一系列事件，最终推动了 1968 年《双语教育法》的出台。

（2）图克森会议对双语教育的讨论

报告发布后，全国教育协会在亚利桑那州的图克森（Tucson）举行了一次会议，协会向国家、州和地方决策者报告了研究发现的问题，提出了解决策略，并鼓励他们制定联邦双语教育法，满足墨西哥裔学生的需要。会议还邀请了议员、教育家、研究人员和许多利益群体，包括墨西哥裔活动家。经过多次会议讨论，参会者了解了墨西哥裔学生集中的学校面临的问题，以及双语教育对解决这些问题可能起到的作用，决策者和利益群体支持双语教育立法。

---

① Guadalupe San Miguel，Jr.，*Contested Policy：The Rise and Fall of Federal Bilingual Education in the United States 1960 – 2001*，Deton University of North Texas Press，2003，pp. 12 – 14.

(3)《双语教育法》的出台

几个月后，来自得克萨斯州的参议员拉尔夫·亚博罗（Ralph Yarborough）首次提出制定《双语教育法》。为了得到西南部以外其他议员的支持，草案将双语教育扩大到所有说西班牙语的人，在讨论过程中，又扩大到全国所有不讲英语的学生。1967 年 1 月，亚博罗把《美国双语教育法》（*Bilingual American Education Act*）提交到参议院，他强调双语教育的重要性，认为墨西哥裔学生没有在美国获得均等教育的机会，是学校歧视的受害者，“唯英语政策、禁止说西班牙语的规定和文化堕落对孩子带来极大的心理伤害，也是导致他们成绩差和辍学率高的重要因素。双语教育可以解决许多问题，提高他们的学业成绩”①。

尽管约翰逊总统、教育专员和一些民主党人反对双语教育提案，但提案获得了广泛支持。全国教育协会、墨西哥裔活动家和几个州的教育厅支持双语教育，全国教育协会主办了 4 次会议，参会者强烈支持双语教育。美国国会议员在墨西哥裔集中的 3 个州举行听证会后，认为双语教育提案可以通过，不必进行大的修改。为了避免遭到反对，劳工和公共福利委员会把双语教育法作为《初等和中等教育法》修正案的一部分，将其和反贫困立法联系到一起。1967 年 12 月，国会通过了《初等和中等教育法修正案》（*Elementary and Secondary Education Amendments*，P. L. 90 – 247），《双语教育法》是其中的第七章（Title Ⅶ），1968 年 1 月，总统签署通过该法案，法案的最终版本将目标群体扩大为英语会话能力有限（limited English-speaking ability）的所有学生。

2. 1968 年《双语教育法》：认可母语教育

对语言少数族裔学生来说，唯英语教学实际上剥夺了他们均等的教育机会，使他们的学业成绩落后于英语为主的学生，是其学业失败的主要因素。联邦政府意识到这一教育问题，采取补救性措施，制定

① Ralph Yarborough, *Two Proposals for a Better Way of Life for Mexican Americans in the Southwest*, Washington, DC: Congress of the U. S. , 1967, pp. 599 – 600.

《双语教育法》，允许在语言少数族裔学生的教学中使用母语，并对双语教育项目的进行财政资助，为学生提供平等的教育创造条件，以立法形式保障了少数族裔语言和英语同等的法律地位，无论法案实施的效果如何，《双语教育法》开始了联邦对语言少数族裔教育机会均等保护的历程。

（1）立法的目的

法案提出，由于数百万英语会话能力有限学生来自非英语环境，他们的教育是美国最严峻的教育问题之一，应该采取补充性措施解决这一独特复杂的教育问题。目前，地方、州和联邦最需要做的是采取全面、合作性的行动，运用前瞻性的方法，解决全国学龄人口严重的学习困难。[①] 具体来说，法案的目的是通过向地方教育机构提供财政资助，开发和实施新的、有创造性的初等和中等学校项目，满足这些特殊需要。“英语会话能力有限的孩子”是指那些来自优势语言为非英语环境的孩子。[②]

（2）联邦资助额度

法案授权为期 3 年共 8500 万美元的联邦资助，1968 财政年度拨款 1500 万美元，1969 财政年度 3000 万美元，1970 财政年度 4000 万美元。法案要求教育专员在分配资金时优先考虑对项目最有需要的州和地区，优先考虑 3—18 岁英语会话能力有限孩子的数量。[③]

（3）资金的使用

法案要求接受资助的学生应来自英语会话能力有限学生高度集中的学校，家庭年收入低于 3000 美元，或是家中有需要寄养的孩子、符合《社会安全法》Title Ⅳ资助标准家庭的学生。资金的具体用途包括：向参与双语教育项目的教师、教师助理和其他辅助人员提供训练；项目的制定、维持和运行，教学材料和设备的购买。以下项目可获得资助：双语教育项目；向学生传授和他们的语言相关的历史和文化知识项目；在家庭和学校间建立更密切关系的项目；和本法案目的

---

① *Bilingual Education Act*（1968），P. L. 90 – 247，sec. 701.

② *Bilingual Education Act*（1968），P. L. 90 – 247，sec. 702.

③ *Bilingual Education Act*（1968），P. L. 90 – 247，sec. 703.

相关的成人教育项目，尤其是学生家长参与双语教育的项目；辍学和可能辍学学生需要的双语项目等。①

（4）资金的申请和审批标准

为了保障资金公平有效的使用，法案规定了资金的申请和审批标准。其一，资金的申请。法案规定，申请机构应能管理本法案的活动和服务，能提供年度报告，有效改善服务地区学生的教育机会，充分利用服务地区的文化和教育资源，这些资源包括州教育机构、高等教育机构、非营利性的私立学校、图书馆、博物馆、教育电视等。其二，审批标准。法案强调，双语教育拨款必须经教育专员审批，审批的标准是：教育专员根据英语会话能力有限孩子的地理分布确定资金分配标准，开展的项目能依据标准在州内均衡分配资金；教育专员要确保项目能最充分利用人才和资源，切实改善英语会话能力有限学生的教育机会。②

3. 1968 年《双语教育法》的实施及问题

《双语教育法》唤醒了全国对双语教育的意识。到 1974 年，10 个州通过立法允许使用少数族裔的母语进行教学，一些州通过立法为双语教育拨款，而在 1969 年之前，许多州立法禁止使用双语教学。1974 财政年度，联邦拨款 5300 万美元。1973 财政年度，11 万学生参加了法案资助的 217 个项目，项目开支 3500 万美元，涉及 24 种语言，80% 的项目服务于西班牙裔、8% 的项目服务于土著人（印第安人和因纽特人）、12% 的项目服务于华裔、法裔、俄罗斯裔或混种语言群体。③

1968 年的《双语教育法》是美国历史上第一个承认非英语语言在公立学校中具有合法地位的法案，具有进步意义。但是，由于第一次提出双语教育，法案的内容和实施还存在一些问题，未能有效保护语言少数族裔学生均等的教育机会。

首先，法案将家庭年收入 3000 美元以上的非英语儿童排除在外，保障教育公平的作用未得到有效发挥。《双语教育法》是 1968 年

① *Bilingual Education Act* (1968), P. L. 90 - 247, sec. 704.

② *Bilingual Education Act* (1968), P. L. 90 - 247, sec. 705.

③ *Elementary and Secondary Education Amendments of 1974 Report*, Washington, DC: Committee on Education and Labor, 1974, p. 66.

《初等和中等教育法修正案》的 Title Ⅶ，配合了向贫困开战的构想。法案规定，母语为非英语，并且家庭年收入低于 3000 美元的贫困学生才可以接受双语教育项目资助，这就把家庭年收入超过 3000 美元的非英语儿童排除在外，未能使所有的非英语儿童受益。

其次，联邦投入太少。根据《双语教育法》要求，3 年期间应投入 8500 万美元，而 1965 年的《初等和中等教育法》拨款 13 亿美元。① 事实上，在《双语教育法》通过的第一年，双语教育项目未得到拨款，② 1969 年应投入 3000 万美元，而实际上只有 750 万美元投入使用。③

再次，双语项目教师严重缺乏。美国民权委员会（the U. S. Commission on Civil Rights）发现，教师缺乏是双语教育项目最大的失败之一。教育办公室研究了 76 个双语教育项目，发现普遍存在教师不足的问题。美国民权委员会估计，得克萨斯州参与双语项目在职培训的教师仅占全部教师的 1.2%，西南部 4 个州不足 0.5% 的教师参与双语项目在职培训。④

最后，受益学生太少。需要接受双语项目资助的学生约 500 万，但 1973 年实际接受资助的学生仅 11 万，不足 3% 的墨西哥裔学生参与了双语教育项目。加利福尼亚州的双语教育项目最多，但受益的墨西哥裔学生不足 2%。⑤

（二）劳诉尼科尔斯案判决和 1974 年的《双语教育法》：加强双语教育

1968 年的《双语教育法》是联邦政府的第一项双语教育立法，

---

① Patrick J. McGuinn, *No Child Left Behind and the Transformation of Federal Education Policy, 1965 – 2005*, Lawrence: University Press of Kansas, 2006, p. 31.

② Guadalupe San Miguel, Jr., *Contested Policy: The Rise and Fall of Federal Bilingual Education in the United States 1960 – 2001*, Deton: University of North Texas Press, 2003, p. 17.

③ Thernstrom, Abigall M., "Language: Issues and Legislation", *Harvard Encyclopedia of American Ethnic Groups*, Cambridge Massachusetts: The Belknap Press of Harvard University Press, 1980, p. 624.

④ *Elementary and Secondary Education Amendments of 1974 Report*, Washington, DC: Committee on Education and Labor, 1974, p. 68.

⑤ Ibid., p. 67.

内容有许多不完善之处，无法解决双语教育实践中的一些问题。1974年的劳诉尼科尔斯案（Lau v. Nichols）判决和1974年的《双语教育法》进一步丰富了双语教育的内涵，扩大了受益群体，使更多的学生获得均等的教育机会。

1. 劳诉尼科尔斯案判决：提供英语教学

1970年，旧金山有2800余名英语会话能力有限的华裔学生，其中约1000名学生接受了将英语作为第二语言的补充课程，但还有约1800名学生未接受这种教育。家长向法院提起诉讼，认为学区未能向华裔学生提供充足的英语教学课程，使他们英语水平提高不大，影响了正常的学习。第九巡回法院认为，每个学生将他们不同的优势和劣势带入学校，这些优势劣势部分是由他们的社会、经济和文化背景引起，它们的产生和继续不是学校系统的责任，[1] 因此，法院驳回诉讼。华人上诉至联邦最高法院，联邦最高法院提出了不同的观点。

联邦最高法院认为，加利福尼亚州教育立法规定英语应作为学校教学的基本语言，而学校有权决定在什么情况下使用双语，因此，学校在保障学生有效掌握英语上负主要责任。另一方面，旧金山学区没有给予华裔学生和母语为英语的学生均等的教育机会，违背了《民权法案》第六条，即在接受联邦财政资助的项目和活动中，禁止"基于种族、肤色和来源国的歧视"。

1974年，联邦最高法院最终做出支持学生的判决，认为"这里不存在平等地对待学生"，"仅仅向学生提供了相同的设施、教科书、教师和课程；那些没有掌握英语的学生实际上被有效地排除在任何有价值的教育之外"。要求儿童"在参与课程之前就已经具备基本英语技能，是对公立教育的嘲笑"。[2] 本案对1974年的《教育机会均等法案》（*Equal Educational Opportunities Act*）和《双语教育法》的修订产生了重要影响，《教育机会均等法案》规定："如果教育机构未能采取适当行动克服妨碍学生均等参与教学课程的语言障碍，任何州不得

---

① *Lau v. Nichols*, 414U. S. 563 (1974).

② Ibid..

因此就根据他或她的种族、肤色或来源国拒绝给予个人均等的教育机会。”① 1968 年的法案只规定资金可以用于购买教材和进行教师培训，而忽视了“教育机会均等”的重要性，劳诉尼科尔斯案判决弥补了这一缺陷，完善了1968 年的《双语教育法》，因此被称为双语教育的里程碑式事件。

2. 1974 年修正案

1968 年《双语教育法》存在很大的局限性，在实施过程中暴露出很多问题。1974 年，国会通过了《双语教育法》修正案，对原法案进行了较大改进。

（1）确立“机会均等”的教育目的

法案首次明确了双语教育的目的是“为所有孩子提供均等的教育机会”，“获得英语能力”，② 这是法案最成功之处，也体现了劳诉尼科尔斯案判决的原则。1968 年的《双语教育法》没有明确要达到什么目的，国会试图通过双语教育达到提高语言少数族裔学业成绩的目的，但法案并没有明确这一目的。尽管法案提出通过制定新的创造性的中小学教育项目满足特殊的教育需要，学校可以实施双语教育、讲授目标群体的历史和文化，但没有明确何为双语教育，母语教学在项目中起什么作用。双语教育是为了学习语言还是为了提高学业成绩？是为了促进同化还是为了推进文化多元？法案没有明确。

在 1974 年的《双语教育法》修正案中，国会明确了双语教育的目的：给所有孩子提供均等的教育机会。机会均等的主要表现是获得英语能力，能尽快参与正常的教学，但不排除本族语言和文化的教学。教育机会均等体现在两方面：一是鼓励在合适的地方建立、实施教育项目，这些项目运用双语教育实践、技术和方法；二是向地方教育机构和州教育机构提供财政资助，以便地方教育机构在中小学开发和实施此类教育项目，满足这些学生的教育需要；为英语会话能力有限的学生设计教学，使他们获得英语能力。重视英语能力的提高成为

① *Equal Educational Opportunities Act*, 20U. S. C. § 1703 (f) .

② *Bilingual Education Act* (1974), P. L. 93 – 380, sec. 702.

后来双语教育发展的基本目标，对语言少数族裔而言，提高英语能力有利于他们接受主流文化，避免被边缘化。为英语会话能力有限学生提供补偿性的英语教育，是政府推进教育公平的途径。

（2）扩大受益群体

修正案取消了收入标准限制。1968 年的《双语教育法》是在“向贫困开战”的背景下制定的，是《初等和中等教育法》的一部分，只资助家庭年收入在 3000 美元以下并且英语会话能力有限的学生，把不贫困但英语会话能力有限的学生排除在外。1974 年的《双语教育法》取消了收入标准限制，使所有英语会话能力有限的学生都可以接受资助。

首次将印第安孩子列为资助对象。修正案首次将印第安孩子单独列出，并制定了双语教育措施，包括设立非营利性的机构和组织、明确内政部长（Secretary of Interior）的职责等，对印第安人的同化由暴力转向温和。

对“英语会话能力有限”重新界定，扩大了受益群体。1968 法案将“英语会话能力有限的孩子”界定为“来自优势语言为非英语环境的孩子”。修正案将其明确分为两类：一类是“不在美国出生或母语不是英语”的人，另一类是来自“非英语为主流语言环境”的人，并特别指出了在“英语教学中会话和理解有困难”的人。[①] 对概念的重新界定扩大了双语教育的受益范围，将原来英语会话能力有限扩大为能否听懂英语讲授的课程，这些标准更有利于学生学习，提高其学业水平，体现了更大的公平性。

法案允许英语学生和非英语学生共同参与一些项目和课程，一定程度上避免了少数种族隔离的问题，加大了英语儿童和非英语儿童间的交流，有利于语言少数族裔学生尽快适应主流教育环境和生活环境，是对 1968 年《双语教育法》的改进。法案规定，“英语孩子可以自愿加入双语教育项目，理解英语会话能力有限孩子的文化遗产”；“双语教育项目应允许英语会话能力有限的学生参与普通班级的艺术、

① *Bilingual Education Act* (1974), P. L. 93－380, sec. 703.

音乐和体育课”。[①]

（3）配套措施更加完善

为了确保立法目的的实现，法案的配套措施更加完善。一方面，大幅度增加拨款。1974 和 1975 财政年度拨款均为 1.35 亿美元，1976 财政年度 1.4 亿美元，1977 财政年度 1.5 亿美元，1978 财政年度 1.6 亿美元，[②] 比 1968 年法案的拨款大幅度增加，为双语项目的实施提供了财政支持。另一方面，加强人员培训。本次修正案单独列出有关人员培训的条款，为法案的实施提供人力后盾，这是 1968 年法案没有做到的。法案提出，为双语教育项目提供人员准备，人员包括教师、管理者、专业人员助理、教师助理和家长，以及向这些人员提供指导和咨询的人员，为教师培训研究提供资助。

1974 年修正案明确提出了“机会均等”的教育目标，并倾向于使学生“获得英语能力”，受益群体有所扩大，配套措施更加完善。此修正案比 1968 年的法案有明显改善，标志着《双语教育法》走向成熟。

（三）1978、1984、1988 年的《双语教育法》：加强英语教育

《双语教育法》于 1974 年修订后，在 1978、1984、1988 年又经过 3 次修订，修订后，英语在教学中的地位加强了。虽然 1974 年的修正案提出了“获得英语能力”的教育目的，但“获得英语能力”是为了实现“机会均等”，在其他条款中，“机会均等”的目的得到强化，“获得英语能力”并未的到真正重视。加强英语教育，有利于少数族裔学生提高英语能力，获得和英语学生均等的教育机会，提高其竞争力。

1. 1978 年修正案

（1）1978 年《双语教育法》的修订背景

对国家统一的担忧。劳诉尼科尔斯案判决以来，少数族裔语言逐渐受到重视，但在实施过程中，一些人开始对双语教育产生担忧

---

① *Bilingual Education Act* (1974), P. L. 93 – 380, sec. 703.

② *Bilingual Education Act* (1974), P. L. 93 – 380, sec. 702.

甚至反对，他们认为，对少数族裔语言和文化的支持会“危及国家的统一，应只允许保留一种通用语言”①，加拿大魁北克的分裂运动很大程度上源于语言多样化带来的种族仇恨和民族矛盾，英语是美国社会的“黏合剂”，能帮助来自不同背景的美国人相互理解、消除隔阂。

对少数族裔语言的重视未取得预期的学习效果。1968 年实施《双语教育法》的重要原因是语言少数族裔学生学业成绩差，但是，研究发现，法案的实施并未带来预期效果。1978 年，美国研究院的一些专业评估人员对双语教育进行了研究，并公布了研究结果“AIR报告”（*the American Institutes for Research Report*）。研究发现，对英语会话能力有限的学生来说，双语教育并未对他们的英语语言艺术、数学、英语阅读成绩产生持续的重要影响，并且，在某些情况下还有负面影响。②

对语言少数族裔学生的隔离。1975 年，为了保障劳诉尼科尔斯案判决的实施，民权办公室通过了一系列指导意见加强非英语教育，称为《劳案补救办法》（*Lau Remedies*）。为了使双语教育项目效率更高，许多学区把英语会话能力有限的学生集中到一起，导致隔离班级甚至隔离学校的产生，造成了教育歧视。

（2）1978 年修正案的内容

与 1974 年的《双语教育法》相比，1978 年的《双语教育法》（*Bilingual Education Act*，P. L. 95 – 561）进行了一些修改，内容更加完备。

第一，双语教育目标群体扩大。1978 年修正案将 1968 和 1974 年法案中“英语会话能力有限的孩子”（children of limited English-speaking ability）的表述修改为“英语熟练水平有限的孩子”（children of

---

① Castellanos, *The Best of Two Worlds*, Trenton: New Jersey Department of Education, 1983, p. 156.

② Guadalupe San Miguel, Jr., *Contested Policy: The Rise and Fall of Federal Bilingual Education in the United States 1960 – 2001*, Deton: University of North Texas Press, 2003, p. 44.

limited English proficiency, LEP),[①] 并对“英语熟练水平有限”的群体进行了界定：非美国出生或母语不是英语的人；少数族裔语言为主要语言环境的人；美国印第安人和阿拉斯加土著学生。这些学生在英语会话、阅读、写作、理解上存在很大困难，因此未获得在英语为教学语言的课堂上成功学习的机会。[②] 表述的变化体现了双语教育的动向：通过提高对英语的要求，强化英语在双语教育中的地位；再次扩大双语教育的目标群体，强化双语教育的同化作用，受益群体不仅包括会话能力有限的学生，还将其拓展到读写和理解上有障碍、不能适应英语教学的群体。

第二，双语教育目标由“获得英语语言能力”改为“英语熟练”。1974 年的修正案提出，双语教育的目标是“获得英语语言能力”（to achieve competence in the English language），而 1987 年的教育目标则修正为“英语熟练”（English proficiency）。法案提出，“为英语熟练水平有限的学生设计教学，通过运用母语达到英语熟练”[③]。虽然 1978 年修正案开始重视英语，但并没有对英语和母语进行主次分别，而 1978 年修正案把对英语的要求提升到一个新的高度，虽然也要求学生学习母语，但目的是为了达到“英语熟练”。目标的变化表明，英语在双语教育中的地位越来越重要，母语仅起到辅助作用，对英语的要求不再仅仅是“获得能力”，而是“熟练”。目标的变化标志着美国双语教育的重要转向，双语教育使少数族裔学生接纳主流语言的趋势日益明显。对少数族裔学生来说，接纳主流语言有利于他们获得和英语学生均等的教育机会，提高其竞争力，可以在一定程度上改善他们在劳动力市场上的劣势。

第三，制定了避免隔离的条款。针对劳诉尼科尔斯案补救办法实施后的隔离，1978 年修正案制定了专门防止种族隔离的条款。法案提出，“为了避免基于来源国的儿童隔离，允许英语学生参与双语教

---

① *Bilingual Education Act* (1978), P. L. 95 - 561, sec. 702.

② *Bilingual Education Act* (1978), P. L. 95 - 561, sec. 703.

③ *Bilingual Education Act* (1978), P. L. 95 - 561, sec. 702.

育项目，但英语学生的比例不超过40%"[①]。虽然英语学生可以通过参加双语教育项目增进对少数族裔语言和文化遗产的了解，但其最终目的是"帮助LEP学生提高英语能力"[②]，本条款也是为提高英语能力服务，英语的重要性在此也有所体现。

第四，双语教育项目由自愿性变为强制性。在1978年之前的法案中，国会允许学区选择是否参与双语教育项目，但在政策实施之初的几年里，只有一小部分学区申请了联邦双语资助，而一些特殊利益群体和少数族裔群体要求孩子参与双语教育项目，引发了几次法律诉讼，当事人向地方学区施压，要求成立双语教育项目。1978年的修正案要求所有英语学习者数量庞大的学区都要成立双语教育项目，否则遭到起诉或撤回联邦资助，其依据是《民权法案》Title Ⅵ。[③]

2. 1984、1988年修正案

（1）法案修订的背景

保守主义兴起，联邦在教育中的作用受到限制。1980年，罗纳德·里根（Ronald Reagan）当选为美国总统，保守主义在国会中的影响增强，里根主张减少联邦对教育的干预，双语教育的发展受到抑制。

双语教育效果不理想，成本太高。早在20世纪70年代末，反对者就提出，在英语熟练水平有限学生的教学和成绩提高方面，双语教育没有效果。[④] 80年代后，批评之声日渐强烈。并且，80年代初的调查发现，双语教育项目在每个学生身上的花费200—700美元，如果接受双语教育的儿童为120万，那么政府需要支出2.4亿—8.4亿美元，在资源紧张的时期，这样的开支太奢侈。[⑤] 并且，高昂的花费并未带来预期的效果。

---

① *Bilingual Education Act* (1978), P. L. 95 - 561, sec. 701.

② Ibid. .

③ Guadalupe San Miguel, Jr., *Contested Policy: The Rise and Fall of Federal Bilingual Education in the United States 1960 - 2001*, Deton: University of North Texas Press, 2003, pp. 34 - 35.

④ Ibid., p. 56.

⑤ Ibid., p. 5.

唯英语运动的冲击。20 世纪 80 年代，美国掀起了唯英语运动（English-only movement）。运动的发起者认为，英语是美国的社会黏合剂，语言多样化会导致种族仇视甚至政治分裂，双语教育项目没能使少数裔学生提高英语水平，从双语项目转到一般课堂上的学生在学科成绩表现上并不如一直在普通课堂上的学生好。[①]

（2）1984、1988 年修正案的内容

1984 年修正案（P. L. 98 - 511）和 1988 年修正案（P. L. 100 - 297）进一步强化了英语在双语教育中的重要性，为了保障教育质量，更加重视对项目的评估。

第一，更重视过渡性双语教育计划。双语教育项目主要有三种类型：过渡性双语教育项目（transitional bilingual education program）、特殊选择教学项目（special alternative instructional program）和发展性双语项目（development bilingual program）。过渡性双语教育项目以英语教学为目标，教学中可以使用母语，经过 2—3 年的学习，学生的英语达到一定熟练程度，就转到普通的英语授课班级，发展性双语教育项目用英语和母语教学，学生获得英语和母语能力。[②] 特殊选择教学项目不要求使用母语，并且，此项目在一些学区难以管理。[③]

三种项目中，过渡性双语教育项目因其以学习英语为目标而受到重视。1984 年修正案中，双语教育项目资助中的 75% 用于过渡性双语教育项目，4% 用于特殊选择教学项目，[④] 对发展性双语教育项目没有资助。1988 年修正案中，对过渡性双语教育项目资助比例仍为 75%，对特殊选择教学项目增加到 25%。[⑤] 联邦政府通过对项目的不同资助进一步强化了“英语熟练”的目标，使 LEP 学生有更多的机会进入主流班级，并取得学业成功。

---

① 张东辉：《美国双语教育的历史演变与政策反思》，《比较教育研究》2008 年第 6 期。

② *Bilingual Education Act*（1984），P. L. 98 - 511，sec. 703.

③ *Bilingual Education Act*（1984），P. L. 98 - 511，sec. 702.

④ Ibid..

⑤ *Bilingual Education Act*（1988），P. L. 100 - 297，sec. 7002.

第二，重视对项目质量的评估和研究。《双语教育法》实施了十余年，投入了大量资金，效果究竟如何？一些研究认为，双语教育项目并未达到提高语言少数族裔学生学业成绩的目标，对双语教育项目进行了激烈的批评，要求改进甚至取消双语教育。20 世纪 70 年代末，双语教育的成效和问题引起了联邦政府的重视，1984 和 1988 年的修正案单独列出对项目进行评估和研究的条款。

法案对双语教育项目的数据搜集、评估和研究进行资助，其目的是搜集英语熟练水平有限人口的数量和他们方便获得的教育服务，评估双语教育项目的实施和有效性，进行提高双语教育项目的有效性的研究，搜集、分析并发布双语教育的数据和信息。[①] 通过评估和研究，可以发现双语教育中存在的问题，及时对法案进行调整，保障双语教育项目的有效实施。

三　总结与分析

双语教育并非简单的语言教学，它涉及复杂的民族和种族关系。为了全美的大一统实行“唯英语”政策，还是为保持文化的多样性实行母语教学，一直是备受争议的问题。多元文化主义认为，非主流文化应和主流文化得到同样的尊重，不应被同化，语言是文化的载体，非主流语言也有其存在的价值，因此，美国应保持非主流语言的教学。但是，保持非主流语言教学势必影响到学生英语水平的提高，影响其均等教育机会的获得，不利于提高学业成绩，加大其学业失败的可能，最终在就业市场上没有竞争力，实际上限制了他们在社会上的生存能力。英语水平差还会被排除在主流社会之外，形成事实上的隔离，对语言少数族裔孩子来说是很不公平的。

在《双语教育法》演进的不同阶段，法案对少数族裔语言和英语的地位有不同定位。1968 年之前，许多州采用唯英语的语言政策，限制母语教学；1968 年《双语教育法》认可了少数族裔语言在教学中的地位；1974 年的劳诉尼科尔斯案判决和《双语教育法》修正案

---

① *Bilingual Education Act* (1984), P. L. 98 - 511, sec. 731.

主张在教学中使用两种语言；1978 年及之后的三次修正案又把英语能力的获得作为双语教育的目标，英语学习为导向的教育目标一直延续下来，直到 2002 年《不让一个孩子落伍法案》最终取消了《双语教育法》，《不让一个孩子落伍法案》不允许开展保持性双语教育项目，并要求所有学生在一定年级都通过以英语为考试语言的学科测试，达到一定成绩要求，母语为非英语的学生也不例外。[①] 1968 年，联邦政府开始通过立法干预中小学教学语言的使用，虽然政治因素在《双语教育法》的变迁中起了很大作用，但不能忽视联邦政府对基础教育公平的考量。

从英语和母语在双语教育中的地位来看，两种语言在教育中的地位呈钟摆式交替，似乎回到了 1968 年前的起点，但实际上，双语教育政策并未回到原点。1968 年之前，唯英语教学并没有以母语为媒介，唯英语主义在美国中小学盛行，联邦政府没有对语言少数族裔学生学习中的困难予以关注，也未进行拨款资助。虽然英语教学有利于语言少数族裔学生克服语言障碍，尽快适应主流社会环境，获得和英语学生均等的教育机会，但对少数族裔语言的简单否定极大地影响了他们对学校教学的适应能力和自尊，成为他们学业失败的主要因素。基于唯英语教育的现实，联邦政府制定了认同少数族裔语言并进行资助的《双语教育法》，为英语会话能力有限学生提供双语教育。在之后的修正案中，英语的地位逐渐提高，1978 年修正案直接提出了“英语熟练”的目标，把英语的熟练掌握作为双语教育的终极目标，虽然和 1968 年前的教育理念相似，但 1978 年修正案并没有排斥母语教学，力图通过母语教学完成向英语教学的过渡，虽然后来的研究对这一策略的效果提出质疑，但其出发点是为了尽快完成过渡，提升学生的学业表现。

从目标群体来看，双语教育的受益群体越来越大。1968 年，受益群体是家庭年收入低于 3000 美元、英语会话能力有限的孩子；

① 张东辉：《美国双语教育的历史演变与政策反思》，《比较教育研究》2008 年第 6 期。

1974 年修正案取消了收入限制，使所有英语会话能力有限学生都可以得到资助，并将印第安孩子列为资助对象；1978 年修正案将资助对象界定为“英语熟练水平有限的孩子”，将受益群体扩大为非美国出生或母语不是英语的人、少数族裔语言为主要语言环境的人以及美国印第安人和阿拉斯加土著学生，并通过提高对英语的要求扩大了资助范围。随着资助范围的扩大，联邦拨款的额度也加大，为双语教育的实施提供经济保障。

1978 年的修正案预示着双语教育的发展方向，1984 和 1988 年的修正案把英语学习作为双语教育的目标，虽然 1994 年的《改善美国学校法案》一度提高了少数族裔语言的地位，但 2002 年的《不让一个孩子落伍法案》取消了《双语教育法》，而代之以《英语熟练水平有限及移民学生的语言教学》（*Language Instruction for Limited English Proficiency and Immigrant Students*），在摸索中前进的美国双语教育至此终结。

第三节　残疾学生基础教育机会均等的法律保障

残疾儿童是一个重要的弱势群体，20 世纪 70 年代之前，美国残疾人教育的相关法律条款不完善，大部分残疾儿童被排除在正常的教育环境之外。布朗案判决和《民权法案》中的平等思想使残疾儿童家长和有关利益集团开始重视残疾儿童教育机会均等问题，推动了 1975 年《所有残疾儿童教育法》（*Education for All Handicapped Children Act*，P. L. 94 – 142）的出台，使残疾儿童均等的教育机会进一步得到保障。

一　《所有残疾儿童教育法》颁布的背景

（一）民权运动的推动

1954 年，联邦最高法院依据第十四修正案宣布“隔离但平等”违宪，认为种族隔是对黑人的歧视，黑人从法律意义上获得了同白人平等的权利。布朗案判决推动了美国民权运动的发展，1964 年的《民权法案》进一步确立了对公民平等权利的保护。布朗案判决和《民权法案》开启了为残疾儿童寻求补偿的法律大门，既然黑人可以获得和白人均等的教育机会，残疾儿童也应该获得同正常儿童均等的教育机会，因为残疾而剥夺其均等的教育机会同样违宪。

20 世纪 70 年代，大量的残疾儿童未接受教育服务。据残疾人教育局（Bureau of Education for the Handicapped）提供的数据，1974—1975 年，全美约有 669.9 万 6—19 岁的残疾人，其中 368.7 万人接受了教育服务，306.2 万没有接受教育服务，没有接受教育服务的比例约为 45.7%。[①] 20 世纪 70 年代之前，许多州的学校官员有权将残疾学生从公立学校开除。1969 年，北卡罗来纳州甚至规定，在被公立学校开除后，父母坚持让残疾儿童入学是犯罪。[②] 残疾儿童家长意识到孩子被剥夺了宪法赋予的权利，但是，他们都通过诉讼向法院申请救济不现实，因为法院无法受理如此多的案件。因此，国会采取了积极行动，通过了《所有残疾儿童教育法》，向残疾儿童提供均等的教育机会。

（二）残疾儿童教育判例的影响

布朗案判决后，残疾儿童家长纷纷以宪法第十四修正案为依据，发起了多起诉讼案，抗议将残疾儿童排斥在公立学校之外。其中影响最大的是宾夕法尼亚州智障儿童协会诉联邦案和米尔斯诉哥伦比亚特区教育委员会案。尽管这两个案件在某些方面不同，但是两个法院的主要判决是相似的：（1）儿童被排除在公立学校之外是因为他们有身心障碍；（2）这一政策的作用是完全剥夺了这些儿童获得接受公共资金资助的教育机会；（3）政府排除他们的目的是省钱；（4）将身心障碍儿童排除在学校之外并不会合理地与省钱的目的（或与任何其他合法的目标）相关，因为未受过教育的人们（不论是否身心障

① *Education for All Handicapped Children Act*, Washington, DC: the Committee on Labor and Public Welfare, 1975, p. 8.

② 肖非：《美国特殊教育立法的发展——历史的视角》，《中国特殊教育》2004 年第 3 期。

碍）比受过教育的人们更有可能过对州产生较大的财政负担；（5）将身心障碍儿童排除在公立学校之外违反了平等保护条款。法院根据实体和程序两个方面的要求做出了裁决：公立学校必须接收身心障碍儿童，并向其提供适合其个人需要的、充分、合适的教育服务。学校在对身心障碍学生进行分类、决定他们合适的教育安置、重新分类或改变安置时，必须遵循一定的程序。① 20 世纪 70 年代初，大部分州通过了法律，要求为残疾儿童提供公立教育。然而，各州间的法律差异较大，要求联邦政府介入残疾儿童教育的呼声越来越强烈。

（三）对残疾儿童隔离教育的反思

残疾儿童教育从产生之日起，就独立于普通教育系统之外，残疾儿童教育机构有专门的学校、教师和技术手段。20 世纪 50 年代，人们开始反思隔离教育的有效性，认为隔离教育给残疾学生贴上了特殊标签，使他们遭到同伴的排斥，家长和教师对残疾儿童期望值下降，造成残疾儿童自信心和自尊心的降低。隔离的教育将残疾儿童置于一个特殊的环境，把他们和正常儿童隔离，无法完成残疾儿童社会化的目标。

在对隔离教育的反思中，人们渐渐意识到，不管其残疾程度如何，残疾人首先是人，是在社会上生活的人，应该拥有人的权利、地位和尊严。残疾儿童应该和正常儿童一样享有均等的教育机会，普通学校应接纳残疾儿童，让残疾儿童教育回归到普通教育的“主流”中。具体的做法是，残疾学生与正常学生共同参加普通教育教学计划中的非学术性课程的学习，如艺术、体育和音乐，在普通班级与正常学生共同学习的时间只是其全部学习时间的一小部分，主要课程的学习仍在分离的特殊教育班级中进行。② 让残疾儿童回归主流的教育思想在美国产生了巨大影响。

---

① ［美］米基·英伯：《美国教育法》，李晓燕、申素平、陈蔚译，教育科学出版社 2011 年版，第 213 页。

② Turnbull, Ann, P., *Exceptional Lives: Special Education in Today's Schools*, Upper Saddle River: Merrill Prentice Hall, 1999, p. 83.

二 《所有残疾儿童教育法》对残疾学生基础教育机会均等的保障

在《所有残疾儿童教育法》颁布前，联邦政府一直在实施残疾人教育的相关法案，但这些法案对残疾儿童教育的资助力度小，内容不完善。1966 年，《初等和中等教育法修正案》（P. L. 89 – 750）增加了 Title Ⅵ，即“残疾儿童的教育”，联邦政府对残疾儿童教育项目进行拨款，并设立了全国残疾儿童咨询委员会（National Advisory Committee on Handicapped Children），在美国教育办公室下设残疾人教育局，联邦政府开始干预残疾儿童教育。1970 年，在对《初等和中等教育法》修改的基础上，国会通过了专门针对残疾人的《残疾人教育法》（*the Education of the Handicapped Act*，P. L. 91 – 230），确立了残疾人教育立法的基本框架，法案要求联邦政府对各州政府进行残疾教育资助，设立各种特殊教育服务中心，并加强残疾人教育人员的培训，但这部法案的影响不大。1973 年，为了解决残疾人的生存问题，国会颁布了《康复法》（*the Rehabilitation Act*），规定在任何联邦财政资助的项目和活动中，每一个残疾人都不能仅仅因为残疾被排斥、遭受歧视。① 1975 年 11 月，《所有残疾儿童教育法》由总统杰拉尔德·福特签署生效，标志着联邦政府开始全面干预残疾儿童教育，残疾儿童均等的教育机会得到了前所未有的法律保障，这部法案是对原有法案的补充和完善。

《所有残疾儿童教育法》共七个部分：A 部分，一般性条款；B 部分，帮助各州为所有残疾儿童提供教育；C 部分，满足残疾儿童特殊需要的中心和服务；D 部分，残疾儿童教育人员的培训；E 部分，残疾儿童教育研究；F 部分，残疾儿童教学媒体；G 部分，特殊学习障碍儿童的专门方案。其中 B 部分是法案的核心，联邦拨款最多，因此本书对此部分进行重点分析介绍。

（一）立法目的

法案提出，立法的目的在于：保障所有残疾儿童都能获得免费适

---

① *the Rehabilitation Act*, sec. 504.

合的公立教育（free appropriate public education，FAPE），免费适合的公立教育必须向残疾儿童提供能满足其独特需要的特殊教育和相关服务；保障残疾儿童、家长或监护人的权利；帮助州和地方教育机构为所有残疾儿童提供教育；评估并确保残疾儿童教育的有效性。①

向残疾儿童提供免费适合的公立教育是立法的核心目的。法案提出这样的目的是基于美国残疾儿童教育的严峻现实：美国当时有800多万残疾儿童，这些儿童的特殊需要没有得到完全满足；美国一半以上的残疾儿童未能接受适合的教育服务，未获得充分均等的机会；100万残疾儿童完全被排斥在公立学校系统之外；许多参加普通学校项目的残疾儿童未能获得成功的教育经验，因为他们的残疾没有被察觉；由于公立学校缺乏充分的服务，许多家庭不得不自费在公立学校系统之外寻求服务，这些服务机构往往远离他们的住所。② 残疾程度和类别不同的孩子需要的教育各异，为他们提供合适的公立教育才能满足其不同的需求。残疾儿童教育成本远高于正常儿童，家长在公立学校之外自费为孩子寻求教育服务不符合宪法平等保护条款。残疾儿童是教育中的弱势群体，为其提供免费适合的公立教育是其均等教育机会的基本保障，否则，残疾儿童的发展将受到严重影响，残疾儿童成年后也将是家庭和社会的沉重负担。通过立法，联邦政府对残疾儿童教育进行资助，并制定了残疾儿童教育的基本原则，这意味着联邦政府承担起了平等保护的宪法责任。

（二）对残疾儿童教育的资助

1. 资助群体的范围和提供服务的类型

（1）资助群体的范围

接受特殊教育的残疾儿童需符合三个条件：第一，年龄在3—21岁；第二，残疾儿童应具有以下残疾类别中的一种：智力落后、听力困难、聋、言语障碍、视力障碍、严重情绪紊乱、肢体障碍、聋盲、多重障碍、特指性学习障碍及其他健康障碍；第三，需要特殊教育

---

① *Education for All Handicapped Children Act of 1975*, 20USC1401（c）.

② *Education for All Handicapped Children Act of 1975*, 20USC1401（b）.

服务。[①]

残疾儿童同时满足以上三个条件才可以接受特殊教育服务，比如，某个儿童有不严重的听力障碍，普通教育可以满足其教育需要，那么这个残疾儿童就不能接受特殊教育服务。有些儿童的残疾类别不在法案规定的类别中，如注意缺陷障碍、慢性疾病，但这些疾病限制了儿童的活力和灵敏性，进而影响到儿童的学习，需要特殊教育服务，也可以划归到其他健康障碍类别而享受特殊教育和相关服务。

（2）提供服务的类型

联邦资助主要用于两类服务：特殊教育和相关服务，法案对两类服务进行了界定。特殊教育是为满足残疾儿童独特需要而特别设计的教育，家长和监护人不需承担成本，特殊教育包括教室中的教育、体育、家庭教育、医院和社会收容机构中进行的教育。相关服务指交通和发展性、矫正性服务和其他支持性服务（包括言语病理学和听力学、心理学服务，理疗和作业治疗，康复治疗，医疗和咨询服务，并且这些医疗服务仅以诊断和评估为目的），以上服务是为了让残疾儿童能受益于特殊教育，另外还包括儿童残疾状况的早期鉴别和评估。[②]

法案对残疾人的服务要求很全面，包括学校教育、家庭教育、治疗、残疾状况的早期鉴别和评估等方方面面，将残疾儿童教育延伸到学校和家庭以外的各种机构，并且家长或监护人不需负担成本，这些服务使不同残疾程度和类别的儿童能接受适合的教育，提高了残疾儿童教育的有效性，最大限度地保障了残疾儿童均等的教育机会。

2. 联邦拨款额度的计算方法

法案规定，1976 财政年度拨款 1 亿美元，1977 财政年度拨款 2 亿美元，这些资金用于 B 部分的执行。[③] 联邦政府对各州的资助额度逐年增加，具体计算方法为：3—21 岁残疾儿童（包括正在接受特殊教育和相关服务的儿童）的数量乘以每个财政年度美国公立初等和中等学校生均支出的一定比例，1978 财政年度的比例为 5%，1979 财

① *Education for All Handicapped Children Act of 1975*, 20USC1401（3）.

② *Education for All Handicapped Children Act of 1975*, 20USC1401（e）.

③ Ibid..

政年度10%，1980财政年度20%，1981财政年度30%，1982财政年度40%，生均教育支出为上一年地方教育机构和州的直接支出之和除以平均日出勤学生的数量。[①] 根据这个资助公式，预计联邦政府需支付的资金为：1978财政年度3.87亿美元，1979财政年度7.75亿美元，1980财政年度12亿美元，1981财政年度23.2亿美元，1982财政年度31.6亿美元。对于计算公式，有两点需要说明，第一，公式考虑了通货膨胀因素；第二，这个公式仅仅是“授权机制”，也就是说，公式只确定了联邦资助的最高限度，实际的拨款额度由国会根据财政预算决定。[②]

并不是所有残疾儿童都可以接受资助。为了避免各州利用本法案尽可能多地获取联邦资金，法案对残疾儿童的比例做了限制：各州申报残疾学生的数量如超过5—17岁儿童总数的12%，特指性学习困难儿童数量超过残疾学生数量的1/6，超出部分联邦不进行资助。另外，接受1965年《初等和中等教育法》121款资助的残疾学生也不在本法案的资助范围。[③]

1978财政年度，联邦对各州拨付的资金中，州使用50%，地方教育机构和中介教育机构使用50%。州使用的资金有两种开支途径：资金总额的5%或20万用于项目管理，其余部分用于残疾儿童的支持性服务和直接服务。1979年度，联邦对各州拨付的资金中，州使用25%，地方教育机构和中介教育机构使用75%，州使用资金的开支途径和比例同1978财政年度。[④]

可以举例说明联邦拨款及资金使用的计算方法。假设某州有10万残疾儿童有资格接受联邦资助，美国中小学生均教育支出为1200美元。1978财政年度联邦的资助比例为5%，由此可以计算出联邦政府应向州拨款600万美元，其中50%即300万美元由州使用，另300

① *Education for All Handicapped Children Act of 1975*, 20USC1411（a）.

② Zettel, Jeffrey J., *Public Law 94 – 142: The Education for All Handicapped Children Act. An Overview of the Federal Law*（http://www.eric.edu.gov）.

③ *Education for All Handicapped Children Act of 1975*, 20USC241（c）.

④ Ibid..

万美元拨付给地方教育机构和中介教育机构。

3. 联邦拨款的条件

各州要在每财政年度向专员提出申请，达到以下条件才可以获得资助。第一，州政府已经制定有效的政策，保障所有残疾儿童接受免费适合的公立教育的权利。第二，州政府已经制订计划，计划应包含以下内容：保障为所有残疾儿童提供充分的教育机会，并附有达到此目的的详细时间表，以及对设施、人员和服务种类和数量的描述；为所有残疾儿童提供免费适合的教育，1978 年 9 月 1 日前为 3—18 岁儿童提供，1980 年 9 月 1 日前为 3—21 岁儿童提供，对于 3—5 岁和 18—21 岁的儿童，如果本条款与州法律和实践不一致，本条款不能在州实施；对居住在本州残疾程度不同以及需要接受特殊教育和相关服务的儿童进行鉴别和评价，制定、实施可行的办法，确定哪些孩子正在接受特殊教育和相关服务，哪些孩子没有接受特殊教育和相关服务。第三，为了向所有残疾儿童提供免费适合的教育，州要确立残疾儿童的优先等级，没有接受教育的残疾儿童为第一优先等级，接受不充分教育的残疾儿童为第二优先等级。①

这些严格的拨款条件是为了确保资金公平合理地使用，最大限度地保障残疾儿童的教育机会均等。残疾儿童接受免费适合的公立教育是立法的根本目的，是联邦拨款最基本的条件。免费适合的公立教育按年龄段逐步实施，法案对 3—5 岁和 18—21 岁的残疾儿童教育未做统一要求，或许是因为此年龄段儿童不属义务教育服务范围，联邦给各州留下了一定的自主权，也为 1986 年《残疾婴幼儿法》（*Infants and Toddlers with Disabilities Act*，P. L. 99 – 457）的制定留下了空间。划分残疾儿童的优先等级是为了保障联邦资金能用于最需要的群体，在州范围内，在这两类儿童的教育需要满足前，已获得免费适合教育的残疾儿童不能接受联邦资助。

（三）残疾儿童义务教育机会均等保障的基本原则

相对于《初等和中等教育法》Title Ⅰ和《双语教育法》，《所有

---

① *Education for All Handicapped Children Act of 1975*，20USC1412（3）.

残疾儿童教育法》内容更详尽完备，对残疾儿童均等教育机会保护的原则很明确：最少限制环境（least restrictiveenvironment）、程序保护（procedural safeguards）和个别化教育（individualized education），详尽的法案内容基本上是围绕这几项原则制定的。

1. 最少限制环境

法案要求为残疾儿童的教育创造最少限制环境，将残疾儿童整合到正常班级中，使残疾儿童教育回归主流。法案提出，要在最大程度上使残疾儿童（包括在公立或私立学校或其他护理机构里的儿童）与非残疾儿童一起接受教育，只有在因残疾性质和严重程度必须让正常班级教育采用额外的辅助设备和服务，否则就无法取得满意的教育效果的情况下，才允许为残疾儿童特殊编班、实行隔离的学校教育，或让残疾儿童离开正常教育环境。① 并且，应最大限度地让残疾儿童参加正常的教育项目。②

美国是一个崇尚自由的国家，认为个人的自由只要无损于国家利益和他人利益，就是不可侵犯的。即便是政府的合法行为，也不能让个人为此受到不必要的限制。③ 限制意味着人为地设置障碍，约束个人的自由。1954 年布朗案判决宣布“隔离但平等”违宪，虽然这一原则针对的是种族隔离，但残疾人教育的支持者们却认为，“隔离即不平等”的原则适用于所有人，将残疾儿童隔离起来同样违背了法律精神。尽可能将残疾儿童安置在正常班级中，对儿童的成长和社会化至关重要。

最少限制环境原则包括两层含义。首先，它强调残疾学生拥有和正常学生一起接受教育的机会。学校有责任尽可能把残疾学生安置到限制较少的教育环境中，通过向教师和管理者提供辅助技术和培训机会，使他们能为将残疾学生安置到限制较少的环境而努力。同时，学校必须提供各种辅助性帮助和支持服务，提高学生在最少限制环境中

---

① *Education for All Handicapped Children Act of 1975*, 20USC1412（5）.

② *Education for All Handicapped Children Act of 1975*, 20USC1414（a）.

③ Mitchel L. Yell, *The Law and Special Education*, Upper Saddle River: Merrill Prentice Hall, 2006, p. 309.

接受教育的可能性。其次，残疾学生和正常学生一起接受教育的安置并非是绝对的。对残疾学生而言，能在普通班级接受教育的确表明被安置到最少限制环境，但如果在这种环境中残疾学生的教育需要没有得到满足，可以将残疾学生转移到另一个限制相对较多，但学生能接受有意义教育的环境，最少限制原则不能以牺牲残疾学生接受适合的教育为代价，让残疾学生接受满足其特殊教育需要的适合的教育是残疾儿童教育的首要原则。[①] 当免费适合的教育与回归主流发生冲突的时候，回归主流要让位于免费适合的教育，班级安置带来的学业利益优先于回归主流可能带来的社会利益。

2. 个别化教育

个别化教育是残疾儿童接受免费适合教育的重要途径，法案通过实施个别化教育项目（individualized educational program，IEP）满足残疾儿童的不同需要。个别化教育项目是对每个残疾儿童的书面陈述，为了满足残疾儿童的特殊教育需要，有资格提供或管理教育机构的代表、教师、家长或监护人、学生本人（在适当的情况下）开会制定方案。方案包括：儿童目前的教育成绩水平；包括短期目标在内的年度目标；为儿童提供的具体的特殊教育以及该儿童参与普通教育方案的程度；服务开始的日期和预期期限；适当的教育目标标准，评估过程，进度安排，年度评估。[②] 法案只是规定了个别化教育项目的最低标准，各州可以制定更高的标准。

个别化教育项目的制定程序较为严格。首先，参与个别化教育项目的残疾儿童必须符合法案的要求，各州依据法案规定的条件确定哪些残疾儿童有资格接受特殊教育，有资格接受特殊教育的残疾儿童才能参与个别化教育项目。其次，教育机构的代表、教师、家长或监护人、学生通过会议制定个别化教育项目。教育机构的代表可来自地方教育机构或中介教育机构，代表应是管理人员、特殊教育专家或督导人员；教师可以是一人或多人，直接负责个别化教育项目的实施，在

① 杨柳：《美国残疾人教育研究》，人民出版社 2014 年版，第 194—195 页。

② *Education for All Handicapped Children Act of 1975*, 20USC1401（a）.

很多情况下，相关的特殊支持服务人员对儿童个别化项目的决定起到很大作用；制定个别化教育项目需要家长在场，如果残疾儿童没有家长，地方教育机构的管理者负责确定代理家长的选择方式；法案没有明确残疾学生参与制定个别化教育项目的要求，各教育机构可以制定相关政策。

个别化教育项目的内容要求较为细致，主要涉及三方面。第一，残疾儿童目前的教育成绩水平。学生的残疾程度和类型迥异，残疾学生间的差异远远大于正常学生间的差异，教育需求更多样化，为了向残疾儿童提供适合的教育，必须了解他们现有的发展水平，在学科成绩、社会交往、身心发展及生活自理能力等方面的现有水平，在此基础上制订适当的教育方案，为以后的教育确立恰当的起点。第二，个别化教育的目标和内容。在对残疾儿童现有水平了解的基础上，确定残疾儿童教育的目标和内容。教育目标是教育内容应达到的结果，对教育内容有限制和导向的作用，教育内容是教育目标实现的媒介，残疾儿童教育内容既包括特殊教育，也包括对普通教育方案的参与。第三，项目的评估。个别化教育项目并非一成不变，至少每年一次对项目进行评估，检查项目对残疾学生发展的有效性，根据评估结果对项目进行修正。可见，个别化教育项目既是残疾学生教育的总体构想，又是对他们进行教育的工作指南。

3. 程序保护

美国残疾儿童教育强调实施程序保护原则，并规定了细致的程序保护措施。法案要求，州教育机构、地方教育机构和中介教育机构要制定程序，保障每个残疾儿童接受免费适合的教育，程序至少包括以下几方面。残疾儿童家长或监护人有机会查看儿童鉴别、评估和教育安置的所有相关记录及向儿童提供的免费适合的教育内容，有机会使儿童受到独立评估；如果教育机构建议（或拒绝）开始（或改变）儿童的鉴别、评估、教育安置以及免费适合的教育内容，需要提前以书面的形式通知家长或监护人；家长对儿童的鉴别、评估、教育安置以及免费适合的教育内容如有异议，有申诉的机会。如果家长提出申诉，教育机构应为其提供公正的听证机会。听证会的发现或决定如侵犯了任何一方的权益，受侵害一方都可以向州教育机构申请，要求对听证进行公正的复审。参加听证会的任何一方都可由残疾儿童专家陪同并提供咨询。权利受侵害的任何一方都可以向联邦地区法院提出民事诉讼。在对申诉或上诉做出裁决前，残疾儿童如何接受教育服务，法案有具体规定。[1]

程序保护的核心思想是以程序制约权力，避免权力的滥用，要求国家机关在处理公民权益问题时遵循正当合法的程序。《所有残疾儿童》教育法为了保障残疾儿童的合法权益，制定了详尽的程序，包括残疾儿童的鉴定、评估、教育安置，免费适合隔离教育的提供，独立的教育评估，听证会的安排，对争端的解决。家长、教育机构、特殊教育专家通过协商制定符合残疾儿童个别需要的教育项目，保障了项目的适切性。任何一方的权益如受到侵害，都可以提出申诉甚至民事诉讼，保障了程序的公正。程序保护的最终目的是为了确保残疾儿童能受到合适的教育，促进其最大限度地发展。

三 《所有残疾儿童教育法》的实施

（一）《所有残疾儿童教育法》的修订

《所有残疾儿童教育法》实施后，针对出现的问题和残疾儿童的教育需要，国会在20世纪80年代对法案进行过两次重要修订，分别为1986年的《残疾儿童保护法》（*Handicapped Children's Protection Act*，P. L. 99－372）和《残疾婴幼儿法》（*Infants and Toddlers with Disability Act*，P. L. 99－457）。

根据布伦南（Brennan）大法官的提议，《残疾儿童保护法》对《所有残疾儿童教育法》中的"程序保护"条款进行了修订，明确规定在特殊教育诉讼案中，胜诉的一方可以向法庭请求败诉一方承担律师费。《残疾婴幼儿法》将其服务对象"婴幼儿"做了如下界定：出生至2岁的、由于发育迟缓或者已确诊的身体或情绪方面的健康状况

---

① *Education for All Handicapped Children Act of 1975*，20USC1415.

使其成为可能发育迟滞的高危儿童并因此需要接受早期干预服务的儿童。[①] 残疾婴幼儿不是本书关注的群体，但本书中的一些数据和残疾婴幼儿相关。

（二）接受服务的残疾儿童数量的确定

《所有残疾儿童教育法》保障所有残疾儿童都能获得“免费适合的公立教育”，教育办公室要求各州不仅要保证每个残疾儿童都能得到服务，并且要保证本法案的资助只能用于残疾儿童。对各州的拨款根据两个统计数据的平均值确定：10 月 1 日残疾学生的数量和上一学年 2 月 1 日的残疾学生的数量。后来，国会修改了计算方法，每学年只在 12 月 1 日统计一次，减少了各州的工作量。

由于各州特殊教育发展水平和残疾标准的差异不同，各州确定的接受服务的残疾儿童数量差距较大，在不同年份，同一州残疾学生的比例也有变化。接受服务的残疾儿童占学龄人口的比例在各州间差距明显，犹他州接受服务的残疾儿童占学生数量的 11%，而威斯康星州不足 5.2%。[②] 不仅接受服务的残疾儿童比例有较大差距，而且各残疾类型学生所占的比例差距也大，在不同年份，各州接受服务学生的比重也有变化，例如，智力落后学生所占的比重在东南各州较高，在西部各州较低，这与各州特殊教育发展水平和残疾标准的差异有关。在《所有残疾儿童教育法》实施之前，联邦和各州已经有了残疾人教育的相关法律，各州残疾人教育发展程度不同。《所有残疾儿童教育法》规定了接受特殊教育的残疾儿童应该具备的大致条件，但具体的标准由各州制定，各州接受服务的残疾学生标准不同造成残疾学生比重的差异。各州一直在修订残疾学生的评估标准，因此，在不同年份，各州残疾学生的比例会有变化。例如，1977—1978 学年，加利福尼亚州智力落后学生的比例远低于其他州，也低于往年，这是因为 1974 年的一项诉讼使该州终止了智力测验，在诉讼中，原告认

---

① 肖菲：《美国的特殊教育立法》（http：//wenku. baidu. com. 2015 - 07 - 20）。

② *Progress Toward a Free Appropriate Public Education*：*A Report to Congress on the Implementation of Public Law 94 - 142*：*The Education for All Handicapped Children*，Washington，DC：Bureau of Education for the Handicapped，1979，p. 18.

为智力测验存在种族歧视，因此该州转而依据适应性行为、病史等鉴别智力落后学生，从而降低了智力落后学生的比例。①

由于各学区向残疾学生提供服务的能力不同，鉴别方法低效，在同一州的各学区之间，残疾学生的比重也存在较大差距。不仅残疾学生占学龄人口的比重差距较大，不同残疾类型学生占残疾学生的比重差距也较大。这主要有两方面的原因。其一，学区向残疾学生提供的服务能力有限，残疾类型越多，学区越难以应对，因此，学区对残疾学生的鉴别集中于几种类型，重点提供几种服务。其二，对学生的鉴别方法低效。学区主要依赖教师对残疾学生进行鉴别，这种鉴别可信度较低。为了提高鉴别的可信度，需要采用特别的技术手段。

（三）残疾学生的安置

最少限制环境原则要求各州放弃传统的做法，这给各州带来极大挑战。在《所有残疾儿童教育法》生效前，残疾人教育局设立了管理评价项目（Program Administrative Review，PAR），对法案在各州的推行进行实地调查，并为技术资助提供根据。1976—1977年，PAR小组视察了26个州，发现只有11个州的安置情况达到了法案的要求，主要的问题在于对法案的理解太片面，如一些州仅在地方学区执行安置条款，没有在私立学校执行。②

为了对各州的努力做出评价，残疾人教育局要求各州提交的年度项目计划应包括在四种安置环境中接受服务的残疾学生的数量。四种安置环境为：普通教室、隔离教室、隔离学校和其他教育环境（如居家），残疾学生如大部分时间在普通教室学习即可被视为安置在普通教室。在安置环境中，语言障碍学生被安置在普通教室的比例最高，智力落后学生被安置在隔离教室的比例最高，耳聋学生被安置在隔离学校的比例最高，肢体障碍学生被安置在其他环境中的比例最高。总体而言，残疾学生主要被安置在普通教室，这是因为，如果学校能在

① *Progress Toward a Free Appropriate Public Education*: *A Report to Congress on the Implementation of Public Law 94 - 142*: *The Education for All Handicapped Children*, Washington, DC: Bureau of Education for the Handicapped, 1979, p. 19.

② Ibid., p. 39.

一天的部分时间提供全面的特殊教学，大部分残疾程度较轻的学生可以在普通教室接受服务。把学生安置在普通教室被视为“回归主流”，但法案不要求把每个学生安置在普通教室，将残疾学生安置在何种环境需考虑的主要因素是学生利益，将严重残疾的学生安置在普通教室显然不是最佳选择。

为了满足不同残疾儿童的特殊需求，《所有残疾儿童教育法》要求每个公共机构提供多种可选择的安置环境。这些公共机构不仅包括所有的州教育机构、地方教育机构和中介教育机构，还包括矫正机构、福利等部门。法案并未要求特定的安置制度，但要求安置必须是适合的，州和地方机构已经制订了不同的安置方案。根据法案要求，做出安置决定的团队应了解学生、了解评估数据的含义、知道选择何种安置方式。残疾人教育局通过调查发现，不同学区的安置程序不同。有的学区通过三次会议确定学生的安置环境，在第一次会议上，安置团队确定要对孩子进行什么考试、搜集哪些评估信息，第二次会议对孩子进行诊断，第三次会议确定安置环境。有的学区设置学校、地区和中央三个筛选委员会，必要的时候每个委员会都要提出建议。① 尽管各学区的安置程序不同，但都符合法案的要求。一旦确定了安置环境，环境安置的主管会与孩子的教师协商，保障个别化教育项目的执行，在必要的情况下，可以对个别化教育项目进行修改。

（四）特殊教育教师的培养

数量充足的教师是“免费适合的公立教育”的基本保障，在《所有残疾儿童教育法》实施之前，美国特殊教育教师短缺的问题已经存在，《所有残疾儿童教育法》实施后，需要接受服务的残疾儿童数量急剧增长，加剧了师资紧张的状况。据估计，1979 年特殊教育教师的缺口达 85000 人，而每年培养的新教师只有约 20000 名。另

---

① *Progress Toward a Free Appropriate Public Education*: *A Report to Congress on the Implementation of Public Law 94 – 142*: *The Education for All Handicapped Children*, Washington, DC: Bureau of Education for the Handicapped, 1979, p. 48.

外，1979 年教师助手的缺口达 31000 人。[①] 为了满足对教师的需求，各地主要采取了两个策略：改进教师培养、实施在职培训。

《所有残疾儿童教育法》对残疾儿童教育的基本思想是“回归主流”，尽可能使残疾儿童在正常的环境中学习，因此，法案实施后，高等教育机构改进了教师培养的模式，使普通教育的教师具备指导残疾学生的能力、特殊教育教师起到支持或咨询作用。人力准备分局（the Bureau's Division of Personnel Preparation）支持大学进行特殊教育教师培养改革。佛蒙特大学教育学院取消了系，各个学科的教师因此可以密切协作，制定回归主流的培养项目。印第安纳大学对教育学院进行了重组，将所有学科融合到一起，制定了所有普通教育教师、特殊教育教师、对选择教育和多元文化教育感兴趣的学生都可以参加的项目。[②] 通过这种方式，普通教育教师获得了此前只有特殊教育教师能接受的培训，特殊教育教师也在教育中起到了新的作用。

实施在职培训是解决特殊教育教师短缺问题的另一策略。由于越来越多的残疾学生在普通教室接受教育，因此在职培训的重点是对普通教师进行特殊教育培训，但这并不意味着对特殊教育教师需求的减少。1979 年，残疾人教育局资助的 16 个地方资源中心（Regional Resource Center）向 40 个州的 8124 名教师提供在职培训项目，这些项目主要提供残疾学生诊断、个别化项目制定、中学生职业规划等方面的培训。[③] 其他机构也提供了许多培训项目。

四　《所有残疾儿童教育法》的基础教育机会均等效果

《所有残疾儿童教育法》实施后，对改善残疾儿童的教育机会起到了积极作用，但在实施中也出现了一些问题。

（一）《所有残疾儿童教育法》的成效

到 20 世纪 80 年代末，特殊教育投入大幅度增加，为残疾儿童接

---

① *Progress Toward a Free Appropriate Public Education: A Report to Congress on the Implementation of Public Law 94－142: The Education for All Handicapped Children*, Washington, DC: Bureau of Education for the Handicapped, 1979, p. 62.

② Ibid., p. 64.

③ Ibid., p. 65.

受均等的教育机会提供了物质保障。接受特殊教育和相关服务的残疾儿童数量大大增加，残疾儿童的受教育水平有所提高，大部分残疾儿童可升学，部分学生可以获得毕业证或结业证。法案对保障残疾儿童的教育机会均等起了积极作用。

1. 特殊教育投入大幅度增加

1975 年《所有残疾儿童教育法》规定，联邦必须支付残疾儿童教育经费的一定比例，1982 年最高，为 40%。尽管联邦政府从未达到这一资助水平，但联邦政府一直在持续增加残疾儿童教育经费。从表 2—3 可见，1977 年以来，联邦政府的拨款总额和生均拨款都在不断增长。

表 2—3　　《所有残疾儿童教育法》中 B 部分的国家资金划拨

拨款年份	国家拨款（单位：美元）	生均拨款（单位：美元）
1977	251770000	71
1978	566030000	156
1979	804000000	215
1980	874190000	227
1981	874500000	219
1982	931008000	230
1983	1017900100	248
1984	1068875000	258
1985	1135145000	272
1986	1163282000	279
1987	1338000000	316
1988	1431737000	332
1989	1475449000	336
1990	1542610000	343

数据来源：杨柳《美国残疾人教育研究》，人民出版社 2014 年版，第 175 页。

2. 接受特殊教育服务的残疾学生数量增加

在向国会提交的第十二份年度报告中，特殊教育和康复服务办公室（Office of Special Education and Rehabilitative Service）总结了特殊教育的进展情况。在法案刚实施的前几年，接受特殊教育服务的残疾学生数量稳步增加，20 世纪 80 年代中期，学生数量增加速度放缓，最后两年数量增加幅度加大，主要是因为《1986 年残疾人教育法修正案》延长了接受服务儿童的年龄段，扩大了服务对象。（见表 2—4）

表 2—4　　**残疾人教育法资助 0—21 岁学生的数量**

学年	学生数量（人）
1976—1977	3485088
1977—1978	3554554
1978—1979	3693593
1979—1980	3802475
1980—1981	3933981
1981—1982	3990346
1982—1983	4052595
1983—1984	4094108
1984—1985	4113312
1985—1986	4121104
1986—1987	4166692
1987—1988	4235263
1988—1989	4324220

数据来源：Office of Special Education and Rehabilitative Service, *Twelfth Annual Report to Congress on the Implementation of the Handicapped Act*, Washington, DC: Div. of Innovation and Department, 1990, p. 26。

3. 残疾学生的表现提高，大部分学生能升级，部分学生可获得毕业证

第十二份年度报告的数据显示，大部分（74.3%）学生能顺利升级，大部分残疾类别的学生升级比率超过 75%，聋、肢体残疾、听力困难、视力障碍的学生最有可能升级，比率超过了 88%，情绪紊

乱和多重残疾的学生最难升级。(见表2—5)

表2—5 **残疾中学生的升级比例**

	升级	未升级	其他	样本数量(人)
所有残疾情况	74.3	6.1	19.6	3802
学习障碍	76.9	4.6	18.5	503
情绪紊乱	60.3	10.8	28.9	311
智力落后	69.7	8.3	22.0	387
语言障碍	78.4	8.2	13.4	247
视力障碍	87.7	8.2	4.9	333
听力困难	88.2	3.8	8.0	342
聋	89.7	1.6	8.7	398
肢体残疾	88.6	4.0	7.4	252
健康障碍	78.3	7.9	13.8	179
多种障碍	81.0	10.2	8.8	128

数据来源:Office of Special Education and Rehabilitative Service, *Twelfth Annual Report to Congress on the Implementation of the Handicapped Act*, Washington, DC: Div. of Innovation and Department, 1990, p. 95。

特殊教育和服务使大量残疾儿童获得了教育机会,一些残疾儿童在14岁后(含14岁)不再接受残疾或正常的教育服务。根据第十二份年度报告的数据,1987—1988学年,有238579名残疾学生离开了教育机构,[①] 离开方式有获得毕业证、获得结业证、达到最大年龄、辍学等。听力困难、聋和视力障碍的学生容易毕业,情绪紊乱的学生最难毕业。需要说明的是,各州的毕业标准不同。比如,有的州发放毕业证,有的州发放结业证,有的州二者都发放。(见表2—6)

① Office of Special Education and Rehabilitative Service, *Twelfth Annual Report to Congress on the Implementation of the Handicapped Act*, Washington, DC: Div. of Innovation and Department, 1990, p. 100.

表2—6　　不同方式离开教育机构的14岁以上（含14岁）残疾学生比例（1987—1988学年）

	获得毕业证	获得结业证	达到最大年龄	辍学	其他方式
所有残疾情况	42.00	11.25	2.50	27.41	16.84
学习困难	47.75	8.53	0.69	26.74	16.29
语言障碍	35.07	8.05	1.32	17.74	37.82
智力落后	34.50	21.49	6.10	26.80	11.11
情绪紊乱	30.95	4.99	1.46	40.14	22.46
听力困难、聋	56.61	11.27	5.70	14.79	11.63
多种障碍	35.04	20.25	16.32	16.32	12.06
肢体残疾	48.61	12.35	3.58	16.43	19.03
视力障碍	55.93	9.67	2.24	18.14	14.03
聋盲	38.89	18.95	8.17	25.82	8.17
其他健康障碍	35.63	16.47	5.11	21.91	20.88

数据来源：Office of Special Education and Rehabilitative Service, *Twelfth Annual Report to Congress on the Implementation of the Handicapped Act*, Washington, DC: Div. of Innovation and Department, 1990, p. 100。

（二）《所有残疾儿童教育法》实施中的问题

1. 程序保护实施效果不理想

（1）听证会结果更倾向于学校。法案规定，如果家长对残疾儿童的鉴定、安置和个别化教育项目有异议，可以申请举行听证会。但实际上，家长认为，在有专家提供建议的学校面前，他们并没有得到均等的机会，不足1%的残疾儿童家长进行了诉讼，家长或许是因为没有获得均等的机会，或许是不知道自己拥有受到程序保护的权利，或许是对过程不满意，对听证结果满意的家长比例仅为33%。① （2）许多家长不知道受程序保护的权利。尽管法案要求学区通知家长他们拥有受到程序保护的权利，但许多家长并不知道他们拥有这一权利。研

① National Council on Disability, *The Education of Students with Disabilities: Where Do We Stand? A Report to the President and the Congress of the United States*, Washington, DC: National Council on Disability, 1989, p. 24.

究发现，尽管学区能做到遵守法律程序，告知家长他们拥有这一权利，但法律在执行中却面临障碍，极少的学校人员能做到让残疾学生家长理解他们的权利。例如，学区往往不告知家长独立评估的费用从公共经费中开支，一些家长因为没有钱而放弃独立评估，如果向家长说明费用的来源，情况可能就不同了。（3）对听证会官员没有标准要求。法案要求，听证会官员必须是无偏袒的，不能是教育机构的雇员。实际上，听证会官员中一半以上为律师或在大学工作的人员，没有接受过相关培训，一些听证官对实施过程毫不了解，在很多情况下，听证官甚至不知道联邦最高法院判决和州教育机构决定的区别，他们不具备做听证官的能力，做出的决定不着边际。

2. 对残疾学生的鉴定不可靠

对残疾学生的鉴定不可靠，分类给学生贴上了标签，并且形成固定的印象。学生一旦被贴上了残疾的标签，就被隔离在特殊班级，并且人们很难摆脱成见，在全国范围内，每年只有很小一部分被鉴定为残疾的儿童能回到正常班级。另外，对学生转诊和鉴定的准确性也受到怀疑。研究发现，根据当时使用的一个或几个定义，超过 80% 的学生可能会被鉴定为学习困难。28 个大城市的数据表明，转诊率为全部注册学生的 6%—11%，转诊后被安排接受特殊教育的比率更高，为 7.8%—91.8%。并且，被诊断为残疾的少数族裔学生占全部残疾学生的比例高于少数族裔学生占全部学生的比例。尽管少数族裔学生仅占全部学生的 30%，但被诊断为可教育智力落后（educable mentally retarded）学生中的 42% 为少数族裔；黑人学生只占学生总数的 16%，但可训练智力落后（trainable mentally retarded）学生中的 35% 为黑人。少数族裔学生更有可能被鉴定为残疾。①

3. 未能向残疾学生提供适合的教育

法案的核心内容是向学生提供适合的教育，但在执行时未能做到。残疾儿童有时很难甚至不可能得到需要的服务，家长们为争取

① National Council on Disability, *The Education of Students with Disabilities: Where Do We Stand? A Report to the President and the Congress of the United States*, Washington, DC: National Council on Disability, 1989, p. 30.

孩子所需要的服务做出很大努力，甚至成为“专家家长”。据调查，大部分有残疾的学生需要也获得了相关服务，但是，大量学生并未得到他们需要的服务。38%的被调查教师认为，有些残疾学生或者未被鉴别，或者未接受服务。[①] 各州鉴别学生往往是为了拒绝向他们提供服务，学生接受了鉴别后，便得不到需要的服务了。几乎没有学校能提供不同家长需要的所有服务。视力和听力障碍发生率较低，向这些残疾学生提供方便的服务成为一个主要的问题，这些学生有时被安置在不能提供充分服务的普遍教室。许多家长认为他们有两种选择：在隔离的环境接受充分的服务，或在普遍教室接受很少的服务。

在一些情况下，州的资助不合理导致特殊教育服务出现问题。比如，在西弗吉尼亚，教育资金分配公式复杂，特殊需要学生的经费是正常学生的3倍，然而这些资金并未指定具体用途，管理人员可以随意使用资金，很多应该用于特殊教育的资金实际上被用于普通教育。

小 结

20世纪六七十年代是基础教育公平立法集中的一个阶段，通过立法，基础教育公平的观念大大扩展了。联邦政府通过立法对贫困学生、语言少数族裔学生和残疾学生等弱势群体进行保护，为他们提供均等的教育机会，是布朗案以来对弱势群体进行保护的延续。尽管这些法案的出台和修订有复杂的政治背景，实施效果和立法目标存在偏差，但不能否认的是，立法并没有背离“平等”的立国理念。

《初等和中等教育法》向服务于低收入家庭学生的地方教育机构提供拨款，资助地方教育机构设置的面向贫困学生的项目，资金主要用于1—6年级阅读和数学项目。法案实施后，Title Ⅰ学区的教育服

① National Council on Disability, *The Education of Students with Disabilities: Where Do We Stand? A Report to the President and the Congress of the United States*, Washington, DC: National Council on Disability, 1989, p. 17.

务质量和教育质量都有所提高，主要表现为师资数量增加和质量提高、班额缩小、教学时间延长、教学内容和方法多样化、阅读和数学成绩提高。但在内容和实施上存在着法案目标的语言表述模糊、资金未使贫困学生真正受益、实施人员短缺、地方过于追求自身利益等问题。

《双语教育法》针对语言少数族裔学生，经过几次修订，法案的内容变动较大。目标群体最初为年收入低于 2000 美元、英语会话能力有限的孩子，1978 年扩大到非美国出生或母语不是英语的人、少数族裔语言为主要语言环境的人以及美国印第安人和阿拉斯加土著学生，并通过提高对英语的要求扩大了资助范围。英语在双语教育中的地位逐渐提高，1978 年的修正案直接提出了“英语熟练”的目标，把英语的熟练掌握作为双语教育的终极目标，母语教学只是为了完成向英语教学的过渡，2002 年的《不让一个孩子落伍法案》则取消了《双语教育法》。是为了全美的大一统实行“唯英语”政策，还是为保持文化的多样性实行母语教学，一直是备受争议的问题。本书认为，加强英语教学有利于学生在学业和劳动力市场上获得更多的机会，使他们更容易进入主流社会，对语言少数族裔孩子来说是公平的。

《所有残疾儿童教育法》致力于为所有残疾儿童提供免费适合的公立教育。经过修订，接受特殊教育及相关服务的儿童由 3—21 岁扩大到 0—21 岁，联邦政府承担特殊教育经费的一定比例。法案实行最少限制环境、程序保护、个别化教育等原则。《所有残疾儿童教育法》使特殊教育投入大幅度增加，残疾儿童接受特殊教育的数量增加，特殊教育对残疾儿童表现的改善起了一定作用，但是，实践中存在着残疾儿童教育程序保护实施效果不理想、对残疾学生的鉴定不可靠、未能向残疾学生提供适合的教育等问题。

20 世纪 50 年代，黑人发起了废除种族隔离的运动，认为隔离是歧视，不公平；60 年代开始的双语教育使语言少数族裔能融合到主流社会中，是对隔离的否定；70 年代《所有残疾儿童教育法》的颁布，使残疾儿童尽可能从隔离的环境中走出，和正常儿童一起接受教育。可以说，20 世纪 50—70 年代，弱势群体的教育从隔离走向融合，弱势群体回归主流，教育立法在保障弱势群体的教育机会均等。尽管效果和目标间存在偏差，但这些法案对推进基础教育公平起了积极作用，引发了社会对基础教育公平的关注，并且，联邦政府一直在根据需要对法案进行修订，基础教育公平的理念在转变中。

第三章　基础教育质量公平法律保障的萌芽

20世纪50—80年代，美国教育立法的主要目标是推进基础教育机会均等，保障黑人、贫困群体、语言少数族裔和残疾学生均等的教育机会。20世纪80年代起，国际竞争加剧，美国在工业国家中丧失了竞争优势，1983年，国家教育优异委员会（National Commission on Excellence in Education）发表《国家处在危机中——教育改革势在必行》（*A Nation at Risk: The Imperative for Educational Reform*）报告，极大地振动了美国社会，唤醒了美国的教育质量意识，提高教育质量从此成为教育立法的主要目标。1989年夏洛特斯维尔教育峰会提出全美教育系统应达到6项目标，开始了国家层面的教育质量改革，美国教育公平从此由重视教育机会均等转向重视教育质量公平。20世纪90年代，国会先后通过了《2000年目标：美国教育法》（*Goals 2000: Educate America Act*，P. L. 103 – 227）、《改善美国学校法案》（*Improving America's Schools Act*，P. L. 103 – 382）等法案，从立法角度确立了教育质量的重要性。为所有学生提供高质量的教育是基础教育公平的进一步发展，如果学生仅仅获得了均等的教育机会，而没有得到有质量保障的教育，教育机会均等就没有意义，质量公平是基础教育公平的发展方向。20世纪八九十年代，美国政府主要通过基于标准的改革和择校推进质量公平。

第一节 基于标准教育改革与基础教育质量公平

20 世纪 80 年代以前，美国基础教育教育立法的主要目标是推进教育机会均等，对教育质量标准没有明确要求。20 世纪 80 年代，国际竞争的加剧使美国产生了强烈的危机意识，质量标准逐渐进入决策者的视野，教育质量公平改革成为立法的重要任务。基于标准教育改革的基本目的是通过制定教育标准要求，缩小弱势群体和优势群体之间的质量差距。《2000 年目标：美国教育法》要求制定教育标准，《改善美国学校法案》要求教育机构和学校将评估结果按群体分类，如性别、主要的种族和民族、不同英语熟练水平学生、残疾学生和非残疾学生、经济不利学生和非经济不利学生等，凸显了对处境不利学生的重视，执行教育标准是推进基础教育质量公平的重要手段。

基于标准的改革（standards-based reform）主要指对于学生将要知道什么和能够知道什么达成一致，即形成标准。从入校到高中毕业的教育过程取决于这些内容的掌握，教师提前知道他们教什么，学生知道对他们的期望。[①] 随着改革的推进，教育标准改革的内涵逐渐完善。美国教育部提出，基于标准的改革包含以下几方面内容：为学生应该知道什么和能够知道什么制定更严格的标准；根据这些标准检测学生和学校的表现；向学校和教育者提供使学生达到更高标准的工具、技术和其他资源；让学校为结果（如教育结果）负责。[②] 从公平角度来说，基于标准的改革要求提高所有学校、所有学生（包括贫困和少数族裔学生）的教育条件。[③]

---

① John F. Jennings, *Why National Standards and Tests? Politics and the Quest for Better Schools*, Thousand Oaks: Sage Publications, Inc., 1998, p. 6.

② U. S. Department of Education, *Goals 2000: Increasing Student Achieve Though State and Locals Initiatives. Report to the Congress*, Washington, DC: U. S. Department of Education, 1996, p. 3.

③ Benjamin Michael, *Equality in Education Law and Policy, 1954 – 2010*, New York: Cambridge University Press, 2013, p. 113.

一　基于标准教育改革的背景

（一）美国国际竞争力下降，商业组织对教育改革的推动

20 世纪五六十年代，美国强大的经济、文化和军事力量使其在世界上一枝独秀，但到了 20 世纪 70 年代，美国出现了严重的经济问题：石油危机、经济不景气、滞涨。在工业化国家中，美国制造业的国际竞争力下降，人均国民生产总值由全球第二位下降到第五位，贸易赤字使美国成为最大的债务国。《国家处在危机中》报告称，美国公立学校糟糕的学术质量导致美国生产率落后于日本和西德，美国在技术开发方面领先优势丧失。报告认为：即使为了维持和提高我们在世界市场沿存的微小的竞争优势，我们也必须为了所有人的利益而重新致力于改革教育制度。① 虽然有学者认为报告缺乏证据，虚构危机的目的是为了达到某种政治意图，联邦和州政府还是接受了报告的结论。

在这种环境下，商业领导人逐渐相信教育可以提供有能力的劳动力，积极参与教育改革。《国家处在危机中》报告发表后，企业家把教育改革当作救星，希望通过教育改革改善劳动力的质量，从而提高企业的竞争力。《商业周刊》《福布斯》《财富》等大量商业类出版物刊登的文章表示，商业组织可以有效改革教育。到 20 世纪 90 年代初，企业专家组发表了约 300 篇教育报告。一些商业群体（如经济发展委员会）与支持贫困和少数族裔教育的群体组成联盟，商业团体还创办了商业教育联盟（Business Coalition for Education），吸引了一些重要的商业组织加盟。教育话题的转换、商业组织的参与、政治对教育的重新关注，使教育优异运动迅速发展。② 制定教育标准、提高教育质量，成为各州和联邦教育改革的目标。

① ［美］乔尔·斯普林：《美国教育》，张弛、张斌贤译，安徽教育出版社 2010 年版，第 625 页。

② Benjamin Michael, *Equality in Education Law and Policy, 1954 - 2010*, New York: Cambridge University Press, 2013, pp. 104 - 105.

（二）美国基础教育质量堪忧

《国家处在危机中》报告让美国人意识到教育质量危机。这份报告以18个月的调查研究为基础，通过12000名教育界人士的讨论，并征求了2000多名政界人士、工商界人士及部分教师、家长、学生和其他人的意见。在报告中，国家教育优异委员会指出了美国多方面的教育质量问题。教学内容方面，中学课程均匀、浅显和分散，以至于不再有一个中心目标，自助餐式的课程与学生选择结合在一起，使学生并未学到起码的、具有基础训练作用的课程知识，如数学、外语、自然科学等。在教育期望方面，在学生平均成绩持续下降的同时，中学高年级学生的家庭作业的数量却减少了，并且给的分数也提高了；在其他许多工业化国家，花在数学、生物、化学、物理学和地理学等课程的时间大约是美国最重视理科学习的学生所花时间的3倍。在时间方面，与其他国家相比，美国学生花在学校课业上的时间少得多，并且不能高效地利用课堂和家庭作业时间。在教学方面，数学、科学、外语教师严重缺乏，从事天才学生、残疾学生和语言少数族裔学生教育的专家也严重缺乏；新聘用的数学、科学和英语教师中，有一半不能胜任教学工作。①

报告敲响了美国教育质量的警钟：“我国社会的教育基础目前正被一股平庸的浪潮所侵蚀，它威胁着我们国家和民族的未来。上一代人难以想象的事现已开始发生——别的国家的教育成就正在赶上或超过我们国家。倘若外国不友好的力量试图将今天存在着的平庸的教育强加在美国身上，我们会把这视作战争行为。而事实上，我们却已允许这种行为发生在我们自己身上。”② 面对这些问题，报告呼吁对美国的学校进行改革，包括提高毕业要求，采用更严格的、可测量的标准，更长的在校时间以及提高教学质量。受报告的影响，联邦和州政府之后推行的教育改革更关注学生是否学到什么东西，以及建立对学习结果的评价。这也标志着政府由重视对教育的“输入”（如教师学

---

① 史静寰：《当代美国教育》，社会科学文献出版社2012年版，第15—18页。

② 同上书，第18页。

历、设施、资源等）开始转向“输出”（主要是学生表现）。

二　基于标准教育改革的相关法律与基础教育质量公平

美国重要的教育改革大部分通过立法正式推行，基于标准教育改革的内容、目标由《2000年目标：美国教育法》确立，并在《改善美国学校法案》中进一步明确，在两项法案出台之前，联邦和州已经开始了改革的尝试。

（一）《2000年目标：美国教育法》颁布前基于标准教育改革的进展

20世纪80年代中期，各州已经开始了提高基础教育质量的行动。41个州提高了高中毕业标准，29个州要求未来的教师在接受教师培训前通过标准化测试，40个州将新的考试规定付诸实施，其他州层面的改革也在这个时期大量涌现，不同类型的教育标准普遍有所提高，包括行为表现（如出勤率）、核心学科的学业情况，这些改革大部分通过州立法实施（有时是通过单独立法的形式），州教育厅也通过规章或条例推行改革。[①] 这些改革标志着立法目标开始转向。向弱势群体提供均等的教育机会仍然重要，但这时的公平指向了所有学生的教育质量：所有学生教育机会的改善，让每个学生都能获得高质量的教育。

20世纪80年代末期到90年代早期，教育政策渐渐倾向于标准、测验和责任，许多州长成为改革的中坚力量，他们强调实际的学校表现，减少对学校的干预。田纳西州长拉马·亚历山大（Lamar Alexander）、南卡罗来纳州长理查德·瑞利（Richard Riley）和阿肯色州长比尔·克林顿（Bill Clinton）领导了备受关注的教育改革运动，运动的主题是实施学习标准和评价，重视教育结果。亚历山大州长认为州政府不会放弃最低标准，地方学校的领导、教师、家长和居民是优异学校的真正驱动者。在追求教育结果的改革中，8个州同意进行同样

① Benjamin Michael, *Equality in Education Law and Policy, 1954 - 2010*, New York: Cambridge University Press, 2013, pp. 105 - 106.

的考试，即国家教育进步评估（National Assessment of Educational Progress，NAEP）。这些州强调，他们愿意重视学生的成绩数据，确保州的改革促进了学生的进步。制定全国教育标准也获得了公众的广泛支持，1987 年的盖洛普民意调查（Gallup poll）发现，84%的美国人认为联邦政府应该要求州和地方当局达到最低国家标准。[①]

1988 年《初等和中等教育法修正案》强化了教育问责。国会修正了 Title Ⅰ，要求各州确定接受 Title Ⅰ资助的学校需要达到的教育成就水平。并且，国会要求州搜集并公布学生的考试成绩，标出未能取得基本进步的学校，并要求地方和州对未取得进步的学校采取援助措施，措施应该包括学校提高计划以及州对表现持续不佳学校的干预，然而，许多州未依据要求进行改革。

受标准和问责运动的影响，一些专业组织也参与到改革中。1989 年，一个由数学教师、研究人员和管理者组成的专业组织——全国数学教师委员会（the National Council of Teachers of Mathematics）起草了一套综合的学生学习标准，起草这套标准的目的是向公众和决策者提供数学改革的“优异准则”。这套标准强调在数学的不同年级学生应该知道什么、能够做什么，呼吁改变数学教和学的方式，标准还特别强调学生应该讨论数学概念，进行推测，并对其想法进行解释，经过这种训练，学生可以成为数学问题的解决者，具备数学的推理和思考方式，这种改革与只强调花费时间的改革形成鲜明的对比。

1988 年，乔治·布什（George Bush）当选为总统成为联邦干预教育的重要转折点。在任职之初，他曾说：“教育是我们国家未来竞争力和民族精神的关键。”[②] 这个时候，还没有迹象表明布什总统有统一教育标准或目标的意图，然而，他很快召开了全美州长参加的 1989 年夏洛特斯维尔教育峰会（Charlottesville Education Summit），讨论全国教育的总体情况。实际上，在此之前，尽管联邦对课程开发进

① Patrick J.，McGuinn，*No Child Left Behind and the Transformation of Federal Education Policy*，Lawrence：University Press of Kansas，2006，p. 63.

② Benjamin Michael，*Equality in Education Law and Policy，1954 - 2010*，New York：Cambridge University Press，2013，p. 110.

行资助，但联邦从未起草过法案或规章详细规定学生应如何学习、学习什么，也从未要求各州制定最低成就标准。

参会的州长们对当时的教育实践提出批评，并发布了一份报告，报告列出了2000年前整个美国教育系统应达到的6项目标：（1）所有学生必须做好入学的学习准备；（2）高中毕业率不低于90%；（3）学生必须具备英语、历史、地理、外语和艺术能力；（4）美国学生必须在数学和科学方面领先于世界；（5）所有成年人必须具备读写能力；（6）所有学校必须无毒品。[①] 报告提出的目标和前几十年大规模改革的目标截然不同，政府的政策重点不再是向弱势群体提供资助、保障教育机会均等，而是提高所有学生的教育质量，并且，这些目标重视学习标准和结果。夏洛特斯维尔教育峰会因其提出教育标准和目标而成为联邦教育政策历史上重要的转折点，国家层面的教育质量改革由此开始。1990年，布什总统设立了国家教育目标专家组（National Education Goals Panel），正式管理目标的进展情况。

1991年，布什总统提议制定《2000年美国：教育优异法案》（*The American 2000 ：Excellence in Education Act*），延续1989年夏洛特斯维尔教育峰会提出的改革理念。布什总统一再强调国家目标，并表示法案会为学校、教师和学生建立数学、科学、英语、历史、地理学科的全国性“世界水平”标准，帮助美国达到六项目标，法案要求国家教育目标专家组建立4、8、12年级学生参加的“美国成就测验”（American Achievement Test）考试系统，各州自愿加入。为了能实现法案的预期目标，法案提出成立“美国2000年社区”（America 2000 Communities），一个地区如能执行国家教育标准、制定达到目标的策略、设计测量进步的报告卡、支持“新一代美国学校”，就可以获得“美国2000年社区”的荣誉。《2000年美国：教育优异法案》提案在起初得到支持，但共和党反对建立全国性标准和评价制度，提案最终被国会否决。虽然提案没有通过，但它对《2000年目标：美国教育

① National Governors Association, *National Education Goals*, Washington, DC: National Governors Association, 1990, pp. 3–6.

法》产生了重要影响。

(二)《2000 年目标：美国教育法》中基于标准的教育改革与基础教育质量公平

在基于标准改革运动的推动下，克林顿总统于 1994 年 3 月签署了《2000 年目标：美国教育法》。法案的核心内容是向州提供资助，帮助各州制定标准以及相应的评价系统，法案希望通过提供国家教育框架、改善研究、建立共识和进行系统的改革，保障所有美国儿童均等的教育机会和高水平的教育成就。法案共十章，各章内容为：第一章（Title Ⅰ），国家教育目标；第二章（Title Ⅱ），国家教育改革的领导、标准和评估；第三章（Title Ⅲ），州和地方教育体制改革；第四章（Title Ⅳ），家长的支持；第五章（Title Ⅴ），国家技能标准委员会；第六章（Title Ⅵ），国际教育计划；第七章（Title Ⅶ），安全学校；第八章（Title Ⅷ），以少数族裔为重点的公民教育；第九章（Title Ⅸ），教育的研究与改进；第十章（Title Ⅹ），其他。

1. 主要概念的界定

法案对重要的概念进行了界定，确立了目标群体的范围和几项标准的具体内涵。

“所有学生”（all students）和“所有孩子”（all children）指来自各种环境和家庭背景的学生，包括处境不利的学生或儿童，不同种族、民族和不同文化背景的学生和儿童，美国印第安人、阿拉斯加土著、夏威夷土著、残疾学生或儿童，英语熟练水平有限的学生或儿童，辍学的学龄学生或儿童，流动学生或儿童以及有学业天赋的学生或儿童。[①] 法案对“所有学生”和“所有孩子”的解释确保了每个学生、每个孩子都受到保护，都有接受高标准教育的权利，体现了教育的公平性。

法案对三项标准进行了界定。“内容标准”（content standards）指学生在特定学科领域应该获得的广博的知识和内容。“学习机会标准”（opportunity-to-learn standards）指各级机构（学校、地方和州教

---

① *Goals 2000: Educate America Act*, P. L. 103 – 227, sec. 3.

育机构）为所有学生的学习达到全美或州自愿教育内容标准所提供的资源、实践和条件是否充分、其质量是否合格的基本标准。表现标准（performance standards）指显示学生按教育内容标准应该掌握的知识技能及其实践能力的具体例子和明确的定义。[①] 三项标准是教育过程和结果提出的具体要求，是教育质量的保障，也是评价州和地方教育水平的依据，标准的制定有利于均衡各地的教育质量。

"州评价"指衡量学生表现的方法，它至少包括一种评估工具或其他评估学生表现的方法和措施，其具体目的是评估本州所有学生掌握州教育内容标准中一个或多个学科领域材料的进展情况。[②] 评价是对教育目标实现程度的衡量，在教育中具有诊断、导向、激励、反馈等功能，能保障教育过程的顺利实行，以达到期望的教育结果。

2. 法案的目标

《2000 年目标：美国教育法》旨在为国家教育目标提供一个框架，法案提出了 2000 年应达到的 8 项教育目标，这些目标是在 1989 年教育峰会 6 项目标的基础上修订的，并增加了家长参与和专业发展两项。其中，目标 2、3、4 和 7 与基于标准的改革关系最为密切。

目标 2：到 2000 年，美国高中学生的毕业率至少达到 90%。具体目标是，国家必须大幅度降低高中辍学率，75% 的高中辍学生将成功达到高中或等同于高中的学历；美国高中少数族裔和非少数族裔学生间的高中毕业率差距将消除。[③] 以毕业率作为衡量教育质量和教育公平的标准，标志着美国的教育公平不再仅仅限于提供均等的入学机会，而是更重视输出，重视教育结果的公平。如果学生仅仅得到了均等的入学机会，而教育资源的获得存在巨大差距，教育过程不公平，从而使教育质量不均衡，那么教育公平只停留在形式层面。提高毕业率，尤其是少数族裔学生的毕业率，将教育公平置于一个可操作的层面，是推进教育公平的可行策略。

目标 3：到 2000 年，美国学生在 4、8 和 12 年级结业时，应该已

---

① *Goals 2000: Educate America Act*, P. L. 103 – 227, sec. 3.

② Ibid. .

③ *Goals 2000: Educate America Act*, P. L. 103 – 227, sec. 102（2）.

有能力在英语、数学、科学、外语、公民和政府、经济学、艺术、历史和地理学科的内容方面应对挑战；美国所有学校要保障所有儿童能合理用脑，使他们为做有责任的公民、继续学习以及为在现代经济中谋取创造性的职业做好准备。具体目标是，在4、8和12年级，中小学生的学业成绩显著提高，少数族裔学生在3个年级中的分布最能反映学生整体水平；已有推理、解决问题、运用知识、写作和有效交流能力学生的比例大幅度提高；……具有一种以上语言能力的学生比例显著提高……。[①] 目标3对9门重要学科的学习提出了要求，并明确了需要达到的能力标准，目标要求4、8和12年级的学生成绩显著提高，教育评估从而成为衡量是否达到目标的手段。作为教育中的弱势群体，少数族裔学生的学业表现被纳入衡量标准。以上目标试图改变美国基础教育课程庞杂而肤浅的现状，通过提高学业标准提升教育质量，达到教育质量公平。

目标4：到2000年，美国学生的数学和科学成绩位居世界第一。具体目标是，加强整个教育系统尤其是低年级的数学和科学教育；具有扎实基础的数学和科学教师的数量比1992年增加50%；在数学、科学和工程领域毕业的美国大学生和研究生，尤其是女性和少数族裔大学生和研究生的数量大幅度增加。[②] 美国学生数学和科学成绩在国际上处于劣势，在目标3的基础上，此项目标强调了数学和科学的重要地位，并提出了师资保障要求。

目标7：到2000年，美国的教学队伍将有机会参加专业技能继续提高的项目，获得教学所需要的知识和技能，使所有美国学生为下世纪做好准备。具体目标是，所有教师有机会接受职前教师教育、继续专业发展活动，使教师获得知识和技能，满足教育、社会和健康需要日益多样化的学生的需求；所有教师有持续的机会获得知识和技能，从而能讲授挑战性学科，采用新的方法、评估形式和技术……[③]教师是实施教育改革、完成教育目标的核心力量，完善教师专业发展制

---

① *Goals 2000: Educate America Act*, P. L. 103 – 227, sec. 102 (3).

② *Goals 2000: Educate America Act*, P. L. 103 – 227, sec. 102 (4).

③ *Goals 2000: Educate America Act*, P. L. 103 – 227, sec. 102 (7).

度，是提高教师质量、促进教育质量公平的重要前提。

3. 基于标准教育改革的具体条款

《2000年目标：美国教育法》有两章内容具体规定了基于标准教育改革的措施，分别为Title Ⅱ“国家教育改革的领导、标准和评估”和Title Ⅲ“州和地方教育体制改革”，Title Ⅱ要求联邦政府成立“国家教育标准和改进委员会”（National Education Standards and Improvement Council），但由于美国高度分权的历史传统，反对者不愿让联邦过多干预各州的课程，国家教育标准和改进委员会成立不久便被解散。基于标准的改革主要体现在Title Ⅲ中。

为了完成各州和地方的教育制度改革，1994财政年度，联邦的拨款额为4亿美元，1995—1998财政年度内每财政年度需要拨付相同额度的款项。① 联邦政府对其他章的相关州和地方教育机构也进行了拨款，但额度小得多，州和地方教育制度改革是本法案最重要的部分。

法案要求，凡希望得到规定资金的州教育机构向联邦教育部长提交州教育改革计划申请，审批合格后，联邦教育部长根据规定向州教育机构拨款。州教育改革计划包括的主要标准有：（1）教和学，标准和评估。第一，制定或采用所有学生的州教学内容标准和州学生表现标准程序；第二，开发和实施有效的、公平的、州评估标准程序；第三，将州或地方教学大纲、教学材料和州评估标准与该州的教学内容标准和学生表现标准相协调的程序；第四，使教师熟悉州的教学内容标准和学生表现标准，改进教师高水平授课能力的程序。②（2）学习机会标准和策略。法案要求州的教育改革计划应制定使所有学生有机会学习的标准或策略。这些标准或策略应该包括该州认为适当的、能确保所有学生获得该州教育内容标准和学生表现标准所规定的知识和技能的均等机会。③ 凡希望得到规定资金的地方教育机构向州政府提交教育改革计划申请，审批合格后，州政府根据规定向地方教育机

① *Goals 2000*：*Educate America Act*，P. L. 103 - 227，sec. 303.

② *Goals 2000*：*Educate America Act*，P. L. 103 - 227，sec. 306（c）.

③ *Goals 2000*：*Educate America Act*，P. L. 103 - 227，sec. 306（d）.

构拨款。法案还特别强调，各州自愿进行教育改革，联邦不能直接或间接地强制规定标准或提出任何要求，或降低、修正、减少州和地方控制教育的责任。① 法案通过资助的形式，引导各州制定教育改革标准，教育标准包括了教育内容标准、学习机会标准、评估和教师专业发展，比较全面地提出了标准要求，保障了教育质量。在立法前的改革实践中，存在着教育内容标准和评估标准不协调的问题，影响了教育评估的有效性，针对这一问题，法案要求两种标准之间的协调。学习机会标准更具有保障公平的价值，它要求州能确保所有学生有均等的机会获得符合标准的知识和技能，保障教育质量的均衡，推进基础教育公平。

（三）《改善美国学校法案》中基于标准的教育改革与基础教育质量公平

1993 年年底，在《2000 年目标：美国教育法》快要最终通过时，国会开始考虑重新授权《初等和中等教育法》。由于担心众议院更支持《初等和中等教育法修正案》而搁置《2000 年目标：美国教育法》，克林顿政府打算在《2000 年目标：美国教育法》通过之后再向众议院提交《初等和中等教育法修正案》提案。1994 年 10 月，克林顿总统对《初等和中等教育法》重新授权，新授权的法案称为《改善美国学校法案》，法案把基于标准的改革作为重要内容，和《2000 年目标：美国教育法》相协调。华盛顿特区教育政策中心主任约翰·詹宁斯评论说，克林顿做了布什未能做到的事：国家政府现在正同时追求质量目标和公平目标。② 法案第一章（Title Ⅰ）对基于标准教育改革的影响最大，标题为“帮助处境不利孩子达到高标准”，延续了《初等和中等教育法》重视处境不利孩子教育的特点，具有很大的教育公平价值。本书主要对 Title Ⅰ内容进行分析解读。

1. 立法目的

法案的标题明确了高标准的教育目的，这个目的在法案条文中也

① *Goals 2000* : *Educate America Act*, P. L. 103 – 227, sec. 318 (b).

② John F. Jennings, *Why National Standards and Tests? Politics and the Quest for Better Schools*, Thousand Oaks: Sage Publications, Inc., 1998, p. 6.

有较详细的表述：使学校能为所有学生提供教育机会，使学生获得有挑战性的州教育内容标准所要求的知识和技能，达到为所有孩子制定的有挑战性的州表现标准。[①] 本章的服务对象是处境不利学生，并且资助额度一直很高，对各州具有很大的诱惑力，为了得到额度可观的资金，各州都接受了本章条款的要求，因此，应该达到标准的学生数量还是很大的。一般说来，处境不利学生学业表现不佳，他们达到教育标准体现着教育公平程度的提高。为了达到这一目的，法案要求州政府、地方教育机构和学校都要付出努力，向学生提供教育项目，提高学生进行复杂思考和解决问题的能力，加强教师专业发展，鼓励家长参与学生在家和在校的教育，通过利用州的评价制度提高责任意识。

2. 基于标准教育改革的具体条款

联邦拨款。联邦政府对 Title Ⅰ的拨款有地方教育机构资金、公平起点、流动儿童教育等 7 项，其中地方教育机构资金最多，1995 财政年度为 74 亿美元，之后 4 年中每年拨付同等额度的资金，1995 财政年度对公平起点项目资助 1.18 亿美元，之后 4 年也拨付同等额度的资金，其他项目拨款相对较少。[②] 《改善美国学校法案》对各州不具有强制性，各州可以选择接受或不接受法案的条款，如不接受法案的条款，联邦不进行资助，但因为资助额度太高，各州都接受了《改善美国学校法案》，联邦通过资助加强了对各州教育的干预。

州计划的内容。州政府要向联邦教育部长提交一份计划，计划审批通过后可获得联邦资助。州计划的内容包括：（1）教育标准。州至少要针对中小学的数学、阅读或语言艺术课程制定学业标准，学业标准还要包含面向所有学生的知识、技能和成绩水平要求。教育标准应包含：①有挑战性的学业课程内容标准，这些标准应该明确需要学生知道什么、学生能做什么，标准包含协调的、严格的内容，并且能鼓励高级能力的教学；②有挑战性的学生成绩标准，学生成绩标准要

① *Improving America's Schools Act*, P. L. 103 - 382, sec. 1001（d）.

② *Improving America's Schools Act*, P. L. 103 - 382, sec. 1002.

和各州内容标准一致，并将学生的成绩分为熟练、高级和非常熟练三个层次。（2）年度进步（yearly progress）。法案提出充分年度进步（adequate yearly progress）的要求：接受法案本部分服务的任何一所学校应使学生达到州学生表现标准；接受本部分资助的任何一个州教育机构应使学生得到帮助，达到州学业表现标准；充分年度进步应和教育部长制定的指南保持一致，使每个地方教育机构和学校获得持续、实质性的年度进步，使所有学生尤其是经济不利和LEP学生达到州熟练和高级水平；依据评估将充分年度进步和表现联系起来，允许运用其他测量方法确立充分年度进步标准。（3）评估。每个州要证明州已经制定或采纳了一套高质量的年度学生评估标准，评估标准至少包括数学、阅读或语言艺术，标准是确定地方教育机构和学校年度表现的基本方式。对学生课程熟练水平的评估在3—5年级、6—9年级和10—12年级这三个阶段各进行一次。州、地方教育机构和学校将评估结果按以下群体分类：性别、主要的种族和民族、英语熟练水平、流动情况、残疾学生和非残疾学生的对比、经济不利学生和非经济不利学生的对比。[①] 和《2000年目标：美国教育法》相比，《改善美国学校法案》对州提出了更细致、更严格的标准，在许多方面是《2000年目标：美国教育法》未涉及的。虽然《改善美国学校法案》只提出了标准的大致框架，没有明确基于标准的具体内容（具体内容由各州制定），但把学生的表现分为熟练、高级和非常熟练三个层次，使评价有了依据。法案提出了年度进步要求，根据“充分年度进步”而不是之前的标准化测试对学生和学校进行评价，避免了评价标准的单一性，更能鼓励不同水平的学校在原有基础上取得进步。熟练水平的三次评估是下一步对学校进行奖惩的依据，评估结果按群体分类有助于发现弱势学生和非弱势学生间的差距，便于采取更具有针对性的措施，推进教育质量公平。

对学校和地方教育机构的奖惩。为了使更多的学校达到标准，法案制定了奖优罚劣的措施。连续两学年没有取得充分进步的学校和连

① *Improving America's Schools Act*, P. L. 103－382, sec. 1111（b）.

续两学年未能达到标准的学校需要改进，这些学校要在地方教育机构的帮助下制订、实施改进计划，计划必须包含教师专业发展项目，项目资金不低于对学校资助的10%，[①] 除此之外，地方教育机构还要采取纠正行动（corrective action），如，不再进行资助，进行学校和其他公共机构间的合作以消除学习障碍，撤回实施学校范围项目的许可，限制学校的决策权，进行选择性的管理安排（如设置公立的特许学校），重组学校的人员，允许学生转学，执行州根据《2000年目标：美国教育法》制定的学习机会标准等。[②] 连续三年达到或超过充分进步标准的学校称为“杰出学校”，这些学校被列为示范学校，为其他学校提供支持，学校、个人可得到奖励，获得更大的决策权，并更容易得到资源或额外服务。[③] 法案也制定了对地方教育机构的奖惩措施。这些奖惩措施是之前的法案没有提及的，是对《2000年目标：美国教育法》的完善和突破，保障了《2000年目标：美国教育法》中目标的实现。奖优罚劣起到了激励作用，有助于学校和地方教育机构有效执行教育标准。在《改善美国学校法案》中，处境不利学生的教育标准同样是所有学生的教育标准，[④] 这确保了处境不利学生的教育质量，基础教育公平在法案中得到了体现。2002年的《不让一个孩子落伍法案》沿用并修正了对学生的表现进行三次评估、充分年度进步、奖优罚劣等条款。

教师专业发展。教师的质量是教育质量提高、达到教育目标的关键，《改善美国学校法案》要求地方教育机构根据州标准为所有教师提供高质量的专业发展机会。教师专业发展活动应支持教学实践，能方便地获得资源，在适当的情况下可包括能整合学业和职业指导的课程开发和教学方法，能识别、消除性别和种族歧视的教学资料、方法

---

① *Improving America's Schools Act*, P. L. 103 - 382, sec. 1116 (c) (3) (A) (i).

② *Improving America's Schools Act*, P. L. 103 - 382, sec. 1116 (c) (5) (B).

③ *Improving America's Schools Act*, P. L. 103 - 382, sec. 1117 (c) (2) (B)、(C)、(D).

④ John F. Jennings, *Why National Standards and Tests? Politics and the Quest for Better Schools*, Thousand Oaks: Sage Publications, Inc., 1998, p. 149.

和实践策略。[①] 法案专门制定了艾森豪威尔专业发展项目（the Eisenhower Professional Development Program），为教师提供高质量专业发展的机会，仅1995年的拨款就达8亿美元。[②]

自1965年《初等和中等教育法》实施以来，基础教育公平立法的目标群体是弱势群体，其假设是他们未能接受充分的教育，补偿教育可以缩小他们和非弱势学生的差距，从而达到基础教育公平的目的。而基于标准教育改革是通过提高所有学生的教育质量实现基础教育公平，法案扩大了受益群体，要求包括弱势群体在内的所有学生达到标准，其目的是为了实现高质量的公平。基于标准的改革以提高教育质量为基本目的，有教育公平的价值，是美国追求高质量教育公平的实践。人人享有优质的教育标志着美国的基础教育公平发展到更高的层次，从教育机会均等转向了教育质量公平。20世纪50—80年代，联邦政府通过几项重要的判决和立法从法律意义上保障了基础教育机会均等，90年代，通过立法保障基础教育质量公平便是自然的选择。

三　基于标准教育改革相关法律的实施

在《2000年目标：美国教育法》和《改善美国学校法案》颁布之前，一些州已经开始了基于标准的教育改革，法案对改革进行高额资助，加速了改革进程。联邦对《改善美国学校法案》Title Ⅰ的拨款由1994年的72亿美元增加到2001年的86亿美元，年增幅21%。[③]

（一）全美基于标准教育改革的进展

Title Ⅰ强调提高对所有学生、学校和学区的期望，为了达到这一目的，Title Ⅰ要求州制定或采纳有挑战性的学业内容和表现标准、评估和问责制度，使学校和学区保障学生达到州标准。

---

① *Improving America's Schools Act*, P. L. 103 – 382, sec. 1119 (b).

② *Improving America's Schools Act*, P. L. 103 – 382, sec. 2003 (a).

③ Chait, Robin, *High Standards for All Students: A Report from the National Assessment of Title I on Progress and Challenges since the 1994 Reauthorization*, Washington, DC: Department of Education, Office of the Under Secretary, 2001, p. 10.

1. 州内容和表现标准的制定

到 1997—1998 学年，每个州都采纳了阅读和数学课程内容标准，这些标准明确了学生应该知道什么、能做什么，以及有挑战性的学业表现标准。表现标准至少包括三个层次：熟练、高级、非常熟练，这些标准可以确定学生对学业内容的掌握程度。到 2001 年，几乎所有的州开始执行内容标准，但表现标准的制定进展缓慢，51 个州（包括哥伦比亚特区和波多黎各）[①] 制定的阅读和数学内容标准已经达到要求，依阿华州提交的内容标准正在接受审查。相比之下，表现标准制定的速度较慢，到 2001 年，只有 28 个州的表现标准被批准，其他州的表现标准正在作为教育部对州评估制度的一部分接受审查，表现标准的制定和最终评估制度的制定关系密切，很多州还没有达到法案要求的最后期限。（见表 3—1）

表 3—1　　**学业内容标准和表现标准达到要求州的数量**

	1994	1997	1998	1999	2001
学业内容标准	10	42	50	50	51
表现标准	0	8	22	25	28

数据来源：Chait，Robin，*High Standards for All Students*；*A Report from the National Assessment of Title I on Progress and Challenges since the 1994 Reauthorization*，Washington，DC：Department of Education，Office of the Under Secretary，2001，p. 26。

2. 州评估制度的制定

法案要求，2000—2001 学年之前，各州要制定或采纳评估制度，用于评定学生的表现，并将评估制度作为评价学校和学区表现的主要制度。州评估制度用于至少评定学生阅读（或语言艺术）和数学两门课程的熟练程度，并至少评定三个年级的学生，评估制度必须和州内容标准和表现标准一致。各州提交能证明评估制度达到 Title Ⅰ要求的材料，教育部邀请同行评议专家对这些材料进行审查，提出反馈

① 《改善学校法案》将哥伦比亚特区和波多黎各列为“州”。

意见帮助各州加强评价制度，并向教育部汇报州评估制度达到要求的程度。一些州的评估标准已经被批准，许多州的标准有待完善。如果评估标准没有达到法案的要求，但是州能证明通过2000—2001年的考试管理达到要求，教育部可以有条件地批准。如果教育部认为州已经取得了重大进步，但不能在2000—2001年的考试管理前制定出最终的评估标准，会延长州的期限。如果州没有按时制定出评估制度，也没有达到主要的要求，也没有明确的达到要求的计划，教育部则会和州协商，探讨州如何做出必要的变化以履行法案的要求。到2001年1月，评估制度通过的州11个，有条件地通过的州6个，延期的州14个，正在和教育部协商的州3个，正在接受评审的州18个。[①]

3. 问责制度的制定

根据问责条款，各州应该制定奖惩制度，奖励成功的学校和学区、识别需要改进的学校和学区，对未能取得充分年度进步的学校和学区采取纠正行动。学校和学区的表现要公开，使家长、教师和校长充分了解学生达到标准的程度。识别需要改进的学校是问责条款的重要部分，法案要求各州制定充分年度进步标准，用于对参与 Title Ⅰ的学校和学区进行评估。连续两年未能取得充分年度进步的学校和学区会被列为需要改进的学校，如之后三年继续表现不佳，则要被采取纠正性行动，这些学校如果连续两年或三年实现充分年度进步，则取消对其实行的改进措施。问责条款到2000—2001学年才会全面实施，问责条款实施前，可采用过渡性进步标准识别需要改进的学校州，这些标准由州制定、经教育部批准。到2000年12月，11个州已经提交了问责制度，接受同行评议专家的审查，教育部计划于2001年春开始审查其他州的问责制度。[②]

（二）州基于标准教育改革的具体内容：以伊利诺伊州为例

法案要求各州制定有挑战性的学业内容标准和表现标准、评估制

① Chait, Robin, *High Standards for All Students: A Report from the National Assessment of Title I on Progress and Challenges since the 1994 Reauthorization*, Washington, DC: Department of Education, Office of the Under Secretary, 2001, p. 28.

② Ibid., p. 30.

度、问责制度，但没有规定标准和制度的具体要求，把制定标准和制度的权力交给各州。本书以伊利诺伊州为例，说明基于标准教育改革的具体内容。

伊利诺伊州教育标准的改革计划包括四部分：明确学生应该知道什么和能够知道什么的学业内容标准，和内容标准相关的学生表现评估（考试），能根据测试证明学生表现如何的一系列统计数据；问责。一些大的学区有独立的教育改革计划，如芝加哥学区的小学采用依阿华基本能力测试（Iowa Tests of Basic Skills），中学采用成绩和熟练测试（Tests of Achievement and Proficiency），但都包括这四部分内容。

1. 学业内容标准

1997 年，伊利诺伊州教育委员会（Illinois State Board of Education）采用了一套新的公立学校学习标准：伊利诺伊学习标准（Illinois Learning Standards）。新标准涵盖了七个亚领域：英语语言艺术、数学、科学、社会科学、身体发展和健康、美术、外语，除此之外，教育委员会重视学习的应用、跨学科及其他领域学习的加强，其中，“学习的应用”包括问题解决、交流、应用技术、团队工作等。标准重视五个关键点的学习结果：小学初期、小学晚期、初中、高中早期和高中晚期。新标准更具体、详细，用州教育委员会的话说就是“让学生、教师和家长确切知道期望学生学什么”①。

伊利诺伊学习标准框架包括目标、学习标准和学习参照三部分。以数学为例，五项目标涵盖了计数、测量、估算、统计运用、可能性及几何等，第一项目标是证明、运用知识和数量观念，包括计数和运算（加减乘除）、比率、比例。这项目标被分成更具体的指南，称为学习标准，数学学习标准有四项，每个标准在五个年级段都有详细的解释，低年级的学习参照往往定位于基本技能，难度随着年级提高而加大，比如，小学初期的学习参照为按组比较物体的数量，中学为将比例和比率用于解决实际问题，到了高中晚期，学习参照则为运用贷

① Lawrence B. Joseph, *Education Policy for 21st Century: Challenges and Opportunities in Standards-Based Reform*, Chicago: University of Illinois Press, 2001, p. 179.

款、抵押解决问题，以及几何模型或增长的实际应用。①

2. 评估制度

学业内容标准告诉学校和学生应该学习什么，但未告诉管理者学生实际上学到了什么，因此，有意义学业问责的关键是对学生学习的评价。评估考试题的类型关系到评估的信度和效度，当时美国考试题型主要是标准化的多项选择题，多项选择题覆盖面广，但不能考察学生解决问题和对知识的整合能力，一些州逐渐采用开放式的考题，如撰写论文、解决问题。

伊利诺伊州采用伊利诺伊目标评估项目（Illinois Goals Assessment Program）考试，该项目在阅读、数学、写作、科学和社会科学五个领域对学生和学校表现进行测评，对所选年级进行每科的评估。伊利诺伊目标评估项目主要进行多选题测试，也根据学生年级要求写一篇或两篇论文，并且，虽然伊利诺伊目标评估项目的阅读测试是多选题，但和大部分标准阅读测试不同，它包括两篇阅读长文而不是几篇阅读短文，并对每个选项的正确性进行评价，而非仅选择“最佳”选项，因为，解答问题比选择一个正确选项更能考察学生的能力。②

3. 数据统计

对考试成绩进行统计的方法较多，伊利诺伊州主要采用平均成绩（average scores）、成绩分布（distribution of scores）和学生进步测量（measure student growth）的统计方法，学校可采用其中的一种或多种。（1）平均成绩。平均成绩有平均值和中间值两种形式，各学校根据要求采用其中的一种报告平均成绩。（2）成绩分布。成绩分布能表明不同的成绩水平有多少学生，伊利诺伊州通过三种形式报告学生的成绩分布。其一，达到或超过国家标准的学生的百分比，芝加哥学区采用了这一形式。其二，利用全美四分位统计法计算学生在各级别的比例分布，学生在高级别所占比例越高，则学校成绩越好，芝加哥学区采用了这一形式。其三，达到州目标的学生的比率。为了实现

① Lawrence B. Joseph, *Education Policy for 21st Century: Challenges and Opportunities in Standards-Based Reform*, Chicago: University of Illinois Press, 2001, p. 180.

② Ibid., p. 183.

州目标，州规定了学生在每个年级和学科需要达到的明确的分数标准，伊利诺伊目标评估项目的分数分为未达到、达到和超出州目标三个级别，学校报告每个年级和学科的成绩在三个级别中所占比例。（3）学生进步测量。这种统计方法是通过测量学生在一定时间内的成绩变化反映学生的进步或退步，芝加哥学区每年报告所有学生的平均进步情况。①

4. 问责

1997年，伊利诺伊州修正了早期的问责立法，制定了新的、对有问题的学校识别和干预制度。新制度以考试结果为依据，将有问题的学校分为两个级别：列入学业早期预警名单的学校和列入学业观察名单的学校。以下两种学校被列入学业观察名单：考试成绩未达到州评价标准的比率连续两年超过50%，或达到州标准的考试成绩连续4年下降20%。一旦达到或超过州标准的学生成绩超过50%，第一种学校便可在名单中移除，但如果这种学校在两年内仍在名单中，未表现出充分的年度进步，它们会被移入学业观察名单。如果成绩未达到州标准的比率下降，第二种学校可在名单中移除，这些学校不会被列入学业观察名单，除非它们连续两年未达到州评估标准。②

四　基于标准教育改革的基础教育质量公平效果

（一）基于标准教育改革的成效

教育质量公平体现在多个方面，但从可量化的角度来说，成绩的提高和成绩差距的缩小是最主要的表现。本书通过对国家教育统计中心相关数据的分析，探讨美国基础教育阶段各弱势学生的成绩提高、和优势学生成绩差距缩小的情况。因此，本书主要探讨黑人学生、贫困学生、语言少数族裔学生和残疾学生的成绩提高，以及与优势学生成绩差距的缩小情况。为了比较《2000年目标：美国教育法》和《改善美国学校法案》实施前后的效果，1994年前的成绩被纳入分析

① Lawrence B. Joseph, *Education Policy for 21st Century: Challenges and Opportunities in Standards-Based Reform*, Chicago: University of Illinois Press, 2001, pp. 188 – 189.

② Ibid., pp. 191 – 192.

范围，在国家教育统计中心的数据中，1994 年前的统计数据是 1992 年的数据，另外，这一时期主要依据学生的年龄进行统计。

1. 白人和黑人学生成绩提高和成绩差距缩小情况

（1）白人和黑人学生阅读成绩提高和成绩差距缩小情况

总的来说，1992—1999 年，黑人和白人学生的阅读成绩略有提高，但成绩差距有所扩大。具体地说，除了 17 岁白人学生的成绩下降 2 分、13 岁黑人学生成绩未变外，黑人和白人学生在其他年级的成绩都小幅度提高。但是，9 岁和 13 岁黑白学生的成绩差距扩大，17 岁黑白学生的成绩差距缩小。（见表 3—2）

表 3—2　**黑人和白人学生阅读成绩和成绩差距**

	白人学生的成绩	黑人学生的成绩	二者成绩差距
9 岁			
1992 年	218	185	33
1999 年	221	186	35
13 岁			
1992 年	266	238	28
1999 年	267	238	29
17 岁			
1992 年	297	261	36
1999 年	295	264	31

数据来源：*Average reading scale score, by age and selected student and school characteristics: Selected years, 1971 through 2004*（http://nces.ed.gov/programs/digest/d06/tables/dt06_110.asp）。

（2）白人和黑人学生数学成绩提高和成绩差距缩小情况

总的来说，1992—1999 年，黑人和白人学生的数学成绩略有提高，白人学生成绩的提高幅度更大，成绩差距扩大。具体地说，除 17 岁黑人学生的成绩下降外，其他成绩都在上升，但白人学生成绩提高的幅度更大，因此 9、13、17 岁学生的成绩差距都扩大了。（见表 3—3）

表 3—3　　黑人和白人学生数学成绩和成绩差距

	白人学生的成绩	黑人学生的成绩	二者成绩差距
9 岁			
1992 年	235	208	27
1999 年	239	211	28
13 岁			
1992 年	279	250	29
1999 年	283	251	32
17 岁			
1992 年	312	286	26
1999 年	315	283	32

数据来源：*Average scale score in mathematics, by age and selected student and school characteristics: Selected years, 1973 through 2004*（http://nces.ed.gov/programs/digest/d06/tables/dt06_121.asp）。

2. 家长不同教育程度学生的成绩提高和成绩差距缩小情况

是否接受免费午餐是衡量学生家庭贫富程度的主要依据，但在国家教育统计中心的数据中，接受免费午餐和不接受免费午餐学生阅读成绩对比数据统计的最早年份为 1998 年，数学成绩数据对比的最早年份为 1996 年，有数据的年份太少，无法有效分析 20 世纪 90 年代贫富学生成绩差距变化的情况。学生家长的教育水平与家庭收入水平存在较大的相关性，可以以家长的教育水平为参照，探讨不同经济条件学生成绩差距变化的趋势。在国家教育统计中心的数据中，只有 13 岁和 17 岁家长不同教育程度学生的成绩。

（1）家长不同教育程度学生的阅读成绩提高和成绩差距缩小情况

1992—1999 年，家长不同教育程度学生的阅读成绩都下降了，二者成绩差距扩大。具体来说，家长中学毕业和家长大学毕业学生的成绩都下降了，家长中学毕业学生的成绩下降幅度大于家长大学毕业学生的成绩，13 岁学生的成绩差距未变，17 岁学生的成绩差距扩大。（见表 3—4）

表 3—4　　家长不同教育程度学生阅读成绩和成绩差距

	家长中学毕业学生的成绩	家长大学毕业学生的成绩	二者成绩差距
13 岁			
1992 年	252	271	19
1999 年	251	270	19
17 岁			
1992 年	280	301	21
1999 年	274	298	24

数据来源：同表 3—2。

（2）家长不同教育程度学生的数学成绩提高和成绩差距缩小情况

1992—1999 年，家长不同教育程度学生的数学成绩都小幅度提高，家长中学毕业学生成绩的提高幅度相对较小，二者成绩差距扩大。具体来说，除了家长大学毕业 13 岁学生的成绩提高了 3 分，其他成绩仅提高了 1 分，提高幅度很小。13 岁学生的成绩差距扩大，17 岁学生的成绩差距未变。（见表 3—5）

表 3—5　　家长不同教育程度学生数学成绩和成绩差距

	家长中学毕业学生的成绩	家长大学毕业学生的成绩	二者成绩差距
13 岁			
1992 年	263	283	20
1999 年	264	286	22
17 岁			
1992 年	298	316	18
1999 年	299	317	18

数据来源：同表 3—3。

3. 白人和西班牙裔学生的成绩提高和成绩差距缩小情况

早在 1978 年，《双语教育法修正案》就提出了英语熟练水平有限学生的概念和鉴别方式，但英语熟练水平有限学生和非英语熟练水平有限学生成绩对比的数据出现于 1998 年。在 20 世纪 90 年代的统计数据中，有西班牙裔学生和白人学生的成绩对比数据，西班牙裔是美国人口最多的语言少数族裔，可以以西班牙裔学生为例，分析为语言少数族裔和非语言少数族裔学生的成绩提高及成绩差距的变化。

（1）白人和西班牙裔学生的阅读成绩提高和成绩差距缩小情况

1992—1999 年，白人和西班牙裔学生的阅读成绩小幅度提高，成绩差距呈缩小趋势。具体来说，17 岁白人学生的成绩下降，17 岁西班牙裔学生的成绩未变，其他成绩小幅度提高。9 岁学生的成绩差距扩大，13 和 17 岁学生的成绩差距缩小。（见表 3—6）

表 3—6　　**白人和西班牙裔学生阅读成绩和成绩差距**

	白人学生的成绩	西班牙裔学生的成绩	二者成绩差距
9 岁			
1992 年	218	192	26
1999 年	221	193	28
13 岁			
1992 年	266	239	27
1999 年	267	244	23
17 岁			
1992 年	297	271	26
1999 年	295	271	24

数据来源：同表 3—2。

（2）白人和西班牙裔学生的数学成绩提高和成绩差距缩小情况

1992—1999 年，白人和西班牙裔学生的数学成绩有所提高，但白人学生成绩提高幅度更大，二者成绩差距扩大。具体来说，除了 13 岁西班牙裔学生的成绩未变，其他成绩都提高了，但西班牙裔学生成绩提高幅度小，两个群体中 9、13、17 岁学生的成绩差距都扩大了。（见表 3—7）

表 3—7　　白人和西班牙裔学生数学成绩和成绩差距

	白人学生的成绩	西班牙裔学生的成绩	二者成绩差距
9 岁			
1992 年	235	212	23
1999 年	239	213	26
13 岁			
1992 年	279	259	20
1999 年	283	259	24
17 岁			
1992 年	312	292	20
1999 年	315	293	22

数据来源：同表 3—3。

4. 残疾和正常学生毕业率的提高和差距缩小情况

在国家教育统计中心的数据中，残疾学生和正常学生阅读成绩对比数据的最早年份为 1998 年，数学成绩对比数据最早年份为 1996 年，有数据的年份太少，无法有效分析 20 世纪 90 年代残疾和正常学生成绩差距变化的情况。美国中学毕业率的统计年龄为 17 岁，由于残疾学生的特殊性，残疾学生最迟可 21 岁中学毕业。为了使数据有可比性，本书以 17 岁残疾学生和 17 岁正常学生毕业率为依据，分析残疾学生和正常学生的教育质量及质量差距缩小情况。

1991—1992 学年，全美有 14356 名 17 岁残疾学生毕业，毕业率为 39. 2% ,[①] 17 岁正常学生的毕业率为 73. 4% 。[②] 1999—2000 学年，全美有 31075 名 17 岁残疾学生毕业，毕业率为 51. 96% ,[③] 17 岁正常

① *Students with disabilities exiting the educational system*, *by age*, *type of disability*, *and basis of exit*: *United States and outlying areas*, *1991 – 92 and 1993 – 94* （http：//nces. ed. gov/programs/digest/d97/d97t105. asp）.

② *High school graduates compared with population 17 years of age*, *by sex and control of school*: *1869 – 70 to 1996 – 97* （http：//nces. ed. gov/programs/digest/d97/d97t099. asp）.

③ *Students with disabilities exiting the educational system*, *by age*, *type of disability*, *and basis of exit*: *United States and outlying areas*, *1998 – 99 and 1999 – 2000* （http：//nces. ed. gov/programs/digest/d02/dt110. asp）.

学生的毕业率为 71.7%。[①] 正常学生毕业率小幅度下降，残疾学生毕业率大幅度提高，二者间的毕业率差距由 34.2% 缩小到 19.74%，缩小幅度较大。（见表 3—8）

表 3—8　　　　17 岁残疾学生与正常学生的毕业率及差距

	正常学生	残疾学生	二者间的差距
1991—1992 学年	73.4	39.2	34.2
1999—2000 学年	71.7	51.96	19.74

根据以上的数据分析可以发现，《2000 年目标：美国教育法》和《改善美国学校法案》实施后，仅残疾学生和正常学生的教育质量差距明显缩小，其他 3 组学生的成绩差距呈拉大趋势。3 组学生的 16 组成绩对比数据中，11 组成绩差距扩大，2 组成绩差距未变，3 组成绩差距缩小。并且，和 1992 年的成绩相比，3 组学生 1999 年的成绩提高不明显，甚至还存在下降的情况。美国在 20 世纪 90 年代实施的教育标准改革没有取得教育质量公平效果。

（二）基于标准教育改革中的问题

和其他几项法案一样，《2000 年目标：美国教育法》和《改善美国学校法案》在实施过程中也存在一些问题，这些问题影响了实施的成效。

1. 州标准的质量不高、不严格

州教育标准是各级管理者、教师和学生进行管理、教学和学习的依据，也是进行评估的依据，对教育起着激励和导向的作用，直接关系到教育质量公平的发展。到 20 世纪 90 年代末，大部分州制定了教育标准，但这些标准质量不高、不严格，而高质量、严格的教育标准是提高学生成绩、缩小成绩差距的必要条件。

《改善美国学校法案》要求各州提交已经制定和严格实施有挑战

---

① *High school graduates, by sex and control of school: Selected years, 1869 - 70 through 2006 - 07* (http://nces.ed.gov/programs/digest/d06/tables/dt06_099.asp).

性标准的证明，教育部委托同行评议专家组进行测评，确认州是否已经制定或采纳了具有挑战性的内容和表现标准，这些标准是否适用于所有学生。同行评议专家查看的证明有：州政府召集的独立同行评议专家组对标准的评价结论，对州制定严格标准和评价过程的详细描述，根据州评估要达到的表现水平和根据严格的国家认可的标准要达到的表现水平相近的证据，其他能表明州内容和表现标准具有挑战性并且一致的证据。联邦教育部很难对州制定标准的过程进行测评，测评往往由独立的研究机构完成。

1998 年，托马斯 · B. 福德曼基金会（the Thomas B. Fordham Foundation）发表了一份《州教育标准现状》（*the State of State Standards*）评估报告，研究州学业标准执行的进展。研究结果令人沮丧，大部分州的学业标准模糊、缺乏创见、教育建议模棱两可、达不到任务要求，基金会对其评定的等级多为 D⁺，所有学科达到“优秀等级”（A 和 B 等级）的州只有 3 个。2000 年，基金会对州标准的评估结果有所好转，平均等级为 C⁻，州标准的要求更严格、详细，偏离主题的问题减少了，8 个州和哥伦比亚特区州标准的所有学科达到“优秀等级”，尽管如此，仍有 42 个州的标准不尽如人意，对学生期望值较低。（详见表 3—9）可以说，在《国家处在危机中》报告发布 17 年后、夏洛特斯维尔峰会 11 年后，大部分州仍没有完成基于标准改革的第一步。

表 3—9　　　　**1998 和 2000 年对州标准的评估结果**

	1998 年的平均级别	2000 年的平均级别	1998 年“优秀级别”州的数量	2000 年“优秀级别”州的数量
英语	D⁺	C⁻	6	19
历史	D	D⁺	4	10
地理	D	C⁻	6	15
数学	D⁺	C	12	18
科学	C	C	13	19
所有学科	D⁺	C⁻	3	9

数据来源：*The State of State Standards, 2000*：*English*，*History*，*Geography*，*Mathematics*，*Science*，Washington，DC：Thomas B. Fordham Foundation，2000，p. 11.

托马斯 B. 福德曼基金会把州计划的学业标准分为严格、中等和较差三个级别，根据问责的严厉程度分为严厉和不严厉两个级别，对各州的计划共分为六级，最差的一级为学业标准较差、问责不严厉，被列为最差一级的州被称为“不尽责任州”。2000 年，“不尽责任州”竟有 21 个，这些州的大部分课程的学业标准模糊、平淡、有误导性（甚至缺失），州几乎不惩罚或奖励表现差或好的学校。[①] 一些州决定不让校长参与州标准和问责，由社区进行决策，另一些州虽然告知公民州已经开始了州层面的教育标准改革，但实际上这些州没有严格的标准和问责制度，标准不严格无法保证教育的质量，问责制度不严格导致标准不能有效执行。

2. 教师专业发展项目实施效果不理想

教师的专业水平直接决定了学生学习的质量，为了提高学生的学业表现、达到州教育标准，法案重视教师专业发展，制定了专门的条款，《改善美国学校法案》更是大力资助艾森豪威尔教师专业发展项目，但教师专业发展项目实施效果欠佳。

专业发展项目并没有有效提高教师的质量。据教育部统计，1998 年全美只有 6 个州能使教师专业发展和州内容标准保持一致，[②] 大部分州的专业发展和州内容标准脱节，不能有效改进教师的教学实践。教师专业发展项目的内容、质量和培训时间决定着对提高教学实践和学生成绩的作用。然而，目前大部分专业发展内容零散，没有集中于学生的课程，没有向教师提供有关学业内容和教学的学习机会。教师往往接受不同类型的短期培训活动，虽然这些活动能与州或地方的要求保持一致，但这些活动却很少以学校课程和综合计划为基础，不能有效改善教和学。[③] 在许多州，任何一种正式的学习经历都可以计为

---

① *The State of State Standards, 2000: English, History, Geography, Mathematics, Science*, Washington, DC: Thomas B. Fordham Foundation, 2000, p. 15.

② *Federal Education Legislation Enacted in 1994: An Evaluation of Implementation and Impact*, Washington, DC: Department of Education, 1999, p. 88.

③ Duttweiler, Patricia Cloud, *Part of the Blueprint for Standards-Based Reform Is Missing: Where Is the Foundation?*, Clemson: National Dropout Prevention Center, 1999, p. 9.

教师的专业发展时间，即便这种经历与教学经验几乎没有关系。81%的公立学校教师参加了上一年的教师专业发展项目，然而，50%的教师参加专业发展项目的时间不足9小时，参加专业发展项目时间超过20小时的教师仅为7%。教师们认为他们并没有为在教室里使用标准做好准备，严重贫困学校的教师更是如此。① 仅有38%的严重贫困学校的教师认为自己为实施州或学区课程、执行标准做好了准备。②《改善美国学校法案》专门设立艾森豪威专业发展项目，但研究发现，接受培训后，知识技能提高教师的比率并不高。（见表3—10）教师参与专业发展项目对改进教室实践的作用不大，为了提高学生的成绩，必须改进教师专业发展项目，提高教师质量，使教师能为改善课堂教学活动做好准备。

表3—10　**参加艾森豪威尔专业发展活动后知识技能提高教师的比率**

	深层的数学和科学知识	课程	教学方法	评价方法	技术的应用	针对性教学	领导力
提高教师的比例	49	58	66	43	28	26	32

数据来源：*Federal Education Legislation Enacted in 1994: An Evaluation of Implementation and Impact*, Washington, DC: Department of Education, 1999, p. 106。

第二节　择校与基础教育质量公平

择校（school choice）是相对于“就近入学”而言的，它赋予了家长自由选择学校的权利。按照美国学者丹·D. 戈德哈伯（Dan D. Goldhaber）和埃里克·R. 艾德（Eric R. Eide）的解释，择校是指“任何用于打破学生居住地与就读学校所在地之间的关联，旨在降低

① *Federal Education Legislation Enacted in 1994: An Evaluation of Implementation and Impact*, Washington, DC: Department of Education, 1999, p. 104.

② Ibid., p. 89.

传统公立学校地理位置限制性的政策措施”[①]。1954 年，布朗案判决为美国家长不分种族、自由地为孩子择校奠定了合法性基础。1955 年，经济学家米尔顿·弗里德曼（Milton Friedman）建议给每位家长一张教育券，家长可以用它为孩子选择学校，现代意义上的择校方案由此产生。然而，直到 20 世纪八九十年代，择校运动才在政府的推动下迅速发展。学校选择的发展有其复杂的政治和经济背景，但不能否认的是，推进基础教育公平是择校重要的价值选择之一。

美国择校的形式复杂多样，可以从三个维度进行分类。按学校实体划分，有特许学校、磁石学校和家庭学校等类型；按资助形式划分，有教育券、减免税、学费计划等类型；按实施范围划分，有公立学校择校、私立学校择校和公立私立学校择校。本书主要分析教育券、特许学校和磁石学校对基础教育公平的影响。

一　择校产生的背景

20 世纪 80 年代前，美国就已经出现了择校的理论设想和尝试，择校运动的产生有其复杂的背景。

（一）市场化取向的基础教育改革

20 世纪 80 年代，新自由主义在美国盛行。新自由主义主张小政府、低税收、削减福利、市场统治、反对国家干预。新自由主义认为，当代社会所有问题的根源在于国家干预过多，应返回到自由竞争的资本主义，减少国家干预会为竞争提供更多的空间，减少垄断，国家干预应让位于市场机制，这与 20 世纪五六十年代的凯恩斯主义强调国家干预截然不同。20 世纪 70 年代，经济危机严重影响了美国的社会经济发展，这使政府感到凯恩斯主义主张的大政府、高税收、高福利不再适应社会新的发展需求，于是，新自由主义便得以大行其道，成为主流意识形态。作为与国家安全相关的重要部门，教育受市场化的影响较其他领域较小，但作为社会公共福利体系一个重要组成部分，它难免受到影响，社会各界尝试用市场化原则解决教育问题。

① 冯大鸣：《美、英、澳教育管理前沿图景》，教育科学出版社 2004 年版，第 159 页。

把市场机制引入美国公立教育体制，使得教育领域中政府、学校和家长的角色和相互之间的关系发生了巨大变化。政府赋予学校更多的自主权利、为家长选择学校提供制度条件和资金支持，学校变成了主动参与市场竞争、致力于为家长学生提供更好服务的类企业机构，家长也从教育服务的被动接受者变成了拥有自主选择权的教育市场的消费者。学校选择成为20世纪末美国教育改革的一个重要策略。

（二）公立教育质量低下

早在20世纪50年代，美国各界对公立教育质量的批评就此起彼伏。贝斯特的《教育的荒地》、赫钦斯的《教育中的冲突》、科南特的《今日美国中学》等著作对美国公立教育的质量进行了批评。1957年，苏联发射第一颗人造卫星强烈震撼了美国社会，美国于1958年颁布《国防教育法》，致力于提高教育质量。然而，在20世纪六七十年代联邦政府主要致力于教育机会均等，重视少数族裔、贫困和残疾学生教育机会的保障。1983年，《国家处在危机中》报告再一次敲响了美国教育质量的警钟。

而此时，私立学校却以高水准的教学质量、严格的管理纪律和良好的教育秩序赢得了民众的广泛认同，部分私立学校成本还比公立学校低。尽管私立学校也有扩大种族与宗教矛盾、强化经济分层等现实问题，但公众认为它才是真正的学校，培养出了真正的学生。危机之下，美国民众感觉到前所未有的压力，他们认为是公立学校制度本身导致了公立学校问题丛生，以往的教育改革失败的原因在于没有触及公立学校制度本身，这样的改革不可能取得实质性的成功。1988年，《儿童》杂志民意调查发现：51%的受调查家长因公立学校教学质量不佳而愿意将孩子送到私立学校就读。就学校学生入学率而言，1970年到1988年，私立学校增长了6%，而公立学校却降低了7%。[①] 因此，教育部长威廉·贝内特（William Benet）及很多学者认为，需要建立学校间的竞争机制，赋予学生选择学校的机会，使公立学校能致

① 蒋云芳：《20世纪80年代以来美国联邦政府以促进公平为核心的基础教育改革研究》，博士学位论文，西南大学，2012年，第73页。

力于提高教育质量。

（三）传统的公立学校未能为弱势群体提供公平的教育

产生于19世纪的公立学校是美国教育史上的重大进步，为美国教育的普及发挥了巨大作用，公立学校的强制性和免费性为义务教育的普及扫清了障碍，使各种族、各种社会经济背景的孩子都有机会接受教育。然而，随着社会的发展，公立学校的问题也逐渐浮出水面：公立学校不能为孩子提供公平的教育。虽然孩子们都有机会接受教育，但贫困、少数族裔学生接受教育的质量和优势阶层孩子相差甚远。美国公立学校的资金主要来源于地方，学区的财产税决定了学校条件的优劣，因此，贫困人口集中学区的教育质量远低于富裕人口集中的学区，并且，富裕家庭还可以出资为孩子选择质量较高的私立学校。伦纳德·比利特对公立教育进行了这样的描述："在公立教育事业中，对来自低收入家庭的黑人儿童的教育，无疑是成绩最糟糕、失败最惨重的领域。与其说是使黑人儿童受教育，还不如说是使他们失掉受教育的机会。但按照政府的一贯说法，公立教育的最大受益者却是穷人和被压迫者。由此看来，公立教育的确是一个双重悲剧。"① 经济学家米尔顿·弗里德曼也认为公立学校制度需要改进，"做父母的无法干预孩子受什么样的教育，他们既不能直接出学费为孩子挑选学校，也不能间接地通过开展地方活动来改变教育制度"②，他提出向学生发放教育券，学生可以利用教育券选择质量较高的公立学校或私立学校，这就为贫困学生提供了接受优质教育的公平机会。

二 择校相关法律与基础教育质量公平

择校的设想始于20世纪50年代弗里德曼提出的教育券计划，磁石学校、特许学校等择校形式后来逐渐在美国各州出现。20世纪八

① 唐晓娟：《美国择校问题研究》，博士学位论文，南京师范大学，2007年，第25页。

② ［美］米尔顿·弗里德曼、罗斯·弗里德曼：《自由选择：个人声明》，胡骑等译，商务印书馆1992年版，第154—155页。

九十年代，联邦政府减少了对各州教育的干预，择校改革主要由各州立法实施。1994 年，国会通过了《改善美国学校法案》，联邦政府开始干预择校。

（一）1994 年前的择校立法与基础教育质量公平

1. 教育券与基础教育质量公平

教育券（school voucher），又称学券或教育凭证，是在教育领域中实行的一种代币券。教育券制度以推进基础教育公平和提高教育质量为目的，把曾经拨付给学校的资金以教育券的形式支付给家长，家长用教育券支付学生的学费，最后学校凭教育券向政府领取等额的教育经费。教育券类型多样，按照资金来源，可分为公共资助教育券和私人资助教育券；按资助对象，可分为收入标准教育券（为贫困家庭学生提供资助的教育券）、弱校教育券（为较差学校的学生提供资助的教育券）和特殊学生教育券（为残疾学生提供资助的教育券），本书主要探讨公共资助教育券制度在美国的推行。

（1）教育券的提出与早期尝试

教育券构想首先由美国经济学家弗里德曼提出，1955 年，弗里德曼在他的《政府在教育中的作用》一文中提出，应该改变目前政府对公立学校直接补助的教育投入方式，把原本应投入到教育中的资金经过折算发给每一位学生，学生凭券可以自由选择政府认可的任何一所学校（无论是公立学校还是私立学校）。学校在收到教育券后，可以凭教育券从政府那里兑换与券值等额的教育经费。[①] 从理论上来说，教育券引发的竞争可以促使公立学校改进质量、吸引学生，也能为弱势学生提供选择优质教育的机会，促进基础教育公平。但由于涉及当时社会的既得利益和偏见问题，这种模式无法在实际中被采纳，在执行中，弱势学生的教育机会可能会更糟糕，从而加剧教育机会在种族、阶层间的分化，导致教育更加不公平。

针对弗里德曼教育制度的缺陷，克里斯托弗·詹克斯（Christo-

① 文新华：《关于“教育券”的分析》，《教育发展研究》2003 年第 1 期。

pher Jencks）进行了完善。詹克斯认为，若对弗里德曼倡导的教育券制度予以适当限制，或许就有可能成为开创美国学校改革新时代的教育制度。所以，他提出了一种有限制、有条件的“排富性”教育券制度来保障处境不利群体的教育机会。他认为应该有选择地提供教育券，仅仅提供给那些相当贫困的家长和失败的公立学校。其构建的模型有三个特征：一是支持教育提供者之间有效的、受到限制的市场竞争；二是引入补偿要素，必须杜绝经济、宗教和种族的障碍；三是要促进班级之间的社会流动。可以说，詹克斯改良的教育券计划对教育经费更加公平配置产生的积极作用，避免了因教育市场自由竞争而产生的负面影响，在保障弱势群体教育机会均等的前提下，又提高了教育资源的配置效率。此外，詹克斯还提出了教育券实施的要求与建议，包括建立一个教育券管理机构，制定学校要获得教育券需达到的标准等。①

20 世纪 90 年代之前，一些州进行过教育券的尝试，均以失败告终。最先实施教育券政策的是南方州。1954 年的布朗案判决在南方各州遭到强烈抵制，布朗案的反对者通过自由择校政策变相规避废除种族隔离的判决。例如，1958 年，弗吉尼亚州的爱德华王子县关闭了所有的公立学校，并向就读于私立学校的学生发放教育券，客观上造成了种族隔离。1964 年，联邦最高法院在格里芬诉爱德华王子县教育委员会案（Griffin v. School Board of Prince Edward County）中宣布爱德华王子县的教育券政策违反宪法。联邦最高法院对教育券的态度使种族政治与择校政策联系到一起，南方各州利用教育券择校的做法，使弗里德曼的教育券构想背负了破坏种族融合的恶名。1972 年，詹克斯领导的教育机会办公室在加利福尼亚的几个学区进行教育券方案实验，效果并不理想。里根执政时期，联邦教育部长贝内特曾数次试图推行教育券政策，也以失败告终，教育券政策就此沉寂下来。

---

① 蒋云芳：《20 世纪 80 年代以来美国联邦政府以促进公平为核心的基础教育改革研究》，博士学位论文，西南大学，2012 年，第 84—85 页。

(2)《威斯康星州1989年第336号法案》与教育券计划的实施

最早以立法形式确立的公共资助教育券计划是“密尔沃基市家长择校计划”(Milwaukee Parental Choice Program, MPCP)。1989年，威斯康星州议会通过了《威斯康星州1989年第336号法案》(*1989 Wis. Act 336*)，法案批准在密尔沃基市推行“家长择校计划”，这是在美国影响极大的一个教育券计划。

密尔沃基市位于威斯康星州东南部，城市人口超过百万，居民以欧洲移民为主。“二战”后，该市的人口种族比例和社会经济结构发生了巨大变化。1940—1990年，白人比例由98.4%下降到63.4%；非洲裔人口比例由1.5%上升到30.5%。原本以机器制造业、重工业和酿造业为主体的城市经济在20世纪60年代末走向衰退。受此影响，密尔沃基市家庭收入低于联邦贫困线的比例从1970年的11.4%上升到1990年的22.2%。① 学生人口结构的变化使密尔沃基市的学校呈现出明显的分化态势，社会经济条件较好的白人学生就读于郊区的私立学校，较差的非洲裔学生就读于内城的公立学校，社会经济隔离和种族隔离不断加深。密尔沃基市曾采取校车接送、创办磁石学校等措施，但没有取得明显的成效。并且，还有研究认为密尔沃基市的教育质量在下降。② 公立学校内部改革的失败使州政府转向教育券政策，在州长汤米·汤普森(Tommy Thompson)和议员安妮特·威廉姆斯(Annette Williams)的推动下，州议会通过了《威斯康星州1989年第336号法案》，以立法的形式推行教育券计划。尽管有反对者对教育券的合法性提出质疑，但1998年威斯康星州最高法院判“密尔沃基市家长择校计划”不违宪，关于教育券计划合法性的争论才基本结束。

① 周琴：《美国基础教育阶段的择校政策：公平、效率、自由选择》，人民出版社2014年版，第87页。

② J. White, *The Market Approach to Education: An Analysis of America's First Voucher Program*, Princeton: Princeton University Press, 2000, p. 41.

威斯康星州1989年第336号法案①

学生的申请资格

须为密尔沃基市居民。

须为K-12年级学生。

家庭年收入在联邦贫困线的175%以下。

申请的前一年，学生必须就读于：①密尔沃基公立学校；②参与“密尔沃基市家长择校计划”的私立学校；③未入学者也可以申请。换句话说，未参与“密尔沃基市家长择校计划”的私立学校不得递交申请。

私立学校的参与资格

须为世俗私立学校。

须位于密尔沃基市。

须遵循以下法律规定：①威斯康星《学生无歧视法案》；②1972年《教育修正案》第4条；③1975年的《年龄歧视法案》；④1973年《康复法》第504条；⑤《家庭教育权利与隐私法案》；⑥1986年《无毒品学校与社区法案》；⑦《所有残疾儿童教育法》。

须达到年度绩效标准，并向威斯康星州呈交绩效报告与财务审计报告。

每年至少提供875学时的教学服务。

教学、阅读、语言艺术、社会研究、科学及健康教育等6门学科须制订循序渐进的教学计划。

如果申请人数超过招生名额，只能随机选择，不能基于种族、宗教、性别、学习成绩、行为记录等进行挑选。

至少符合以下几项绩效标准之一：①参加“密尔沃基家长择校计划”的学生每年至少有70%升级；②参加“密尔沃基家长择校计划”的学生平均入学率至少达90%；③参加“密尔沃基

① 周琴：《美国基础教育阶段的择校政策：公平、效率、自由选择》，人民出版社2014年版，第92—93页。

家长择校计划”的学生至少有80%的学生有显著进步；④参加“密尔沃基家长择校计划”的学生家长至少有70%达到学校所规定的家长参与标准。此外，每所参加“密尔沃基家长择校计划”的私立学校推荐一位代表组成专门的择校委员会，负责学生的随机选择等事宜。

资助方案

教育券金额等同于学生原属学区的生均教育经费；

学生无需补贴学费；

学区需向学生提供交通服务或交通补贴；

每学年参与“密尔沃基家长择校计划”的学生人数不超过密尔沃基公立学校学生总数的1%；

每所私立学校招收的“密尔沃基家长择校计划”学生不超过招生总数的49%；

“密尔沃基家长择校计划”所需的经费从威斯康星州拨给密尔沃基公立学校的公共经费中扣除。

……

“密尔沃基家长择校计划”是按收入标准发放的教育券，只有收入低于联邦贫困线175%以下家庭的孩子才有资格获得教育券，并且，教育券金额等同于学生原属学区的生均教育经费，学生无须补贴学费，学区需向学生提供交通服务或交通补贴，这为贫困学生接受私立教育提供了机会。法案对参与择校计划的私立学校也提出了教学时间、课程、升学率、进步率等标准，从而保障了私立学校的质量。1995年修正案将已经就读于私立学校的学生也包括在内，扩大了该项计划的覆盖范围。1998年，州高级法院又颁布了新的法案，把覆盖范围又扩大到宗教学校。① 后来，尽管“密尔沃基家长择校计划”几经修订，但没有改变其资助贫困学生、推进基础教育公平的初衷。

---

① Witte J. F., *The Market Approach to Education: An Analysis of America's First Voucher Program*, Princeton: Princeton University Press, 2000, pp. 45 – 56.

2. 磁石学校与基础教育质量公平

磁石学校（magnet school）出现于 20 世纪 60 年代末，它是由公共经费提供资助的择校形式，其特点在于向学生提供特色教育或营造某一主题的教育环境，如职业教育、英才教育、艺术教育，使学校具有磁石般的吸引力，吸引不同种族、民族和阶层的学生，从而实现融合的目的。1968 年，华盛顿州塔科马市（Tacoma）创立了第一所旨在消除种族隔离的磁石学校——麦卡夫小学。到 20 世纪 70 年代初，美国只有十几所磁石学校。

1972 年，联邦政府颁布了《紧急学校资助法案》（*the Emergency School Aid Act*，P. L. 93 – 380），向中小学学区提供资助，其目的在于满足消除对少数族裔隔离和歧视的特殊需要，鼓励自愿减少、消除或防止少数族裔隔离，帮助孩子克服少数族裔隔离带来的教育劣势。[①] 这项法案在 1976 年被重新修正后，专门授权拨款支持正在准备或已经在学校里实施磁石计划以废除种族隔离的学区。为了促进种族融合，提高教育质量，联邦政府于 1984 年实施了“磁石学校资助项目”（Magnet School Assistance Program），为磁石学校的发展提供政策依据。

磁石学校资助项目[②]

授权拨款

联邦政府在 1984、1985 和 1986 年度分别拨款 7500 万美元用于执行这项规定。

申请资格

有资格接受这项资助的地方教育部门必须符合以下三个条件之一：

在废除《紧急学校资助法案》、实施《专项预算撮合法案》之后，第一个财政年度收到的补助资金少于 100 万美元的教育机构；

---

① *The Emergency School Aid Act*，P. L. 93 – 380，sec. 702（b）.

② 李春燕：《美国磁石学校发展研究》，硕士学位论文，浙江大学，2011 年，第 31—32 页。

正在实施一个由联邦法院、或任何一个州法院、或其他任何国家机构或官方的合法管辖权要求废除少数族裔儿童或教师隔离计划的中小学机构；

已经开始实施或者将要实施由教育部长依据1964年的《民权法案》第6条批准的废除少数族裔儿童或教师隔离计划的学校。

目的表述

给符合资格的地方教育部门提供资金以使它们能开办和经营一个磁石学校；

满足在中小学生和教师之间废除种族隔离和歧视的中小学的特殊要求；

鼓励自愿消除、减少或阻止少数族裔学生隔离的、拥有较大比例少数族裔学生的中小学；

鼓励磁石学校教学课程的发展，这样的课程能够提高学生的学业成绩并能够给在校学生提供切实的、符合市场要求的技能。

授权计划

按照规定，部长授权拨款给符合资格的地方教育部门，资金用于废除种族隔离计划并用以吸引不同社会、经济、种族背景学生为目标的磁石学校。

定义

这个拨款计划中的磁石学校是指提供特别课程、能吸引大量不同种族背景的学校或教育中心。

申请要求

符合资格的地方教育部门如想得到资助，必须根据要求向教育部提交一份符合条件的申请书，符合资格的地方教育部门必须同意：

收到的资金应用于第3条联邦拨款的目的；

聘用由国家认定合格获批准的、能胜任所教科目的教师；

提供保证：保证地方教育机构不会以种族或出身为借口，在聘用、提升、分配工作方面歧视员工和其他相关人员；

提供保证：保证地方不会有种族或出身方面的歧视，强制性地分配学生到某所学校或学习某门课程；

提供保证：保证地方教育机构不会因种族或出身在设计课外活动方面歧视学生；

当教育部门有必要时提供其他类似保证。

……

由“磁石学校资助项目”的内容可以发现，该项目保护的是另一个弱势群体——少数族裔学生均等的教育机会。联邦政府出资、由地方教育部门开办或经营磁石学校，这种学校的主要特征是推进种族融合，自愿消除、减少或阻止少数族裔学生隔离，拥有较大比例少数族裔学生。1988 年，《霍金斯·斯塔福德中小学改革修正案》实施，该法案授权联邦政府从 1989 到 1993 年每年向磁石学校拨款 1. 65 亿美元。[①] 联邦的认可和资助使磁石学校走上了快速发展的轨道。

3. 特许学校与基础教育质量公平

特许学校（charter school）是通过与州机构或当地学校委员会签订合同而成立的公立学校，合同或特许状设定出学校运营的框架，并规定在合同期内为学校提供公共经费。学校的特许给予学校充分的自主权，并且使学校免受其他公立学校必须遵守的规定的约束。在享有特许状赋予的灵活度的同时，学校需要对特许状所规定的目标负责，其中包括提高学生的成绩。[②] 特许学校是民众对当时公立学校质量和效率不满的产物，它结合了公立学校和私立学校的优点，既像公立学校一样不收学费，又像私立学校一样重视学生的成绩和教学质量。和私立学校相比，特许学校更体现出面向家庭经济困难、少数族裔等处境不利学生的特点。支持者认为，特许学校可以促进公立学校系统内部的竞争，从整体上提高教育质量，扩大受益

---

① 李春燕：《美国磁石学校发展研究》，硕士学位论文，浙江大学，2011 年，第 31—32 页。

② 马健生：《公平与效率的抉择：美国教育市场化改革研究》，教育科学出版社 2008 年版，第 156—157 页。

群体。

1991 年，明尼苏达通过了美国第一部《特许学校法案》，1992 年，加利福尼亚颁布了《特许学校法案》，1993 年，科罗拉多、马萨诸塞、密歇根等州相继通过了《特许学校法案》，到 2001 年，美国有 37 个州和哥伦比亚特区通过了《特许学校法案》。在法案的鼓励和支持下，特许学校迅速发展，1995 年年底，全国特许学校的数量达 254 所。[①] 美国各州有较大的自主权，《特许学校法案》的内容不尽相同，本书以科罗拉多州《特许学校法案》为例，分析特许学校立法对教育质量公平的保护。

1993 年科罗拉多州《特许学校法案》[②]

立法目的

通过创办高水平、严格成绩标准的学校改进学生的学习；

改善所有学生的学习机会，重点扩展低学业水平学生的学习经验；

鼓励运用多种方法进行学习和教育，运用不同的、已证明有效的、革新性的教学方法；

允许采用不同的、革新性的形式测量学生的学习和成绩；

……

定义

处境危险学生是指那些因身体、情感、社会经济地位或文化因素在传统教育环境中不大可能成功的学生。

要求和授权

特许学校应是公立的、无宗派、非宗教、不以家庭为基础的、在公立学区开办的学校；

……

特许学校应遵守所有的联邦、州法律和宪法条款，禁止基于

① 马健生：《公平与效率的抉择：美国教育市场化改革研究》，教育科学出版社 2008 年版，第 187 页。

② *Charter Schools Act*, Colo. 22 – 30. 5.

残疾、种族、肤色、信仰、性别、来源国、血统或特殊服务需要的歧视；

……

除 22－20－109，22－32－115，22－54－109 条的要求外，特许学校不收学费。

限制、成立和数量

……

1997 年 7 月 1 日前，批准设立的特许学校不超过 60 所，其中至少 16 所为改善处境危险学生的教育机会设立；

审批特许学校申请的地方教育委员会要向州报告，明确这些学校的设计能否改进处境危险学生的教育机会；

特许学校的设计优先考虑改善处境危险学生的教育机会，这是州议会的意图。

特许状的期限、更新

特许状的期限为 3—5 年，更新后的期限不超过 5 年；

……

如果地方教育委员会认为特许学校未达到以下要求，将撤销或不再更新特许状：

未能取得特许申请中规定的内容成绩标准或学生表现标准所要求的进步；

……

从科罗拉多州的《特许学校法案》来看，教育质量公平得到了重视。法案保护处境危险学生均等的教育机会，禁止对他们的歧视，并且要求 60 所特许学校中的 16 所为改善处境危险学生设立，不收学费的要求降低了特许学校的门槛，为贫困家庭的学生提供了机会。法案对特许学校的教学质量提出了要求，未达到预期进步的学校会被撤销或不能更新特许状，这就提高了学校的质量意识。特许学校和传统公立学校的竞争可以为学校教学质量的普遍提高提供动力。

（二）1994年《改善美国学校法案》中的择校与基础教育质量公平

20世纪90年代后，美国的学校选择运动迅速发展，国会对1965年的《初等和中等教育法》重新授权，称为《改善美国学校法案》，鼓励、引导各州的择校改革。克林顿政府反对将公共资金用于选择私立学校，不支持教育券计划，因此法案中只有关于磁石学校和特许学校的专门条款，没有提及教育券。

1. 磁石学校与基础教育质量公平

随着磁石学校的发展，其内涵在不断地变化。法案将磁石学校界定为：提供可吸引不同种族背景学生特殊课程的、公立初中等学校或公立初中等教育中心。[①] 为了鼓励磁石学校的发展，联邦政府在1995及之后的4年中每年拨款1.2亿美元。[②] 磁石学校的条款列在"推进公平"一章中，足见联邦政府对磁石学校公平作用的重视。

（1）立法原因

自1968年以来，磁石学校走过了20多年的历程，其优势和问题日渐显现。国会通过引导磁石学校发展的专门条款，是基于以下原因：磁石学校是美国实现自愿种族融合的重要部分；自《磁石学校资助方案》实施以来，磁石学校迅速发展，约140万学生就读于这类学校，其中超过60%的学生不是白人；在对《磁石学校资助方案》的管理过程中，联邦政府意识到，在磁石项目针对小部分学生实施的地方，必须进行特别的努力，阻止磁石学校的学生和其他学校学生的隔离，以及基于种族的学生隔离；地方教育机构必须创造性地为所有学业水平的学生规划磁石学校，避免学区仅将学业成绩最好的学生招入磁石学校；确保所有学生有均等的机会接受高质量的教育，使学生准备好在文化多元、技术导向、竞争激烈的全球化社会中起到应有的作用。[③]

---

① *Improving America's Schools Act*, P. L. 103－382, sec. 5104.

② *Improving America's Schools Act*, P. L. 103－382, sec. 5113 (a).

③ *Improving America's Schools Act*, P. L. 103－382, sec. 5101.

（2）立法目的

进行磁石学校立法的目的在于，通过向合格的地方教育机构提供资助的形式，支持学校中的种族融合。为了获得资助，地方教育机构需在少数族裔学生比例较大的中小学消除、减少或预防少数族裔隔离；磁石学校的发展和实施将有助于地方教育机构……为所有学生提供达到有挑战性的州内容标准和州学生表现标准的机会。[①] 从法案立法目的的表述可以发现，联邦政府把磁石学校作为推进种族融合、为所有学生提供高质量教育机会的手段，赋予磁石学校实现教育质量公平的重要使命。在实践中，对磁石学校是否达到了这一目的存在很大争议，但法案中对磁石学校的引导与鼓励政策表明了联邦政府为基础教育质量公平所做的努力。

（3）申请和要求

为了保障目标的实现，法案要求地方教育机构制订具体详细的计划。希望得到资助的地方教育机构应向教育部长递交申请，申请书包括以下内容：获得的资助如何用于推进融合，其中包括提出的磁石学校方案如何增进不同社会、经济、民族和种族背景学生间的交流；磁石学校提高学生成绩的程度和方式；选择学生进入磁石学校的标准；保证不基于种族、宗教、肤色、来源国、性别或残疾在雇员、学生和课外活动的设计实施方面存在歧视。[②] 这些要求是目标的具体化，避免了地方教育机构在设置、管理磁石学校时偏离目标。

（4）评估

为了保障磁石学校项目实施的质量，教育部长每年可以留出不超过2%的项目资金用于评估。评估的内容主要包括：磁石学校项目提高教育质量的方式和程度；磁石学校项目提升学生接受高质量教育机会的程度；在以少数族裔学生为主的中小学，磁石学校项目消除、减少或预防少数族裔学生隔离的程度；在组织特征和资源配置方面，磁石学校项目和其他学校项目不同的程度。[③] 评估对地方教育机构具有

① *Improving America's Schools Act*, P. L. 103 – 382, sec. 5102.

② *Improving America's Schools Act*, P. L. 103 – 382, sec. 5106.

③ *Improving America's Schools Act*, P. L. 103 – 382, sec. 5112.

激励、监督的作用，能提高项目实施的质量。通过评估，可以判断磁石学校项目是否达到了预期目标、存在的问题，并通过修正法案加以改进。

2. 特许学校与基础教育质量公平

关于特许学校的专门条款列在“国家重要项目”一章中，在1995年及之后的4年中，法案授权联邦政府拨款1.5亿美元，[①] 用于资助特许学校的发展。虽然特许学校项目得到的资助额度高于磁石学校项目，但法案条款对特许学校项目公平的要求不如磁石学校项目高，磁石学校项目关于基础教育质量公平的条款更多，要求更高、更具体，在立法原因、目的、申请等各方面，特许学校项目对教育质量公平涉及不多。

（1）立法原因和目的

1991年，明尼苏达州颁布了美国第一部《特许学校法案》，特许学校由此产生。特许学校在美国是新生事物，很难确定它会对美国基础教育产生什么影响，但改革者把它作为医治传统公立学校低效的良方，在陈述立法原因时，立法者运用了一些不确定的语言，“如果”多次出现：如果所有学生能方便地获得充足、多样化、高质量的选择机会，能真正利用这些选择机会，在公立学校中推进家长和学生的择校有助于……给予更多学生达到有挑战性的州内容标准和学业表现标准的机会；特许学校是检验诸多教育方式的一种机制，如果这种学校能达到特定的、有影响的教育效果，使教育处境不利学生达到有挑战性州内容标准和学业表现标准，特许学校不受限制性的制度和规章的约束；特许学校（包括校中校里的特许学校）有助于缩小学校规模，规模的缩小对学生的成绩有重要影响……[②]但在这些假设性的语言中，还是能看到立法者对教育处境不利学生的关照、对学生达到教育标准的期望。

特许学校立法的目的在于，通过以下途径加强全美对特许学校模

① *Improving America's Schools Act*, P. L. 103 – 382, sec. 10307.

② *Improving America's Schools Act*, P. L. 103 – 382, sec. 10301 (a).

式的理解：对设计和开设特许学校提供资助；评估这种学校的效果，包括对学生、学生的成绩、教师和家长的影响。[①] 特许学校产生于1991年，比磁石学校晚了20多年，因此，扩大特许学校的影响，增强美国民众对特许学校的理解，是立法的重要目的。

（2）定义和管理

法案对特许学校的界定内容非常丰富，和义务质量公平相关的有两项：不收学费；遵守1975年《年龄歧视法案》、1964年《民权法案》第六章、1972年《教育修正案》第四章、1973年《康复法》504条、《残疾人教育法》B部分。[②] 不收学费降低了特许学校的门槛，使贫困学生也有选择的机会。五项法案禁止基于年龄、肤色、种族、来源国、宗教、残疾等各方面的歧视，从法律上保障了任何一名学生都有在特许学校接受教育的机会。

联邦教育部对特许学校项目进行管理，保障项目实施的质量。法案要求，应考虑特许学校项目在帮助教育处境不利学生和其他学生达到州内容标准和州学生表现标准（即一般所说的州教育提高计划）中所起的作用。[③] 合格申请书的标准应包含特许学校将要实现这些目标和改进教育效果的程度。[④] 这些条款在教育质量方面对特许学校提出了要求，相对于磁石学校项目的条款，特许学校项目对基础教育质量公平的要求较少。

通过对法案的分析可以发现，教育标准是《改善美国学校法案》的一个主题，磁石学校和特许学校项目都包含了教育标准要求，教育标准是教育质量的重要保障。而在各弱势群体学生均等教育机会的保障方面，磁石学校项目的条款更完备，或许联邦政府对特许学校在教育市场化改革、加强竞争、提高教育的效率方面给予了更多期望。

---

① *Improving America's Schools Act*, P. L. 103 – 382, sec. 10301（b）.

② *Improving America's Schools Act*, P. L. 103 – 382, sec. 10306（1）.

③ *Improving America's Schools Act*, P. L. 103 – 382, sec. 10304（a）（1）.

④ *Improving America's Schools Act*, P. L. 103 – 382, sec. 10304（a）（5）.

三 择校相关法律的实施

各州的法案引导、推动了教育券制度、特许学校和磁石学校的发展,《改善美国学校法案》实施后，特许学校和磁石学校的发展速度大大加快。

（一）教育券计划的推行

党派政治影响教育券计划的实施，在不同政党执政时期，教育券计划推进速度变化较大。共和党总统乔治·布什强烈支持教育券，在他执政期间，教育券计划在威斯康星州的密尔沃基开始实施，不仅如此，他还于1992年向国会提交了雄心勃勃的《教育券法案》，虽然该法案没有在国会通过，但布什总统却亲自监督《教育券法案》在威斯康星州的进展情况，并将一大部分教育财政资金用于公共教育券计划。民主党总统克林顿反对将公共资金用于选择私立学校，而是支持特许学校计划，在他执政期间，教育券计划的推行速度放缓。共和党总统小布什上台后，试图为公共教育券计划提供联邦法律的保护，并于2001年向国会提交了与公共教育券相关的改革计划，在他执政期间，联邦最高法院判克利夫兰市教育券计划不违宪，为公共教育券的推行奠定了法律基础，这次判决被认为是公共教育券发展的转折点。总的来说，教育券计划的实施缺乏稳定的政治环境，有时甚至面临合法性危机，因此在全国的推行速度并不快。到2008年，全国推行公共教育券的只有科罗拉多、佛罗里达、犹他、俄亥俄、路易斯安那、佐治亚和哥伦比亚特区，实施中的公共教育券计划仅12个。[1]

1989年威斯康星州“密尔沃基家长择校计划”是美国最早、最大的教育券计划，也是第一个收入标准教育券计划。1995年，俄亥俄州通过了“克利夫兰奖学金和指导计划”（Cleverland Scholarship and Tutoring Program），这是美国第二大教育券计划。克利夫兰市是美国教育质量最差的地区之一，只有极少数家庭能负担得起私立学校的

---

① 周琴:《美国基础教育阶段的择校政策：公平、效率、自由选择》，人民出版社2014年版，第60页。

费用，公立学校是中低收入家庭的唯一选择。“克利夫兰奖学金和指导计划”向学生发放私立学校学费 75% 或 90% 的资助，贫困家庭优先，低于联邦贫困线 200% 的家庭得到的资金较多，学生可以选择公立或私立学校。1997 年，教育券计划正式实施。到 1999—2000 学年，有 56 所学校、3700 多名学生加入这一计划。[①] 这两项教育券计划属收入标准教育券，政府按收入标准向低收入家庭发放教育券，家长用教育券为孩子选择公立或私立学校。

1999 年，佛罗里达州实行“A^+机会奖学金计划”（A^+ Opportunity Scholarship Program），这是美国第一个覆盖全州、面向弱校学生的教育券计划。这个计划以学生的统一考试成绩为依据，将全州公立学校划分为 A 到 F 6 个等级。每个等级获得的权限和待遇不同，高级或较高级的学校可以获得较多的额外教育资助，甚至可获得不受政府管制的自主权。F 级学校被定为失败学校，如果学校在四年中有两年被列为失败学校，学生则可以获得教育券资助，帮助他们转到其他教学质量更高的学校。[②] 这种教育券计划被称为弱校教育券计划，它面向就读失败学校的学生，目的在于让他们离开教学水平低下的学校，重新选择学校。它保护了学生的利益，力图使学生接受高质量教育。

1999 年，佛罗里达州通过了美国第一个特殊学生教育券计划——“麦凯奖学金项目”（McKay Scholarship Program）。该计划针对公立学校中对学校教育不满的残疾学生，为他们提供一定数额的教育券资助，给予他们重新选择私立或他们认为更好的公立学校就读的机会，它给予了残疾学生平等的教育选择权，改善了他们的教育条件，获得了较好的社会反响。特殊学生教育券以残疾学生为资助对象，是美国最重要的教育券计划之一。

（二）特许学校的发展

20 世纪 90 年代上半期，教育券的发展势头很强，但特许学校很快成为在政治和法律上更可行的教育改革。1991 年，明尼苏达州通

① Benjamin Michael Superfine, *Equality in Education Law and Policy, 1954 - 2010*, New York: Cambridge University Press, 2013, p. 143.

② Ibid., p. 144.

过了美国第一个《特许学校法案》；1994 年，国会通过《改善美国学校法案》；1998 年，国会通过《特许学校扩展法案》（*Charter School Expansion Act*），对特许学校项目重新授权，2000 财政年度，该法案拨款 1.45 亿美元资助特许学校。①

在联邦政府的支持下，特许学校迅速发展。到 1998 年，共有 35 个州、哥伦比亚特区和波多黎各通过了特许学校法案（见图 3—1），学校数量由 1995—1996 学年的不足 300 所增加到 1998—1999 学年的 1100 多所。②

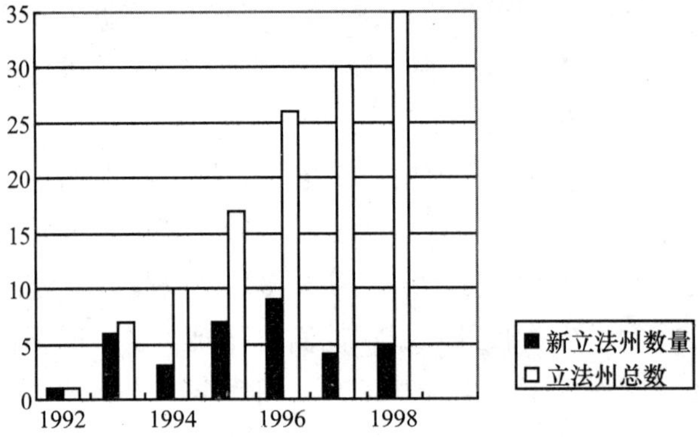

图 3—1　特许学校立法州的数量

数据来源：*Federal Education Legislation Enacted in* 1994：*An Evaluation of Implementation and Impact*，Washington，DC：Department of Education，1999，p. 169。

（三）磁石学校的发展

1968 年，第一所磁石学校成立，20 世纪 70 年代发展较慢。80 年代之后磁石学校快速发展，1981—1983 年，约 1/3 的大都市开设了磁石学校（约 1000 所）。80 年代中后期，磁石学校发展速度进一步加快，人口稠密、民族多元、贫富分化严重的地区发展更为迅猛，据

① Benjamin Michael Superfine，*Equality in Education Law and Policy*，*1954 – 2010*，New York：Cambridge University Press，2013，p. 151.

② *Federal Education Legislation Enacted in 1994*：*An Evaluation of Implementation and Impact*，Washington，DC：Department of Education，1999，p. 169.

1990 年美国学区联合会对 52 个学区的调查，有 34 个学区设立了磁石学校。1991—1992 年度，美国的磁石学校达到 2433 所，提供的磁石计划达 3171 种。到 1993 年，约一半的大都市设立了此类学校，就读于磁石学校的少数族裔学生占到总数的一半以上，几乎所有学区都设置了磁石学校。[①] 1994 年的《改善美国学校法案》对磁石学校的资助再次推动了磁石学校的发展。到 1998 年，美国有 5200 多所磁石学校，就读于磁石学校的学生约 150 万名。1998 财政年度，磁石学校资助项目向 25 个州的 57 个支持种族融合的学区提供了资助，对每个学区的资助额度从 35 万到 290 万美元不等。学区把这些资金用于目标学校（每个学区一般 5 所），平均每个特许学校得到的资助约为 30 万美元，一半以上的学校服务于小学生。[②]

少数族裔主要居住在城市尤其是大城市，白人大多居住在市郊，磁石学校资助项目实施成功与否很大程度上取决于城市学区的参与度。然而，来自美国教育部的统计数据显示，种族隔离严重的学区对磁石学校资助项目的参与程度不高。以 1998 年为例，种族隔离严重的全美最大城市中心如纽约和洛杉矶联合区得到了资助，然而其他种族隔离严重的大城市如芝加哥和巴尔的摩没有得到资助。并且，得到资助的学区并不是隔离最严重的地方，一些种族隔离严重的城市中心没有提交申请，或者提交申请后因竞争激烈而未能被批准，因为少数族裔的隔离程度并非磁石学校资助项目的选择标准。

四　关于择校基础教育质量公平效果的争议

择校和基于标准的教育改革是 20 世纪八九十年代最重要的两项教育改革，基于标准的教育改革虽然也引发了关于公平的一些争议，但分歧程度远不及择校。最近几十年来，没有哪项教育改革方案能像

---

① 杨梅：《公立学校的一次变革——美国特许学校运动研究》，博士学位论文，华东师范大学，2006 年，第 53 页。

② *Federal Education Legislation Enacted in 1994: An Evaluation of Implementation and Impact*, Washington, DC: Department of Education, 1999, p. 174.

择校一样引起如此广泛的关注和巨大的争议。[①] 各项法案的制定都考虑到了弱势群体的利益，把基础教育公平作为重要的价值选择。但是，对于择校是否能促进基础教育公平，争议很大，一些实证研究也得出了不同的结论。择校的支持者认为，择校能通过调整教育资源的二次分配改善美国公立学校系统中教育资源初次分配不公带来的教育机会不均等状况，择校引起的竞争还可以激发教育活力、提高教育质量。但择校的反对者认为，择校可以使优势阶层更容易选择优质学校，从而扩大不同群体学生间的成绩差异，使种族隔离更加严重。还有学者指出，学校选择的价值和意义不需要实证研究来证明，即便实证研究无法证实教育券在提高学业成绩方面的效果，也无法磨灭学校选择促进基础教育公平的政策价值。[②] 教育机会均等是教育质量公平的前提条件，因此，有必要对教育机会均等的情况也加以讨论。

（一）择校是否有利于基础教育机会均等

对弱势学生的政策倾斜是基础教育公平的重要表现，择校是否为弱势学生提供了均等的教育机会，不同的研究得出了不同的结论。

1. 择校有利于基础教育机会均等

特许学校的倡导者称，特许学校对弱势群体（少数族裔、低收入家庭和特殊儿童）予以前所未有的关注，但反对者提出质疑，认为特许学校会通过各种途径尽可能挑选社会经济状况和学业成绩较好的学生，如通过形式上的招生方式和实质上的教育服务筛选学生。那么，实际情况如何呢？以 1992 年实施《特许学校法案》的加利福尼亚为例，2005 年，加利福尼亚特许学校差生的比例远高于传统公立学校，而这些学生多来自于低收入的少数族裔家庭。另一项研究报告也指出，贫困学生比例超过 70% 的 15 所优质小学中有 12 所是特许学

---

① Robert C. Bulman, David L. Kirp, *The Shifting Politics of School Choice*, Washington, DC: Brookings Institution Press, 1999, p. 36.

② Joseph P. Viteritti, “School Choice: Beyond the Numbers”, *Education Week*, February 23, 2000.

校。[①] 就此意义而言，加利福尼亚州特许学校对贫困学生给予了补偿。对于特许学校的种族隔离，联邦调查数据显示：传统公立学校平均有41%的非白人学生，特许学校平均有52%的非白人学生，不仅没有产生种族隔离，而且扩大了非白人学生数量，促进了种族融合。[②]

对密尔沃基教育券计划的研究得出类似的结论。作为美国最大的教育券计划，“密尔沃基家长择校计划”有着特定的价值取向：为密尔沃基低收入家庭的孩子提供更多的教育选择机会。研究发现，在“密尔沃基家长择校计划”实施的第一个5年期间，“密尔沃基家长择校计划”学生的平均家庭收入为11340美元，不仅低于方案规定的收入标准，还远低于同期密尔沃基公立学校学生的平均家庭收入。[③] 对美国第二大教育券计划——“克利夫兰市教育券计划”的调查发现，参加“克利夫兰市教育券计划”的私立学校虽然也存在一定程度的种族隔离问题，但要比公立学校好得多。35.9%使用教育券的学生选择了白人占10%的私立学校，14.1%的学生选择了90%以上都是白人的学校，一半的学生选择了全部为白人或全部为少数族裔学生的学校，这与公立学校60.7%的数字相比已经是个进步了。[④]

如果以接受免费或优惠午餐作为贫困的标准，接受“磁石学校资助项目”资助的磁石学校和没有接受“磁石学校资助项目”资助的学校都招收了比例很高的贫困学生，但平均来说，一个学区内接受“磁石学校资助项目”资助的磁石学校中，有60%的学生为贫困学生，而未接受“磁石学校资助项目”的学校仅有56%。[⑤] 如果以年级水平来审查，磁石学校和非磁石学校中低收入家庭学生的比例更大。

---

① 周琴：《美国基础教育阶段的择校政策：公平、效率、自由选择》，人民出版社2014年版，第148页。

② 马健生：《公平与效率的抉择：美国教育市场化改革研究》，教育科学出版社2008年版，第207页。

③ 周琴：《美国基础教育阶段的择校政策：公平、效率、自由选择》，人民出版社2014年版，第148页。

④ 马健生：《公平与效率的抉择：美国教育市场化改革研究》，教育科学出版社2008年版，第150页。

⑤ 李春燕：《美国磁石学校发展研究》，硕士学位论文，浙江大学，2011年，第47页。

在高中，“磁石学校资助项目”资助的高中磁石学校中低收入家庭学生占52%，而在未接受“磁石学校资助项目”的高中，这一比例为41%。[①]

2. 择校不利于基础教育机会均等

加州大学洛杉矶分校教育和信息科学研究生院的艾米·斯图亚特·韦尔斯认为，择校计划也许使一些贫困家庭受益，但其他境况更糟糕的家庭可能会“雪上加霜”，因为低收入家庭中也有情况相对较好的，这部分家庭往往可能会更好地利用择校政策，由于有的特许学校在学生注册之前就有一个挑选程序或者通过不正式的方式排斥部分家庭，处境最不利的家庭往往还缺乏信息交流渠道，他们根本不知道新学校开办的消息。因此，择校不仅未能帮助最贫困的家庭，反而抽走帮助市区学校改善的资金，最终可能损害那部分最贫困家庭的利益。……另外，不同的择校计划所带来的结果是完全不同的，以择校计划为例，有的特许学校的确致力于开发新的课程计划并为非裔美国学生提供新的教育机会，而有的特许学校则面向富有的白人家庭，不仅为低收入家庭也给其他家庭的学生提供了离开公立学校、进行再次选择的机会。[②] 还有研究者指出，在许多磁石学校中，种族隔离的学科班级依然普遍存在，学生因种族及肤色不同而产生的心理孤独感并未因就读于磁石学校而得到缓解。[③]

（二）择校是否推进了基础教育质量公平

1. 择校推进了基础教育质量公平

多位学者对密尔沃基教育券计划进行过研究，虽然结论不同，但均未发现学生成绩下滑的情况。1991—1995 年，威斯康星州麦迪逊大学（University of Wisconsin-Madison）的教授约翰·威特教授对“密

---

① Orfield, G., *Deepening Segregation in America Public Schools: A Special Report from the Harvard Project on Social Desegregation*, *Equity and Excellence in Education*, No. 2, 1997, pp. 5 - 24.

② 唐晓娟：《美国择校问题研究》，博士学位论文，南京师范大学，2007 年，第 42 页。

③ 杨梅：《公立学校的一次变革——美国特许学校运动研究》，博士学位论文，华东师范大学，2006 年，第 54—55 页。

尔沃基家长择校计划”实施了5年的年度评估。他采用调查法和个案分析法，比较了参与“密尔沃基家长择校计划”的学生样本（MPCP组），申请密尔沃基家长选择计划（落选组），以及密尔沃基公立学校学生的常规样本（MPS组）在阅读和数学标准化考试中取得的成绩。研究发现，三组学生的学业成绩无显著差异。1988年，普林斯顿大学西莉亚·劳斯在威特原始数据的基础上对密尔沃基家长选择计划进行了再次分析，他认为，参与密尔沃基家长选择计划学生的数学成绩有所提高，而阅读成绩则无明显进步。曼哈顿政策研究学会的杰伊·P. 格林则发现：“很明显，通过教育券入读私立学校学生的高中毕业率远高于密尔沃基的公立中学。”① 他还对佛罗里达州“A⁺教育券计划”进行了数据分析，发现教育券带来的竞争对佛罗里达州学生成绩进步发挥了重要作用。②

对特许学校学生成绩进行评估的研究很多，结论多种多样，但肯定的结论更多。特许学校领导委员会的哈素博士在对40份符合研究标准的调查报告分析后认为，在一段时间内观察学生成绩变化的研究比只在一个时间点进行的测试研究更可靠，在23份追踪学生成绩变化的研究中，有大约一半的研究认为特许学校的学生进步更大，有3项研究认为特许学校在一定分类下（如小学、高中、高风险学校）比地区的其他学校进步更大。尽管回答特许学校是否有效果并不容易，但哈素博士的结论是乐观的。此外，由美国权威教育机构进行的调查对特许学校的成绩也是肯定的。2003年，教育改革中心发布了“成功记录”，记录了24个州特许学校的成绩，发现特许学校的进步显著，尤其是在为多类型的学生服务方面取得了更大的成绩。③

磁石学校丰富的课程和独特的教学方法吸引了不同背景的学生，改变了弱势学生在公立学校中所处的不利地位，提高了他们的成绩和

---

① 周琴：《美国基础教育阶段的择校政策：公平、效率、自由选择》，人民出版社2014年版，第109—111页。

② 马健生：《公平与效率的抉择：美国教育市场化改革研究》，教育科学出版社2008年版，第144页。

③ 同上书，第195页。

入学比例。1990 年，布兰克（Blank）关于磁石学校的报告显示，80% 的磁石学校学生阅读和数学平均成绩高于所在学区的平均成绩。1989 年，米歇尔（Mitchell）等人对 9 所模范磁石学校进行了研究，结果发现，与所在学区的其他大部分学校相比，磁石学校的学生入学率高、辍学率低。芝加哥中学的辍学率为 45%，而在黑人和西班牙裔学生占 89% 的农业科学磁石高中，辍学率不到 2%；在曼哈顿数学理科磁石中心，98% 的学生为黑人或西班牙裔，3/4 的学生来自贫困家庭，但其辍学率低于 2%，97% 的毕业生进入了大学学习。①

2. 择校未能推进基础教育质量公平

斯坦福大学教育成果研究中心（Center for Research on Education Outcomes，CREDO）对加利福尼亚、哥伦比亚特区等 16 个州进行了调查，样本覆盖了美国 70% 的特许学校学生，CREDO 采用 2005—2006、2006—2007、2007—2008 三年的数据进行分析。在各州报告的基础上，CREDO 对特许学校学生的成绩进行了总结：17% 的特许学校的学术表现明显优于传统公立学校；37% 的特许学校绩效不及传统公立学校，46% 的特许学校与传统公立学校相比无明显差异，总体而言，CREDO 认为特许学校的学术表现不及传统公立学校。②

教育政策研究中心（the Center on Education Policy）对 10 年来威斯康星、俄亥俄、佛罗里达和华盛顿特区教育券项目的相关研究进行了分析，主要结论是：使用教育券就读私立学校的学生并未取得比公立学校学生更好的成绩，10 年来的研究大部分由支持教育券的机构实施，而这些机构并没有发现教育券能带来更好的学业成绩。③

（三）对择校与基础教育质量公平的思考

择校是否有利于基础教育质量公平，研究结论差异极大。但不能

---

① 席春玲：《美国城市重点中学——磁石学校探微》，《现代教育管理》，2009 年第 9 期。

② 周琴：《美国基础教育阶段的择校政策：公平、效率、自由选择》，人民出版社 2014 年版，第 155 页。

③ *Keeping Informed about School Vouchers：A Review of Major Developments and Research*，Washington，DC：the Center on Education Policy，2011，p. 3.

否认的是，无论各州还是联邦都把教育质量公平作为立法的重要价值选择。有关教育券、磁石学校和特许学校的立法对弱势群体都给予了关照，政府向低收入家庭、弱校或残疾学生发放教育券，磁石学校则把推进种族融合作为重要目的，特许学校不收学费，禁止种族、来源国、残疾等方面的歧视。虽然1994年联邦政府在《改善学校法案》中制定了磁石学校和特许学校的专门条款，没有涉及教育券，但就对弱势群体的重视程度而言，磁石学校和教育券对基础教育公平给予了更大关注。20世纪90年代，美国教育改革的另一主题是提高质量，在重视弱势群体教育机会均等的同时，各种形式的择校把提高学业表现、加强教育评估作为另一任务，以保障教育质量。

磁石学校、教育券和特许学校等择校形式是对美国传统公立学校制度进行改革的尝试。传统公立学校僵化、低效、不公平，美国联邦和州政府试图通过择校克服传统公立学校制度的弊病，提高学校的竞争意识，学校为了生源、经费而提高教育质量、避免被淘汰，政府通过立法对弱势学生进行补偿，保障其均等的教育机会。对择校效果的争议很大，许多问题值得商榷。但一些学校确实取得了积极的成效，或许，决策者和研究者更需要了解这些学校为什么、如何取得成功，从而对择校政策加以改进，使更多的弱势学生得到公平而优质的教育。择校不是万能药，不能保证对公立学校的各种问题带来积极影响，择校能否促进基础教育公平有赖于择校方案的设计，有针对性的方案更有可能促成基础教育公平的实现，如果教育券计划目的指向帮助贫困学生，那么这项计划就更能促进基础教育公平的实现，而如果指向所有学生，就难以公平分配教育机会。

小　结

20世纪80年代起，国际竞争加剧，美国在工业化国家中丧失了竞争优势，1983年《国家处在危机中——教育改革势在必行》报告极大地震动了美国社会，提高教育质量、培养有竞争力的人才成为美国教育的重要目标。因此，美国教育立法由20世纪50—80年代对弱势学生教育机会均等的保障转向为每个学生提供高质量的教育，为了实现这一目标，20 世纪 80—90 年代美国教育立法的重点是推进基于标准的改革和择校。

20 世纪 80 年代，各州已经开始提高教育标准，一些专业组织也参与到教育改革中，1989 年，乔治·布什召开夏洛特斯维尔教育峰会，提出了美国教育应该达到 6 项目标，这些目标重视学习标准和结果。1994 年国会通过了《2000 年目标：美国教育法》，其核心内容是向州提供资助，帮助各州制定标准以及相应的评价系统，以保障所有美国儿童均等的教育机会和高水平的教育成就。法案明确了 2000 年应达到的 8 项目标，其中包括高中学生的毕业率、中小学期间对 9 门主要学科的学习要求、数学和科学成绩位居世界第一等，联邦政府每年拨付 4 亿美元进行资助。1994 年的《改善美国学校法案》致力于使所有学生获得有挑战性的州教育内容标准所要求的知识和技能，达到为所有孩子制定的有挑战性的州表现标准，联邦政府每年拨付 74 亿美元进行资助。法案要求各州要制定教育标准、年度进步目标、评估标准和奖惩措施。到 20 世纪 90 年代末，几乎所有的州都开始了基于标准的改革，许多州制定了基于标准改革的法律，要求测试和问责。通过对 20 世纪 90 年代学生成绩提高和成绩变化差距的分析可以发现，《2000 年目标：美国教育法》和《改善美国学校法案》两项法案对推进基础教育公平没有起到作用，只有残疾学生和正常学生的毕业率差距缩小幅度较大，黑白学生间、家长不同教育程度学生间、西班牙裔学生和白人学生间的成绩差距呈扩大趋势；学生成绩提高幅度很小。另外，法案在实施中还存在一些问题，如州标准的质量不高、不严格，教师专业发展项目实施效果不理想。

教育券、磁石学校和特许学校是美国主要的择校形式。20 世纪 50 年代，弗里德曼提出了教育券的构想，后来在一些州试行，但均以失败告终。1989 年，威斯康星通过立法的形式推行“密尔沃基市家长择校计划”，成为美国第一个实施教育券计划的州，该计划向贫困家庭学生提供教育券。磁石学校出现于 20 世纪 60 年代末，1988 年，联邦政府通过“磁石学校资助项目”，鼓励中小学的种族融合。

1991 年，明尼苏达州通过了美国第一部特许学校法案。《改善美国学校法案》鼓励、引导各州的择校改革。法案通过向合格的地方教育机构提供资助的形式，支持磁石学校中的种族融合，联邦政府每年拨款 1.2 亿美元，支持磁石学校的发展。法案希望特许学校能为所有学生提供充足、多样化、高质量的选择机会，联邦政府每年拨款 1.5 亿美元。20 世纪 90 年代，教育券项目、磁石学校和特许学校数量迅速增加。研究者对择校是否有利于基础教育机会均等、是否推进了基础教育质量公平存在很大争议。但不能否认的是，无论各州还是联邦都把基础教育质量公平作为立法的重要价值选择，一些学校确实取得了积极的效果。或许，决策者和研究者更需要了解这些学校为什么、如何取得成功，对择校政策加以改进，采取有针对性的方案，使更多的弱势学生得到公平而优质的教育。

第四章　基础教育质量公平法律保障的完善

21 世纪初是美国基础教育公平政策的又一个起点，其重要标志是 2002 年《不让一个孩子落伍法案》（*No Child Left Behind Act*，P. L. 107－110）的颁布。该法的宗旨是“通过问责、灵活性和选择缩小成绩差距，保障不让一个孩子落伍”①。法案延续了 1965 年《初等和中等教育法》推进基础教育公平的目标，但在目标的界定上和《初等和中等教育法》有很大不同，《初等和中等教育法》通过向弱势群体提供资源实现教育机会均等，而《不让一个孩子落伍法案》从缩小不同种族和社会阶层成绩差距、改善所有学生教育表现的角度界定教育公平。② 2004 年，国会通过了重新授权的《2004 年残疾人教育促进法》（*Individuals with Disabilities Education Improvement Act of 2004*，P. L. 108－446），法案和《不让一个孩子落伍法案》保持一致，在保障残疾学生教育特殊性的同时，提出了更高的教育质量要求。

第一节　黑人和贫困学生基础教育质量公平的法律保障

《不让一个孩子落伍法案》Title Ⅰ的标题为“提高处境不利学

---

① *No Child Left Behind Act*，P. L. 107－110.

② Patrick J. McGuinn，*No Child Left Behind and the Transformation of Federal Education Policy，1965－2005*，Lawrence：University Press of Kansas，2006，p. 248.

生的学业成绩”（“Improving the Academic Achievement of the Disadvantaged”），本章的立法目的为“保障所有学生有公正、均等及重要的机会获得高质量的教育，在有挑战性的州学业成绩标准和州学业评估方面达到最低限度的熟练水平”①，处境不利学生主要包括经济不利群体、黑人、英语熟练水平有限和残疾学生，《2004 年残疾人教育促进法》对残疾学生的教育要求更具体详细，《不让一个孩子落伍法案》Title Ⅲ的标题为“英语熟练水平有限和移民学生的语言教学”（“Language Instruction for Limited English Proficient Children and Immigrant Students”），专门针对英语熟练水平有限学生，因此，本节主要论述黑人和贫困学生教育质量公平的发展。

一　《不让一个孩子落伍法案》Title Ⅰ颁布的背景

1954 年的布朗案判决是“二战”后联邦政府对黑人均等教育机会保护的重要事件。1965 年，约翰逊总统签署《初等和中等教育法》，把教育作为反贫困战争的武器，赋予了贫困学生均等的教育机会。贫困和黑人学生仍是《不让一个孩子落伍法案》Title Ⅰ关注的重要目标群体。

（一）美国基础教育质量问题仍旧严峻

20 世纪 70 年代，美国的国际竞争力开始下降，生产率落后于日本和西德，在技术开发领域的优势丧失。1983 年，《国家处在危机中》报告极大地震动了美国社会，提高教育质量成为美国教育立法的重要目标。1994 年通过的《2000 年目标：美国教育法》和《改善美国学校法案》提出了教育质量标准要求，联邦立法从之前的重视教育投入转向重视教育产出，学生的学业表现成为衡量法案实施成效的标准。在联邦财政资助下，各州开始了基于标准的教育改革，到 1999 年，48 个州、波多黎各和哥伦比亚特区制定了学生学习的内容标准，到 1999—2000 学年，33 个州制定了学校或学区的成绩目标以及达到

① *No Child Left Behind Act*, P. L. 107 – 110, sec. 1001.

目标的问责制度。[1] 基于标准的教育改革对教育质量的提高起到了一定作用，但与其他国家相比，美国中小学教育质量问题依然严峻。据一项来自国际比较性的数学与科学学习测量研究表明，美国除了4年级的数学和科学教育相对较好以外，8年级和12年级的水平实在不尽如人意，尤其是K-12教育中的最后一年，12年级的水平几乎是世界上最差的，例如物理曾在竞赛中排倒数第一。将近70%的城区4年级学生在国家阅读测验中未达到基本的阅读水平。在国际数学测验中高中学生落后于塞浦路斯和南非学生。将近1/3的大学生在能够开始正常的大学课程前不得不参加补习课程。[2]

（二）黑人和白人学生间的成绩差距依然很大

“二战”后，在美国基础教育公平发展进程中，黑人是最先受到关注的群体，联邦最高法院的几次判决对黑人接受均等教育的机会起到了一定保护作用，改善了黑人的教育环境和教育质量。以阅读成绩为例，20世纪80年代，黑人和白人学生间的成绩差距呈缩小趋势，并且差距缩小的主要原因是黑人学生成绩的提高，而不是白人学生成绩的下降，黑人和白人学生间的基础教育公平程度提高了。但是，20世纪90年代，黑人和白人学生间的成绩差距再次拉大（见第三章表3—2、3—3的数据分析）。这引起了联邦政府的关注，修改法案、推进基础教育公平势在必行。

（三）贫富学生间的成绩差距依然很大

美国的教育立法一直把弱势群体作为重点关注的对象，作为一个重要的弱势群体，贫困学生的教育在20世纪60年代受到立法保护。1965年的《初等和中等教育法》重视保障贫困学生均等的教育机会，20世纪80年代以来，随着教育质量意识的增强，提高贫困学生的教育质量成为教育立法的主要目标。1994年的《2000年目标：美国教育法》和《改善美国学校法案》提出实施基于标准的教育改革，并

---

① Benjamin Michael, *Equality in Education Law and Policy, 1954 - 2010*, New York: Cambridge University Press, 2013, p. 117.

② 吕达主编：《国外教育改革著名文献》（美国卷·第四册），人民教育出版社2004年版，第192页。

制定了教育目标。在联邦、州和地方教育机构的努力下，基于标准的教育改革取得了一定成效，但贫富学生间的成绩差距依然很大。能不能接受免费或优惠午餐是衡量学生家庭经济条件的重要标准，以4年级数学成绩为例，2000年国家教育进步评估的数据表明，贫富学生间仍存在巨大的成绩差距（见表4—1）。经济条件较好的学生成绩优异，能进入质量较高的大学，而贫困家庭的学生成绩差，或中途辍学，进而沦为社会中的边缘群体。缩小贫富学生的成绩差距，需要更有针对性、更严格的教育改革政策。

表4—1　**2000年不同家庭经济条件学生数学达到或超过基础或熟练水平的比率**

	接受免费或优惠午餐的学生	不接受免费或优惠午餐的学生	百分比差距
达到或超过基础水平的比率	43	78	35
达到或超过熟练水平的比率	8	32	24

数据来源：*Percentage of students at or above selected National Assessment of Educational Progress (NAEP) mathematics achievement levels, by grade and selected student characteristics*（http：//nces. ed. gov/programs/digest/d14/tables/dt14_ 222. 20. asp?）。

（四）教育投入效率低下，公共资源浪费严重

自1965年以来，《初等和中等教育法》经过多次修订，多年来，国会发起了数百项强调教育问题的项目，每年的支出高达1200亿美元，[①]希望能改善不利群体的教育质量，缩小不同阶层的教育差距。然而，这一巨大投入对提高教育质量、缩小教育差距的作用并未起到显著的作用，教育投入效率低下、公共资源浪费严重的问题引人深思，联邦政府决定加强对结果的问责制度，立法由重视投入转向重视产出，提高资源的使用效率。《改善美国学校法案》鼓励各州建立教育标准和问责制度，但没有强制性的要求。那个体制下所谓的问责，就是提供详细的联邦教

① 吕达主编：《国外教育改革著名文献》（美国卷·第四册），人民教育出版社2004年版，第192页。

育经费的使用计划和实际支出报告。换句话说，它是个账目制度，而不是问责制度。因此，各州的教育标准参差不齐，到2000年，42个州的标准不尽如人意，对学生期望值较低，[①]“不尽责任州”有21个，这些州大部分课程的学业标准模糊、平淡、有误导性（甚至缺失），州几乎不惩罚或奖励表现差或好的学校。[②] 正是由于问责制度不严格、奖惩制度不严厉，才导致巨额教育投入未取得预期效果，联邦政府决定重新授权《初等和中等教育法》，建立激励机制，加强问责。

二 《不让一个孩子落伍法案》Title Ⅰ对黑人和贫困学生基础教育质量公平的保障

《不让一个孩子落伍法案》Title Ⅰ的标题为“提高处境不利学生的学业成绩”，本章的立法目的为“保障所有学生有公正、均等及重要的机会获得高质量的教育，在有挑战性的州学业成绩标准和州学业评估方面达到最低限度的熟练水平”。为了达到立法目的，联邦政府采取多方面措施，如保障高质量的学业评估、问责制度，教师培养与州学业标准一致，满足最贫困地区低成就学校学生和少数族裔学生的需要，缩小学业差距，识别、改进低成就学校，提供教师专业发展机会以提高教师的教学质量等。Title Ⅰ的A部分标题为“改善地方教育机构实施的基本项目”，是Title Ⅰ的主要部分，联邦政府为A部分拨款最多，2000年的额度为135亿美元，以后逐年增加，2007年增至250亿美元。[③] 为了保障基本项目的有效实施，法案对州计划提出了具体要求。各州如想得到联邦拨款，州教育机构需向联邦教育部长提交一份计划，计划应包括以下内容。

（一）学业标准、学业评估和问责

1. 有挑战性的学业内容标准

法案要求，每个州都要制定有挑战性的学业内容标准和学生学业

① *The State of State Standards, 2000: English, History, Geography, Mathematics, Science*, Washington, DC: Thomas B. Fordham Foundation, 2000, p. 11.

② Ibid., p. 15.

③ *No Child Left Behind Act*, P. L. 107－110, sec. 1002.

成绩标准，并且，A部分要求的标准也是本州所有学校、所有学生的学业标准。州制定面向所有公立中小学生的数学、阅读或语言艺术、科学课程的学业标准，学业标准还要包含面向所有学生的知识、技能和成绩水平要求。有挑战性学业标准应包括有挑战性的学业内容标准和有挑战性的学业成绩标准。有挑战性的学业内容标准要明确学生应该知道什么和能够知道什么，要包含连贯、严格的内容，鼓励高级技能的教学。有挑战性的学业内容标准要和州学业内容标准保持一致，明确高水平学业成绩的两个层次（熟练和高级）。[①]

《不让一个孩子落伍法案》延续了《改善美国学校法案》的内容体系和框架，但具体内容做了改动，正是这些改动体现了《不让一个孩子落伍法案》的精神实质。《不让一个孩子落伍法案》强调，A部分要求的州标准也是本州所有学校、所有学生的学业标准，这是《改善美国学校法案》未提及的。实际上，Title Ⅰ的条款专门针对处境不利学生，如果处境不利学生能达到州标准，那么“不让一个孩子落伍”的目标也就实现了，《不让一个孩子落伍法案》把处境不利学生的学业标准作为所有学生的学业标准底线。《改善美国学校法案》仅对数学、阅读或语言艺术提出学业标准要求，《不让一个孩子落伍法案》则增加了科学课程，扩大了学习内容。《改善美国学校法案》提出了熟练、高级和非常熟练三个层次的学业表现要求，而《不让一个孩子落伍法案》提出的三个层次为基础、熟练和高级，或许是因为让每个学生都能达到熟练、高级或非常熟练不切实际，为了保障“不让一个孩子落伍”目标的实现，把“基础”作为最低层次的目标。让每个学生（包括处境不利学生）达到有挑战性学业标准，能保障基础教育的质量，从而缩小不同学生间的教育质量差距。

2. 学业评估

法案要求每个州证明州教育机构实施了一套高质量的年度学生学业评估计划，评估计划要包括数学、阅读或语言艺术、科学课程的最低学业评估标准，评估是确定州和地方教育机构年度表现的主要方

---

① *No Child Left Behind Act*, P. L. 107 – 110, sec. 1111 (b) (1) .

式。法案实施后，在3—5年级、6—9年级和10—12年级这三个阶段各至少进行一次数学、阅读或语言艺术课程的熟练评估，最晚于2007—2008学年对所有学生在以上三个阶段各进行至少一次科学课程的熟练评估，评估要运用最新的学业成绩评估理念，包括对高级思维和理解能力的评估。①

虽然《改善美国学校法案》也提出了学业评估要求，但没有制定严格的时间表。《不让一个孩子落伍法案》制定了学业评估时间表，根据时间表中学校评估的结果，联邦政府可以采取奖惩措施，学业评估为下一步的问责提供依据。

3. 问责制度

各州的问责制度应以学业标准和学业评估为基础，并考虑到所有公立中小学生的成绩。问责制度要包括奖惩措施，以保障地方教育机构和中小学为实现充分的年度进步承担起责任。各州在界定“充分年度进步”时要考虑以下内容：充分年度进步能在全州范围内的所有公立中小学使用相同的、高要求的学业成绩标准；在统计学上有效、可靠；能为所有学生带来持续的、实质性的学业进步；包含各群体不同的、可测量的年度目标，如所有公立中小学生，经济处境不利学生，主要种族和民族学生，残疾学生、英语熟练水平有限学生；公立中学的毕业率以及至少一个其他指标。各州要规定充分年度进步的期限，保证在2001—2002学年结束后的12年，每个群体的所有学生能达到或超过州学业成绩熟练水平。各州要制定州范围内的年度可测量目标，此目标应根据评估要求为数学、阅读或语言艺术课程分别制定；所有学校和地方教育机构的目标相同；保障所有学生能达到或超过州学业成绩熟练水平。为了衡量学校的年度进步，各群体每年至少有95%的学生接受评估，如果某群体在某年未达到或超过熟练水平的学生数量未达到目标，只要该群体未达到熟练的学生数量减少10%也可视为实现充分年度进步。州可以对学校连续两年或三年的成绩进步

① *No Child Left Behind Act*, P. L. 107 - 110, sec. 1111 (b) (3).

量加以平均，确定学校是否实现了年度进步。[①]

《不让一个孩子落伍法案》的立法宗旨是“通过问责、灵活性和选择缩小成绩差距，保障不让一个孩子落伍”，“问责”是法案的核心概念之一，也是与《改善美国学校法案》的一个重要不同之处。《改善美国学校法案》提出了“充分年度进步”的要求，但仅提及要使学生达到州学业表现标准，使每个地方教育机构和学校获得持续、实质性的年度进步，也没有规定达到熟练的最后的期限。“充分年度进步”是《不让一个孩子落伍法案》最敏感的部分，法案要求充分年度进步指标在统计学上有效、可靠，具体指标应包括毕业率以及至少一个其他指标，规定了最后期限。法案没有回避不同群体学生之间学业成绩存在巨大差距这一现实问题，允许为不同的群体分别制定标准，体现了法案条款的“灵活性”。各群体95%的学生参加评估使评估的结果更可靠，未达到熟练的学生数量减少10%也可视为实现充分年度进步、允许对学校连续两年或三年的成绩进步量加以平均等条款避免了评估结果的偶然性，也体现了评估的灵活性。《不让一个孩子落伍法案》要求的具体明确使充分年度进步具有很强的操作性，使问责条款更具有实际意义。问责制度提高了教育机构的责任意识，使教育机构能更严格地执行学业标准，从而保障基础教育质量公平。

（二）报告卡

最迟在2002—2003学年初，接受资助的州要准备好年度州报告卡。报告卡应包含以下内容：各群体（如种族、民族、性别、残疾状况、经济处境不利等群体）学生不同熟练水平情况汇总，各群体学生实际成绩水平的比较，未参加考试学生的比例，最近两年每个学科、每个年级学生成绩趋势，中学生的毕业率，教师的专业合格情况，教师配置不合格班级的比例等。[②]

《改善美国学校法案》没有提及报告卡制度，而《不让一个孩子落伍法案》要求州和地方教育机构提交年度报告卡，并规定了报告卡

---

① *No Child Left Behind Act*, P. L. 107 – 110, sec. 1111 (b) (2).

② *No Child Left Behind Act*, P. L. 107 – 110, sec. 1111 (h) (1) (C).

的具体内容。根据报告卡的内容，各州可以了解本州学生学业成绩提高的情况，联邦政府可以了解各州达到教育目标的程度及存在的问题，使奖惩有了依据，也能推进问责制度的落实。

（三）奖惩措施

为了达到激励效果，法案有对学校奖惩的条款。对未实现充分年度进步的学校，法案分两步采取应对措施：纠正行动和重组。第一步为纠正行动。在学校被列为失败学校的第二个学年，地方教育机构为在这所学校注册的学生提供转学机会，为学校提供技术援助和额外教育服务，并采取纠正行动。纠正行动应包括以下至少一项：更换为学校失败负责的学校人员，制订并全面实施新的课程计划（包括向所有相关人员提供专业发展服务），大幅度缩小学校的管理权，任命一位提供进步咨询的校外专家，延长学年或每天在校时间，重组学校内部的管理组织。纠正行动通过网络、媒体和公共机构向公众或家长公开。① 第二步为重组。在纠正行动实施一年后，未取得充分年度进步的学校如仍不能取得充分年度进步，地方教育机构仍为在这所学校注册的学生提供转学机会，为学校提供技术援助，或准备一项计划做必要的安排。地方教育机构可在以下安排中选择一项：以特许学校的形式重新开放学校，替换全部或部分和学校失败相关的人员，由州教育机构负责学校的运行等。② 对在缩小学业差距方面取得重大成就和超过充分年度进步的学校，各州应授予其“杰出学校”称号，成为其他学校的榜样或为其他学校提供支持。州还应向这些学校的教师提供经济奖励，或向教师或校长授予“杰出教师”或“杰出校长”称号。③

布什总统认为，美国基础教育质量不高、差距很大的原因之一是“联邦在我们的教育体系中奖励成功和处罚失败做得很不够”④。因

---

① *No Child Left Behind Act*, P. L. 107－110, sec. 1116 (a) (7).

② *No Child Left Behind Act*, P. L. 107－110, sec. 1116 (a) (8).

③ *No Child Left Behind Act*, P. L. 107－110, sec. 1117 (b) (2) (3).

④ 吕达主编：《国外教育改革著名文献》（美国卷·第四册），人民教育出版社 2004 年版，第 192 页。

此，《不让一个孩子落伍法案》制定了严格的奖惩制度，虽然《改善美国学校法案》也有奖惩条款，但远不如《不让一个孩子落伍法案》详尽、严厉。对未实现充分年度进步的学校，《改善美国学校法案》仅仅是采取纠正行动，而《不让一个孩子落伍法案》又增加了重组的条款，给予了失败学校另一次改进的机会。纠正行动和重组都给学校带来很大压力，因为持续的失败会导致教师和校长的替换，甚至威胁学校的生存。

（四）教师和辅助人员的质量

高质量的教师和辅助人员是教育质量的基本保障。法案要求，在2005—2006学年结束前，每个接受资助的地方教育机构都要保证核心学术课程的所有教师达到高质量，州计划要为地方教育机构和学校制定年度可测量的目标。最低目标应包括每个州教育机构和学校高质量教师的年增长比率，保障2005—2006学年结束前所有公立中小学的核心学术课程教师都能达到高质量；包括正在接受高质量专业发展培训教师的年增长率。法案对辅助人员也提出了质量要求，辅助人员应在高等教育机构完成至少两年的学习；获得大学肄业证书或更高学历；达到严格的质量标准，能在以下两方面通过州和地方教育机构的评估：辅助指导阅读、写作和数学的知识和能力，辅助指导阅读准备、写作准备和数学准备的知识和能力。①

《不让一个孩子落伍法案》对教师和辅助人员的核心要求是“高质量”，和《改善美国学校法案》相比，这是该法案的一个重要特点。《改善美国学校法案》颁布时，基于标准的教育改革已经在全国正式启动，虽然法案也对教师提出“高质量”的要求，但没有提出明确的质量指标，使“高质量”仅停留在概念层面。《不让一个孩子落伍法案》则提出高质量教师和辅助人员的具体标准、达到标准的具体期限以及高质量教师的年增长率等，这使各州为提高教师质量的努力有明确的目标，也便于州教育机构对达到目标的情况进行评估。

---

① *No Child Left Behind Act*, P. L. 107 - 110, sec. 1119.

三 《不让一个孩子落伍法案》Title Ⅰ的实施

《不让一个孩子落伍法案》在国会以绝对优势票顺利通过，是立法的巨大成功。法案也是两党、各利益集团博弈妥协的结果，体现了各方的利益需求。但是，法案在执行过程中仍遭遇到很大阻力，联邦政府不得不对一些规定做了修正。

（一）法案在实施过程遭遇的阻力

《不让一个孩子落伍法案》颁布后，教育部通过各种形式在全美加强宣传，民众对法案有很高的支持率，为了配合新法案的实施，一些州对本州原有的制度也进行了修正，但法案的一些条款还是遭到各州和利益群体的反对。

1. 各州的反对

《不让一个孩子落伍法案》对质量教师要求太高。法案颁布前不久，仅略高于一半的中学教师可被视为“高质量”。[①] 由于高需求学科教师的短缺以及重建信息系统的困难，教师质量的提高进展缓慢。《不让一个孩子落伍法案》让各州感到达标困难，50 个州中，没有一个州有望达到法律规定的每个教室都要配备一名高质量教师的要求；只有 19 个州根据要求每年按时公布了学校业绩报告卡，不足一半的州达到了为差校提供科技援助的目标。[②]

联邦教育拨款太少。联邦教育拨款只占各州教育总经费的 7%—10%，[③] 各州却要承担严重的问责后果，因此各州认为没必要为这点资金受制于联邦政府，打算退出《不让一个孩子落伍法案》。2004 年，弗吉尼亚州众议院几乎全体一致通过了一项决议，呼吁国会豁免弗吉尼亚州不执行《不让一个孩子落伍法案》的问责条款，因为它已通过自己州的标准与问责改革提高了学生成绩。犹他、佛蒙特、新

---

① Benjamin Michael Superfine, *Equality in Education Law and Policy, 1954 – 2010*, New York: Cambridge University Press, 2013, p. 172.

② Patrick J. McGuinn, *No Child Left Behind and the Transformation of Federal Education Policy, 1965 – 2005*, Lawrence: University Press of Kansas, 2006, p. 187.

③ Ibid., p. 185.

罕布什尔、夏威夷、缅因州的立法机构也通过了禁令，禁止它们州花自己的钱执行《不让一个孩子落伍法案》。俄亥俄州教育厅的一项研究估计，该州将每年花 15 亿才能满足《不让一个孩子落伍法案》行政管理开支、实现目标，这一额度是该州获得《不让一个孩子落伍法案》资助额的两倍多。2005 年，全国州立法会议（national conference of state legislature）发布一项报告，呼吁联邦给予各州更大的灵活性，要求重新评估 100% 学业熟练的目标，重新审查对不服从法案的州撤回资助的政策。[①]

大量学校没有实现"充分年度进步"而被认为"有待改进"。2004 年 3 月，14 个州请求联邦政府允许它们用其他方法计算学生的进步。2005 年 3 月，教育政策中心在发布的一份法案执行情况报告书中得出以下结论：尽管大多数州和学区的学业成绩都有所提升，学业差距也有所缩小，但大量学校仍在"有待改进"之列；2004 年，美国约 1/4 的学校（21350 所）未能实现"充分年度进步"，其中大部分学校少数族裔、低收入群体和英语熟练水平有限学生占较高比例。[②] 未达到"充分年度进步"的学校耗费了各州大量的精力，州和学区官员对法案的前景顾虑重重。

2. 利益群体的反对

在美国的各种重大决策中，利益群体发挥着很强的影响力。教师组织、商业集团等利益群体干预了法案的实施，教师组织对法案实施的影响更大。

美国影响重大的教师组织有两个：全国教育协会、美国教师联盟（American Federation of Teachers）。20 世纪中期，全国教育协会的成员占全美公立学校中任课教师数量的一半以上，影响极大。总的来说，两个教师组织支持法案的教育理念，认为应该提高教师质量，缩小学生的学业差距，但对经费投入和教师质量的规定不满。

---

① Patrick J. McGuinn, *No Child Left Behind and the Transformation of Federal Education Policy, 1965 – 2005*, Lawrence: University Press of Kansas, 2006, p. 185

② Benjamin Michael Superfine, *Equality in Education Law and Policy, 1954 – 2010*, New York: Cambridge University Press, 2013, p. 175.

联邦未能足额拨付法案规定的资助，2002—2008 年，经费缺口达 709.5 亿美元。[①] 由于经费短缺，很多州都不能完成法案提出的各项标准，各个项目不能正常实施。由于联邦提供的经费缺口过于庞大，各州不得不为法案项目投入大量经费，这又加重了各州的负担。美国教师组织发起了各种形式的抗议，希望政府能为法案提供更为充分的资金支持。2004 年，全国教育协会代表城市和农村学区以及 10 个州的分会因联邦资助不足对教育部提出诉讼。

全国教育协会对教师质量标准和教师评价标准也持有异议。法案对公立学校教师质量标准有严格规定，并规定 2005—2006 学年结束前，每个接受资助的地方教育机构都要保证核心学术课程的所有教师都达到高质量，并且要求特许学校的教师也必须达到质量要求，这引起了全国教育协会的不满。美国教师组织认为不能对所有教师实施同一个标准，应根据实际情况放宽对部分教师的要求，如农村教师、特殊教育教师和双语教师等，这些教师工作量大，标准过高会加重他们的负担，使教师短缺的问题更为严重。全国教育协会反对以学生标准化考试成绩作为评价教师教学水平的标准，认为这会导致教师为考试而教，忽视对学生视野的开拓，更不能培养学生的情感和个性，应该用多元化的方式衡量教师的水平。

（二）联邦政府的反应

虽然遭遇到各种阻力，联邦政府坚定地捍卫法案的基本原则，但对法案的一些条款进行了修改，使其更加合理。

《不让一个孩子落伍法案》是布什总统就职后实施的第一项最重要的国内政策，因此得到布什的重点关注。法案实施之初，遇到了一些阻力，2004 年，布什亲自约见了一线的教育者，了解法案执行过程中的现实问题。这年 3 月，布什及其教育顾问与 35 个州的主要学校管理者进行了会谈，布什表示政府会以最大的灵活性来推行法案。

① 李小宝：《美国〈不让一个孩子掉队法案〉（NCLB）的实施过程探析》，硕士学位论文，沈阳师范大学，2011 年，第 26 页。

数天后，教育部就放宽了法案考试项目中学生出勤率的计算方法。9月，白宫网站公布了进一步实施法案的框架，如强调问责、确保学校有足够的经费支持和提高灵活性等。

教育部是法案的具体执行者，要妥善解决法案执行中遇到的问题。面对法案执行中遇到的问题，教育部在2003—2004年修改了一些执行规定，使法案更容易执行。2003年10月，教育部放宽了残障学生的考试条款；2004年2月，放宽了英语熟练水平有限学生的考试条款；2004年3月，放宽了农村教师和科学课程教师达到高质量的要求，放宽了考核教师多学科知识储备的备选方式条款；允许各州修改计算学生出考率的方法，允许各州使用连续3年出考率的平均值，允许把因急诊而缺考的学生排除在缺考生之外。各州的积极努力和联邦在执法中的灵活性使实现“充分年度进步”的学校数量保持稳定的同时略有增长。2004年9月，在可获得初步报告的24个州中，13个州实现“充分年度进步”目标的学校增长了10%以上，4个州增长了20%以上。①

布什在他的第二个任期更换了教育部长，罗德里克·佩奇（Roderick Paige）因强硬地执行法案、称全国教育协会为“恐怖组织”而受到指责，玛格丽特·斯伯林斯（Margaret Spellings）于2005年1月正式被任命为新部长。斯伯林斯上任后马上表示，尽管她会让各州遵守法案的核心条款和时间表，但她愿意比前任在更大程度上与各州合作。4月，斯伯林斯宣布执行法案的“新共识路径”（a new common sense approach），在《提高成绩：〈不让一个孩子落伍法案〉的新路径》（*Raising Achievement: A New Path for NCLB*）中，斯伯林斯提出了法案必须达到的四条“亮线”（bright lines）：进行年度考试，分组报告成绩，提高教师质量，给家长提供择校信息和择校机会。达到以上要求并且学生学业成绩有所提高的州，可以得到更大的灵活性，也就是说，“真正重要的是结果，

① Patrick J. McGuinn, *No Child Left Behind and the Transformation of Federal Education Policy, 1965 - 2005*, Lawrence: University Press of Kansas, 2006, p. 185.

而不是达到结果的官僚化方式”[1]。斯伯林斯还表示，教育部将在残疾学生的考试、计算“充分年度进步”的备选方法（如增长模式）等方面给予各州更大的灵活性。然而，似乎为了暗示新的灵活性不能被滥用，教育部随后对得克萨斯州罚款45万美元（这是布什任期内教育部给出的最大数额罚款），因为该州没有及时通知学生家长他们的孩子有资格从失败的学校转出。[2] 然而，教育部宣布的“更多灵活性”未能阻止全国教育协会和康涅狄格州将联邦政府告上法庭，其诉讼的理由是《不让一个孩子落伍法案》中资助不足的条款迫使联邦官员要求州利用自己的资金执行联邦政策，诉讼最终被联邦法院驳回。

四 《不让一个孩子落伍法案》Title Ⅰ的基础教育质量公平效果

《不让一个孩子落伍法案》签署已经十余年，法案是否达到了提高学生学业成绩、缩小成绩差距的目标，学者们得出了不同的结论。本书以国家教育统计中心公布的“国家教育进步评估”的统计数据为依据，对法案的实施效果进行分析。由于法案要求最晚于2007—2008学年前对科学课程进行学业评估，因此统计数据中仅有2009和2011年的数据，本书不再对科学课程的成绩进行分析。为了发现法案的影响，本书把法案实施前的学业成绩列入分析范围，以便进行比较。

（一）《不让一个孩子落伍法案》Title Ⅰ实施成效

1. 黑人和白人学生成绩提高和成绩差距缩小情况

（1）黑人和白人学生阅读成绩提高和成绩差距缩小情况

“国家教育进步评估”的数据中，法案实施前最后一次4年级阅读的评估为2000年，8年级和12年级为1998年。

---

① Patrick J. McGuinn, *No Child Left Behind and the Transformation of Federal Education Policy, 1965 - 2005*, Lawrence: University Press of Kansas, 2006, p. 187.

② Ibid. .

第一，4 年级黑人和白人学生阅读成绩提高和差距缩小情况。

2000 年以来，4 年级黑人和白人学生的阅读成绩都一直在提高，黑人学生成绩提高的幅度更大，两个群体间的成绩差距呈缩小趋势。2000—2013 年，白人学生的阅读成绩由 224 分提高到 232 分，提高了 8 分；黑人学生的阅读成绩由 190 分提高到 206 分，提高了 16 分；二者的成绩差距缩小了 8 分，教育质量的公平程度在提高。（见图 4—1）

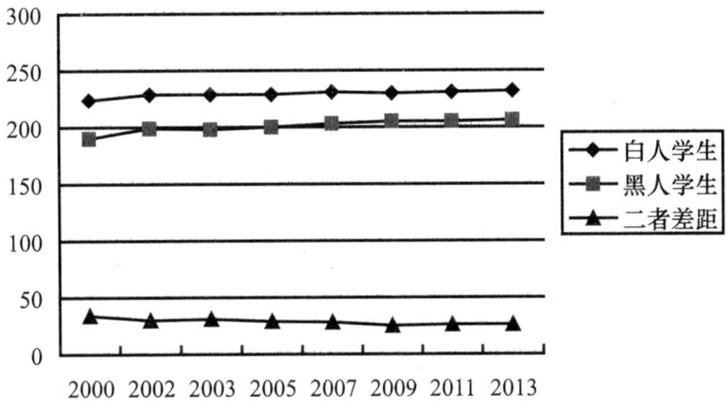

图 4—1　4 年级黑人和白人学生的阅读成绩和成绩差距

数据来源：*Average National Assessment of Educational Progress（NAEP）reading scale score and percentage of students attaining selected NAEP reading achievement levels, by selected school and student characteristics and grade: Selected years, 1992 through 2013*（http://nces.ed.gov/programs/digest/d14/tables/dt14_221.12.asp）。

第二，8 年级黑人和白人学生阅读成绩提高和差距缩小情况。

1998—2013 年，8 年级黑人和白人学生的阅读成绩都在波动中缓慢提高，二者的成绩差距未变。白人学生的成绩由 270 分提高到 276 分，提高了 6 分；黑人学生的成绩由 244 分提高到 250 分，提高了 6 分；二者间的成绩差距未变。（见图 4—2）

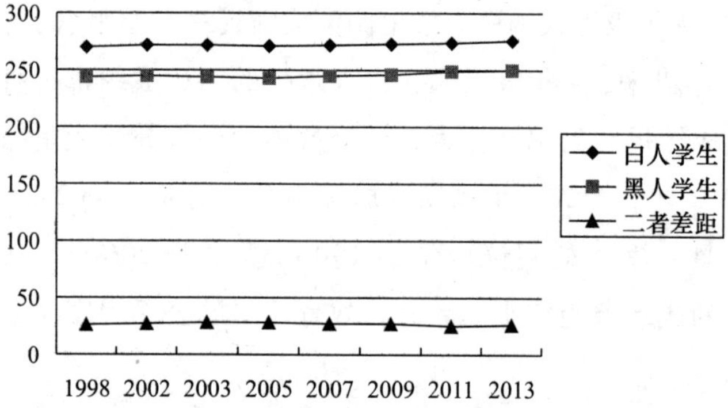

图4—2　8年级黑人和白人学生的阅读成绩和成绩差距

数据来源：同图4—1。

第三，12年级黑人和白人学生阅读成绩提高和差距缩小情况。

1998—2013年，白人学生的阅读成绩由降到升，1993年和2013年成绩相同；黑人学生的成绩在波动中下降；二者的成绩差距略有扩大。1998和2013年，白人学生的阅读成绩均为297分，期间成绩有所下降；黑人学生的成绩由269分下降到268分，期间略有波动；二者的成绩差距由1998年的8分扩大到2013年的9分。（见图4—3）

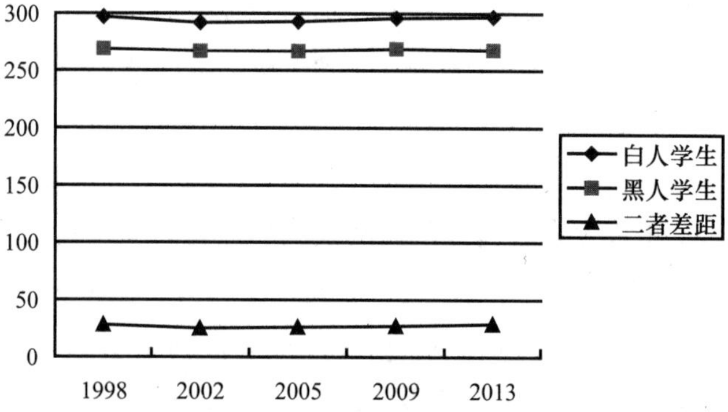

图4—3　12年级黑人和白人学生的阅读成绩和成绩差距

数据来源：同图4—1。

（2）黑人和白人学生数学成绩提高和成绩差距缩小情况

在“国家教育进步评估”的数据中，法案实施前4、8年级的最后一次数学统计数据为2000年。由于2005年之前和之后12年级数学评估的框架和内容有很大不同，数学成绩没有可比性，因此，“国家教育进步评估”数据库没有公布2005年之前的数学成绩，本书仅对2005年之后12年级的成绩进行分析。

第一，4年级黑人和白人学生数学成绩提高和成绩差距缩小情况。

2000—2013年，白人和黑人学生的数学成绩都在稳定地提高，黑人学生成绩提高的幅度更大，二者间的成绩差距缩小。白人学生的成绩由234分提高到250分，提高了16分；黑人学生的成绩由203分提高到224分，提高了21分；二者的成绩差距由31分缩小到26分，缩小了5分，教育质量的公平程度提高了。（见图4—4）

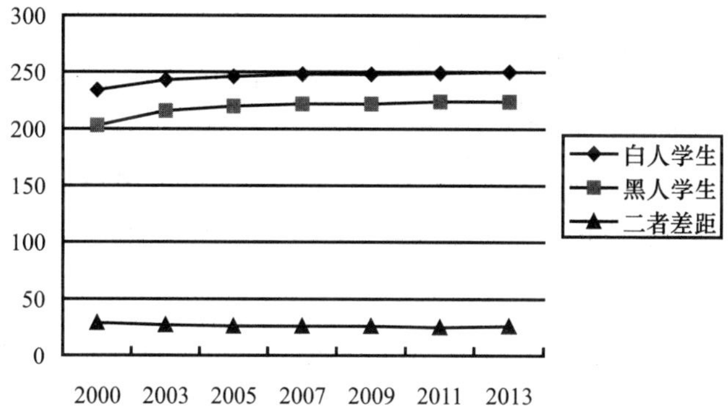

图4—4　4年级黑人和白人学生的数学成绩和成绩差距

数据来源：*Average National Assessment of Educational Progress (NAEP) mathematics scale score and percentage of students attaining selected NAEP mathematics achievement levels, by selected school and student characteristics and grade: Selected years, 1990 through 2013*（http://nces.ed.gov/programs/digest/d14/tables/dt14_222.12.asp）。

第二，8年级黑人和白人学生数学成绩提高和成绩差距缩小情况。

2000—2013年，8年级白人和黑人学生的成绩都有所提高，黑人学生成绩提高幅度更大，二者间的成绩差距缩小了。白人学生的成绩由 284 分提高到 294 分，提高了 10 分；黑人学生的成绩由 244 分提高到 263 分，提高了 19 分；二者的成绩差距缩小了 9 分，缩小幅度较大。（见图 4—5）

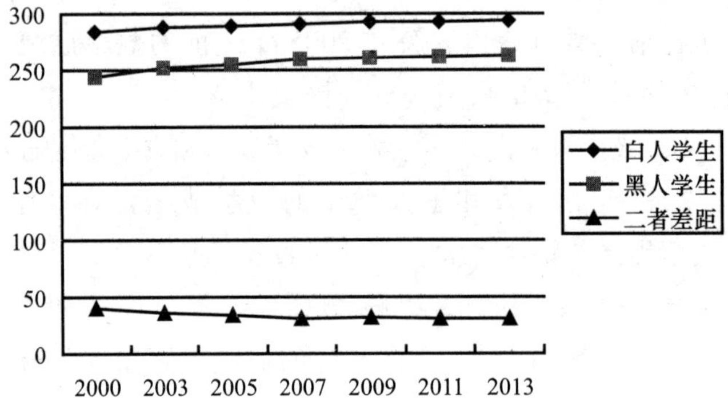

图 4—5　8 年级黑人和白人学生的数学成绩和成绩差距

数据来源：同图 4—4。

第三，12 年级黑人和白人学生数学成绩提高和成绩差距缩小情况。

2005—2013 年，12 年级黑人和白人学生的数学成绩都有所提高，提高幅度相同，二者成绩差距未变。黑人学生的成绩由 127 分提高到 132 分，白人学生的成绩由 157 分提高到 162 分，成绩差距一直为 30 分。（见图 4—6）

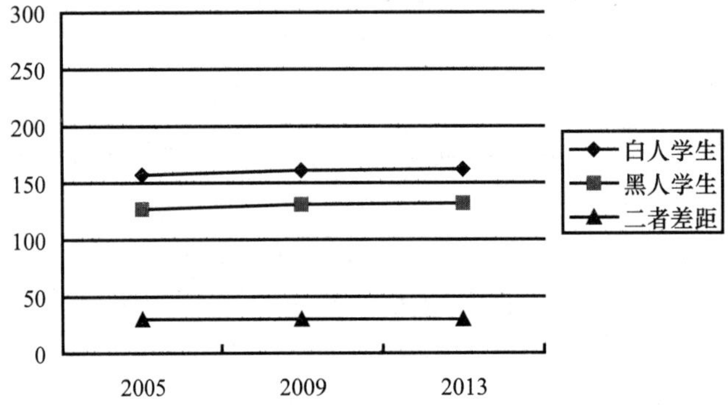

图 4—6　12 年级黑人和白人学生的数学成绩和成绩差距

数据来源：同图 4—4。

2. 不同家庭经济条件学生成绩提高和成绩差距缩小情况

（1）不同家庭经济条件学生阅读成绩提高和成绩差距缩小情况

本书以是否接受免费或优惠午餐作为区分学生家庭经济条件的标准。数据库中阅读和数学的统计标准不一致，阅读为学生的学业成绩，而数学为达到或超过基础或熟练水平学生的比率。“国家教育进步评估”的统计数据中，法案实施前最后一次4年级阅读评估数据为2000年，8年级和12年级为1998年。

第一，不同家庭经济条件4年级学生阅读成绩提高和成绩差距缩小情况。

2000年以来，不同家庭经济背景4年级学生的阅读成绩都有提高，接受免费或优惠午餐学生的成绩提高幅度更大，成绩差距也呈缩小趋势。接受免费或优惠午餐学生的成绩13年中共提高了14分；不接受免费或优惠午餐学生的成绩13年中共提高了10分。研究认为，法案对4年级学生阅读成绩提高和差距缩小起到了作用，但成绩差距依然较大。在实施之初，对接受免费或优惠午餐学生成绩提高及群体间成绩差距缩小起的作用更大。（见图4—7）

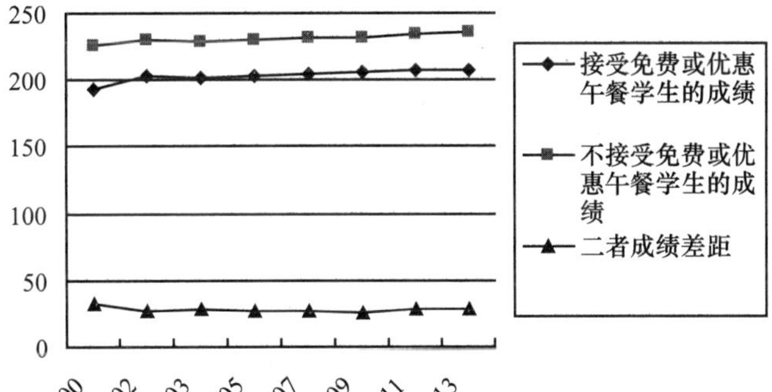

图4—7　不同家庭经济条件4年级学生阅读成绩和成绩差距

数据来源：*Average National Assessment of Educational Progress (NAEP) reading scale score and standard deviation, by selected student characteristics, percentile, and grade: Selected years, 1992 through 2013*（http：//nces. ed. gov/programs/digest/d14/tables/dt14_221. 75asp）。

第二，不同家庭经济条件8年级学生阅读成绩提高和成绩差距缩小情况。

1998年以来，不同家庭经济背景8年级学生的阅读成绩都有所提高，两个群体成绩提高幅度相同，成绩差距基本没有变化。接受免费或优惠午餐学生的成绩在15年中提高了9分；不接受免费或优惠午餐学生的成绩在15年中提高了9分。两个群体的成绩差距在15年中未缩小。研究认为，法案对8年级学生阅读成绩提高起到了作用，但没有缩小群体间的成绩差距。（见图4—8）

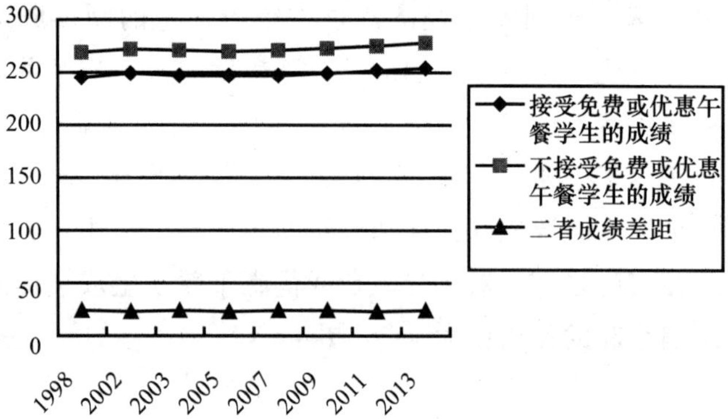

图4—8　不同家庭经济条件8年级学生阅读成绩和成绩差距

数据来源：同图4—7。

第三，不同家庭经济条件12年级学生阅读成绩提高和成绩差距缩小情况。

1998年以来，两个群体的成绩都有所提高，成绩差距略有缩小，法案对12年级学生阅读成绩提高和缩小成绩差距起的作用都不大，法案实施之初成绩差距缩小幅度较大。1998年以来，仅有2002、2005、2009和2013年12年级学生的阅读成绩。总的说来，1998—2013年，不同家庭经济背景12年级学生的阅读成绩都有所提高，分别提高了4分和3分，提高的幅度不如4年级和8年级大，并且不接受免费或优惠午餐学生的成绩在2002年还有所下降。成绩差距由

1998 年的 23 分下降到 2002 年的 16 分，再提高到 2013 年的 22 分，2002 年成绩差距大幅度缩小主要是因为不接受免费或优惠午餐学生的成绩出现了下滑。（见图 4—9）

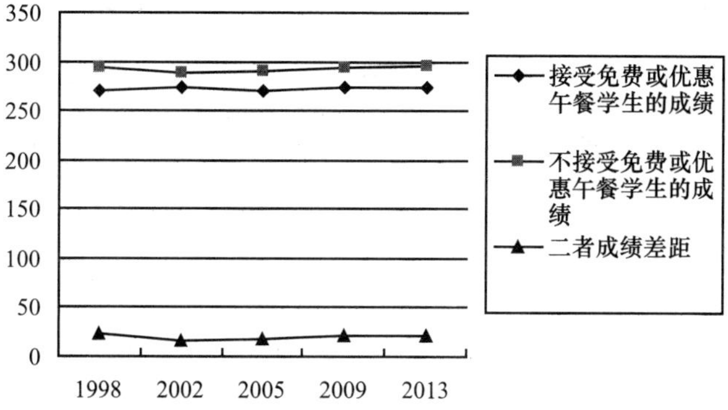

图4—9　不同家庭经济条件 12 年级学生阅读成绩和成绩差距

数据来源：同图 4—7。

（2）不同家庭经济条件学生数学成绩提高和成绩差距缩小情况

“国家教育进步评估”的统计数据中，法案实施前最后一次 4、8 年级数学评估数据为 2000 年，没有 12 年级不同家庭经济条件学生数学成绩的统计数据。

第一，不同家庭经济条件 4 年级学生数学成绩提高和成绩差距缩小情况。

一是 4 年级学生数学达到或超过基础水平的百分比及差距。2000 年以来，在基础水平这一层次，两个群体的 4 年级学生数学成绩都有所提高，接受免费或优惠午餐学生成绩提高的幅度更大，成绩差距缩小幅度较大；法案实施之初，学生成绩提高和差距缩小幅度更大，之后幅度较小。不同家庭经济背景 4 年级学生的达到或超过基础水平学生的比率都有所提高。接受免费或优惠午餐学生的比率由 2000 年的 43% 提高到 2013 年的 72%，提高了 29 个百分点，其中 2003 年比 2000 年提高了 19 个百分点；不接受免费或优惠午餐学生的比率由 2000 年的 78% 提高到 2013 年的 92%，提高了 14 个百分点，其中

2003 年比 2000 年提高了 10 个百分点；两个群体的比率差距由 2000 年的 35 个百分点缩小到 2013 年的 20 个百分点，其中 2000 年到 2003 年缩小了 9 个百分点。（见图 4—10）

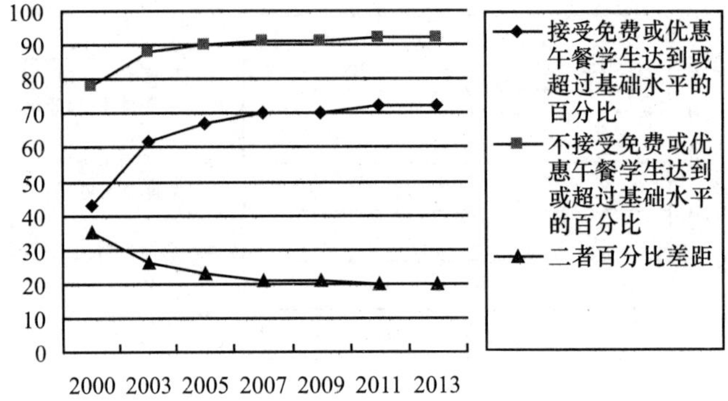

图 4—10　4 年级学生数学达到或超过基础水平的百分比及差距

数据来源：*Percentage of students at or above selected National Assessment of Educational Progress (NAEP) mathematics achievement levels, by grade and selected student characteristics: Selected years, 1996 through 2013* （http：//nces. ed. gov/programs/digest/d14/tables/dt14 _ 222. 20. asp）。

二是 4 年级学生数学达到或超过熟练水平的百分比及差距。2000 年以来，在 4 年级熟练水平这一层次，法案对学生数学成绩提高起到了作用，但两个群体间的差距拉大。两个群体达到或超过熟练水平的百分比都有所提高，但接受免费或优惠午餐学生成绩提高的幅度小于不接受免费或优惠午餐学生；二者成绩差距很大并持续扩大，在法案实施之初差距扩大幅度更大。不同家庭经济背景 4 年级学生的达到或超过熟练水平学生的比率都有所提高。接受免费或优惠午餐学生的比率由 2000 年的 8% 提高到 2013 年的 25%，提高了 17 个百分点，不接受免费或优惠午餐学生的比率由 2000 年的 32% 提高到 2013 年的 59%，提高了 27 个百分点，两个群体的比率差距由 2000 年的 24 个百分点扩大到 2013 年的 34 个百分点，法案实施之初成绩提高幅度更大。（见图 4—11）

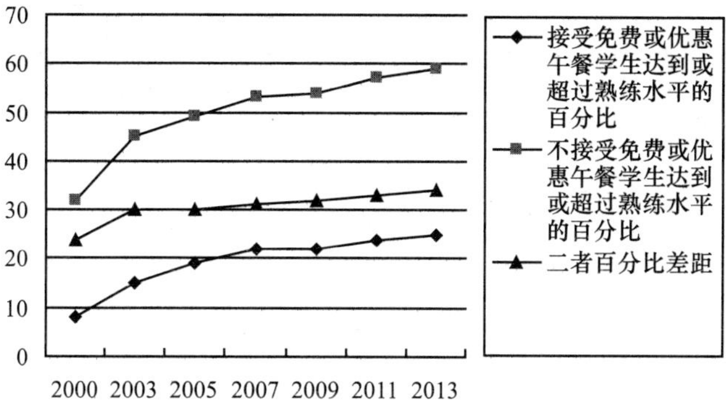

图 4—11　4 年级学生数学达到或超过熟练水平的百分比及差距

数据来源：同图 4—10。

第二，不同家庭经济条件 8 年级学生数学成绩提高和成绩差距缩小情况。

一是 8 年级学生数学达到或超过基础水平的百分比及差距。2000 年以来，在基础水平这一层次，法案对 8 年级学生数学成绩提高起到了作用，接受免费或优惠午餐学生的成绩提高幅度更大，二者成绩差距缩小幅度较大。不同家庭经济背景 8 年级学生的达到或超过基础水平学生的比率都有所提高。接受免费或优惠午餐学生的比率由 2000 年的 41% 提高到 2013 年的 60%，提高了 19 个百分点，不接受免费或优惠午餐学生的比率由 2000 年的 74% 提高到 2013 年的 86%，提高了 12 个百分点，两个群体的比率差距由 2000 年的 33 个百分点缩小到 2013 年的 26 个百分点，法案实施之初成绩提高幅度更大。（见图 4—12）

二是 8 年级学生数学达到或超过熟练水平的百分比及差距。2000 年以来，在熟练水平这一层次，法案对两个群体 8 年级学生数学成绩提高起到了作用，但二者的百分比差距扩大，不接受免费或优惠午餐学生的成绩提高幅度更大，二者成绩拉大并且在进一步扩大。不同家庭经济背景 8 年级学生的达到或超过熟练水平学生的比率都有所提高。接受免费或优惠午餐学生的比率由 2000 年的 9% 提高到 2013 年的 19%，提高了 10 个百分点；不接受免费或优惠午餐学生的比率由

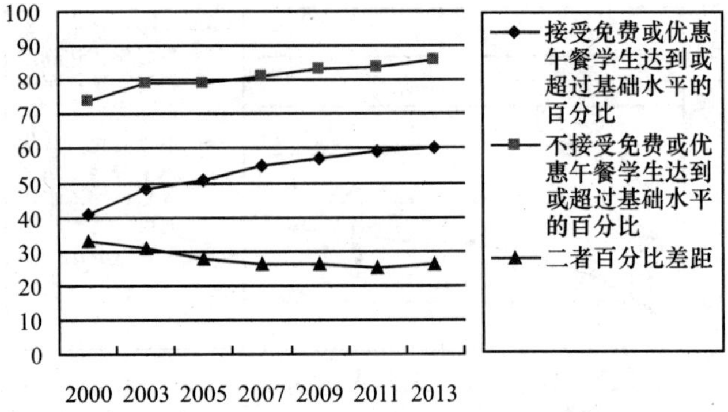

图 4—12　8 年级学生数学达到或超过基础水平的百分比及差距

数据来源：同图 4—10。

2000 年的 34% 提高到 2013 年的 47%，提高了 13 个百分点；两个群体的比率差距由 2000 年的 25 个百分点扩大到 2013 年的 28 个百分点。（见图4—13）

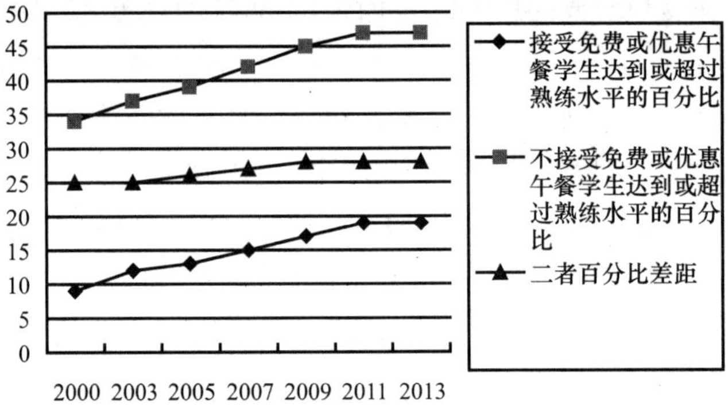

图 4—13　8 年级学生数学达到或超过熟练水平的百分比及差距

数据来源：同图 4—10。

总的来说，法案提高了学生的学业成绩、缩小了成绩差距，起到了推进基础教育质量公平的作用，法案实施之初的效果更好。13 组数据中，7 组成绩差距缩小，3 组扩大，3 组未变。在有统计数据的各年级，不同家庭经济背景学生的阅读和数学成绩都有所提高。低年级黑白学生、贫富学生的成绩差距缩小了，但高年级的成绩差距基本呈扩大趋势。具体而言，对黑人和白人学生来说，各年级阅读和数学成绩都有所提高，4 年级阅读和数学、8 年级数学成绩差距缩小，8 年级阅读和 12 年级数学成绩差距未变，12 年级阅读成绩差距扩大。黑人和白人学生在低年级成绩差距缩小，高年级没有缩小，年级越高，越难缩小成绩差距。对贫富学生来说，4 年级和 12 年级贫富学生阅读成绩差距缩小，8 年级成绩差距未变。4 年级和 8 年级两个学生群体达到或超过基础水平的差距缩小，但达到或超过熟练水平的差距很大并继续扩大，这说明，使贫困学生达到较高的学业水平是有难度的。

（二）《不让一个孩子落伍法案》Title Ⅰ实施中的问题

1. 贫富学生之间、黑人白人学生之间的成绩差距依然很大

根据以上统计数据，虽然总的来说学生的学业成绩差距缩小了，但成绩差距依然很大。和法案实施前最后一次的统计数据相比，2013 年 4、8 和 12 年级的阅读成绩差距虽然分别缩小了 4、0、1 分，但仍有 29、24、22 分的巨大差距。2013 年，在数学课程达到或超过基础水平这一层次上，4 年级的差距为 20 个百分点，8 年级的差距为 34 个百分点，差距很大；在达到或超过熟练水平这一层次上的差距更大，4 年级的差距为 34 个百分点，8 年级的差距为 28 个百分点，贫困学生达到的比率不及富裕学生的一半。贫困学生在较高的学业水平上与富裕学生差距极大，而达到较高的学业水平需要学生更好的家庭环境、付出更大的努力，也需要学校提供更有利的条件，缩小差距的任务更为艰巨。黑白学生间的成绩差距也存在类似的情况。20 世纪 60 年代，科尔曼的研究已经发现贫困影响学生的学业表现，如果政府认为仅仅通过实施各种针对贫困学生的立法就可以缩小贫富学生间的学业成绩差距，似乎不是一个理想的选择。

2. 贫富、黑白学生成绩提高的幅度都有限，并且以牺牲其他科目的学习和考试负担加重为代价

法案实施之初，各年级贫富学生的阅读和数学成绩提高幅度都

较大，但之后成绩曲线逐渐平缓，2002 年到 2013 年的 11 年中，8 年级不接受免费或优惠午餐学生的阅读成绩提高了 5 分，接受免费或优惠午餐学生的阅读成绩提高了 6 分，12 年级不接受免费或优惠午餐学生的阅读成绩仅提高了 1 分，接受免费或优惠午餐学生的阅读成绩提高了 7 分。有的年份甚至出现了成绩下降的问题，如 2005 年 12 年级学生阅读成绩就有所下降。相对于联邦政府投入的巨大人力物力和对“不让一个孩子落伍”的期望，法案实施的成效确实不尽如人意。

为了能达到充分的年度进步，避免成为“失败的学校”，学校采取一切可能的策略提高学生的考试成绩。一种常用策略是过度考试。法案实施以来，为了使学生取得较好的考试成绩，学校用于考试和考试准备的时间大量增加，一些学校用于考试的时间增加了一倍。政府问责办公室（Government Accountability Office）在向国会提交的报告中估计，为了满足法案的要求，各州不得不实施 433 种考试，而这仅仅是不断增加的考试的冰山一角。除了用于考试的时间，学校每年有 20—60 天用于准备考试是很普遍的。[①] 另一种常用策略是减少其他科目的教学。尽管《不让一个孩子落伍法案》明确规定核心课程为阅读、数学、科学、社会研究甚至艺术，但实际上，由于阅读和数学（2006 年后增加了科学）是法案规定的考试科目，为了增加这些课程的教学时间，其他许多课程的教学时间被缩减。2008 年的一项调查发现，自法案实施以来，美国数学和阅读的教学时间平均增加了 43%，其他课程的教学时间减少了 32%。[②]

3. 基础教育质量公平的发展在各州间存在很大差距

就全美范围来看，贫富、黑白学生间教育质量公平发展取得了成效，但美国各州教育发展有很大差距。据教育政策中心的研究数据，

① Lisa Guisbond, Monty Neill, Bob Schaeffer, *NCLB's Lost Decade for Educational Progress: What Can We Learn from this Policy Failure?*, Jamaica Plain: National Center for Fair & Open Testing, 2012, p. 4.

② 古冬梅：《美国〈不让一个孩子落伍法案〉实施中的问题》，《教育发展研究》2009 年第 17 期。

在教育质量提高方面，2002—2008 年，在有统计数据的州中，在达到或超过基础水平这一层次上，4 年级贫困学生阅读成绩提高的州占 71%，下降的占 26%，没有变化的占 3%；在达到或超过熟练水平这一层次上，4 年级贫困学生阅读成绩提高的州占 77%，下降的占 16%，没有变化的占 7%。阅读成绩也存在类似的现象。[①] 在贫富学生学业成绩差距缩小方面，4 年级阅读成绩差距缩小的州占 72%，扩大的占 28%；4 年级数学成绩差距缩小的州占 73%，没有变化的占 2%，扩大的占 25%。[②] 中学阶段，在有统计数据的 35 个州中，30 个州黑人和白人学生的阅读成绩差距缩小，5 个州扩大；26 个州黑人和白人的数学成绩差距缩小，2 个州未变，7 个州扩大。[③]

出现这种情况有以下几方面的原因。其一，各州间教育发展水平本来就存在差距。经济发达的州教育质量较高，贫富学生间的成绩差距相对较小。各州在推进基础教育公平的具体策略不尽相同，最终产生的结果也会存在差距，如各州不同的教育财政公平政策会对学生学业成绩产生不同的影响。其二，各州制定的教育标准不同。法案允许各州制定自己的考试标准，对“基础”和“熟练”的要求也有很大不同，甚至一个州的“熟练”水平相当于另一个州的“基础”水平，这导致各州间出现了较大的成绩差距。

第二节　语言少数族裔学生基础教育质量公平的法律保障

自 1968 年《初等和中等教育法》增加 Title Ⅶ《双语教育法》以来，语言少数族裔的教育成为美国基础教育公平立法的重要部分。随着《初等和中等教育法》的几次修订，《双语教育法》的内容不断变化。在 2002 年的《不让一个孩子落伍法案》中，第三章（Title Ⅲ）

① *Are Achievement Gaps Closing and is Achievement Rising for All?*, Washington, DC: Center on Education Policy, 2009, p. 7.

② Ibid., p. 10.

③ Ibid., p. 11.

《英语熟练水平有限及移民学生的语言教学》取代了《双语教育法》，“双语教育”的概念不再使用。

一 《不让一个孩子落伍法案》Title Ⅲ颁布的背景

（一）唯英语运动的冲击

1978年《双语教育法》修正案直接提出了“英语熟练”的目标，把英语熟练掌握作为双语教育的终极目标，母语在双语中的地位逐渐下降。20世纪80年代后，美国的政治环境发生了变化，保守主义思想占了上风，并且，移民人数急剧增加，“熔炉理论”再掀高潮，反对双语教育的声音逐渐高涨。保守派新当选的里根总统指出，“双语教育计划违背了美国人的理念，是完全错误的”[①]。

唯英语运动对双语教育的冲击很大。1983年，加利福尼亚州日裔参议员早川一会（Hayakawa）和密歇根州的医生约翰·坦顿（John Tanton）一起成立“美国英语协会”（US English），将唯英语运动推向高潮。“美国英语协会”致力于使英语成为美国官方使用的唯一语言，认为英语作为官方语言将帮助移民增加学习英语的机会，而英语是移民需要掌握的唯一、最有效的工具。协会向社会募集捐款，征集请愿签名，然后直接或通过议员向议会递交提案，促使政府通过英语官方化提案。20世纪90年代前半期，唯英语运动的领导人向国会提交了语言限制的提案，但由于当时的联邦政府保持了反对语言限制的立场，这项提案被否决。但是，1998年，加利福尼亚州软件富商昂次的227号提案在州议会通过，加利福尼亚州的双语教育被废除，新法律要求所有公立学校的英语熟练水平有限（limited English proficiency，LEP）学生[②]一律用英语学习所有课

---

① J. Crawford, *Bilingual Education: History, Politics, Theory and Practice (4 th ed.)*, Los Angeles: Bilingual Education Services, 1999, p. 53.

② 美国立法使用的是“英语熟练水平有限学生”（limited English proficient student）这一术语，但在学术研究中更常用的是“英语学习者”（English learner），指主要使用语言不是英语、英语不够熟练、不能在普通班级接受英语教学的学生。在“国家教育进步评估”的分类中，采用的是“英语语言学习者”（English language learner）。三者含义相同，为了行文一致，本书采用“英语熟练水平有限学生”这一术语。

程。继加利福尼亚州后，亚利桑那、马萨诸塞也成功废除了双语教育。

（二）双语教育资金不足，合格教师缺乏

由于移民的不断涌入，LEP 学生数量不断增长。1991—1992 学年到 2002—2003 学年，LEP 学生由 200 多万增加到 500 多万，年平均增长率为 6.68%，而联邦拨款却没有同步增长，1991—1992 学年，联邦拨款年增长率仅为 1.36%，而平均每位 LEP 学生得到的联邦拨款增长率为 -5.51%。[①]

双语教育师资的数量和质量决定着双语教育的成败。教师的数量和质量在很大程度上决定了学校可以提供的双语教育项目的类型和 LEP 学生接受双语教育的质量。然而，拥有教学经验并持有相关合格证书的双语教师数量严重短缺，质量也很难满足 LEP 学生的教育需求。同时，英语熟练水平有限的学生数量却在不断增加，学生的文化和语言背景也更加多样化，使得供求矛盾更加突出。在 2001 年发布的报告中，平均一个持有英语作为第二语言证书的教师服务于 44 个 LEP 学生，平均一个持有双语教育证书的教师服务于 47 个 LEP 学生。[②]

（三）语言少数族裔融入美国社会的需要

虽然文化多元主义者认为各族裔的文化有同等的价值，应予以保留和传承，但不能否认的是，盎格鲁萨克森文化是美国社会的主流文化，英语是最普遍应用的语言，至 2000 年，美国已有 25 个州通过法案将英语定为官方语言。[③] 双语教育的反对者认为，双语教育要为语言少数族裔学生设双语班或开设用本族裔语言教学的课程，无论是哪种形式，都会导致语言少数族裔学生与白人学生交流机会的减少，不仅影响英语水平的提高，还会使他们游离于学校主流环境之外，在一定程度上造成种族隔离。大多数白人并不希望多种语言的存在，双语

---

① 罗豫元：《美国双语教育实施失败的因素分析》，《比较教育研究》2007 年第 1 期。

② 同上。

③ 谭琪：《当代美国双语教育政策评析》，硕士学位论文，东北师范大学，2006 年，第 28 页。

教学的目的无非是要语言少数族裔学生尽快地掌握英语，当这些学生有能力用英语进行正常学习时，就会被要求从双语班级调到普通班级中，既然如此，只要能使语言少数族裔学生尽快掌握英语即可，双语教育未必是唯一途径。许多语言少数族裔家长也希望改进孩子的语言教学，提高他们的英语水平，使其尽快融入美国社会，以争取经济与就业机会的均等。

二 《不让一个孩子落伍法案》Title Ⅲ对语言少数族裔学生基础教育质量公平的保障

《不让一个孩子落伍法案》Title Ⅲ终结了《双语教育法》，是语言少数族裔语言教育的重大转折，在立法目的、问责等各方面都有很大的变化。《不让一个孩子落伍法案》Title Ⅲ分三部分，A 部分为《英语语言获得、语言提高和学业成绩法案》（*English Language Acquisition*, *Language Enhancement*, *and Academic Achievement Act*），是法案最重要的部分。2002 年之前《初等和中等教育法》最重要的一次修订是 1994 年的《改善美国学校法案》，其中第七章（Title Ⅶ）为《双语教育、语言提高和语言获得项目》，共三部分，A 部分为《双语教育法》（*Bilingual Education Act*）是最重要的部分。本书通过二者的比较，分析 LEP 学生教育政策的转变。

（一）立法目的

2002 年《不让一个孩子落伍法案》Title Ⅲ的立法目的为：保障 LEP 孩子（包括移民儿童和青年）达到英语熟练，使英语学业成绩达到高水平、达到同所有学生一样的有挑战性学业内容和学生学业成绩标准。[①] 这是对语言少数族裔学生教育质量的具体要求。1994 年《双语教育法》的立法目的为：使英语熟练水平有限儿童和青年达到和所有儿童和青年相同的、严格的学业表现标准，包括达到学业领域中有挑战性的州学业内容标准和有挑战性的州学业表现标准。[②] 两项法案

① *No Child Left Behind Act*, P. L. 107 - 110, sec. 3102.

② *Improving America's Schools Act*, P. L. 103 - 382, sec. 7102.（c）.

使用了不同的术语："学生学业成绩（achievement）标准"和"学业表现（performance）标准"，2002年法案中的"成绩"更容易测量，提高了标准的可操作性。1978年的《双语教育法》第一次将双语教育的目标定位于"英语熟练"，20世纪80年代两次修正法均保留了"英语熟练"这一目标，但在1994年的《双语教育法》中，"英语熟练"的要求却取消了。这是由于20世纪90年代的政治环境发生了变化，当时执政的布什和克林顿总统对双语教育持支持的态度，重视少数族裔语言的使用，因此"英语熟练"不再是双语教育的目标。另外，《改善美国学校法案》的重点是基于标准的改革，立法者对语言少数族裔学生的要求是达到教育标准，"英语熟练"不再重要。但是，2002年的立法再一次将"英语熟练"作为语言少数族裔学生的教育目标，并取消了双语教育，力图使语言少数族裔学生尽早熟练掌握英语，获得均等的学业成功机会和就业机会，顺利融入美国主流社会，避免被隔离于主流社会之外。

如何达到目标？2002年的《不让一个孩子落伍法案》Title Ⅲ提出，要帮助所有LEP学生（包括移民儿童和青年）在核心课程上达到高标准，设立高质量语言指导项目，为LEP学生提供全英语教学环境，帮助州、地方和学校制定、实施语言教学项目和LEP儿童英语发展项目，要求LEP学生达到充分年度进步。[①] 1994年的《双语教育法》则要求，制定、实施示范性的双语教育项目和特殊选择教学项目，发展双语能力和多元文化理解能力，提高学生的英语能力、最大限度地提高母语能力，鉴于美国土著语言的特殊性，可依据联邦法律对本法案加以修正，为土著美国人提供相同的帮助。[②] 在达到目标的途径上，两项法案的最大不同在于母语的地位。《不让一个孩子落伍法案》（Title Ⅲ）提出的所有策略都是为了使学生达到"英语熟练"，对母语只字未提；而《双语教育法》则兼顾英语和母语，并未对二者做主次之分。

---

① *No Child Left Behind Act*, P. L. 107 - 110, sec. 3102.

② *Improving America's Schools Act*, P. L. 103 - 382, sec. 7102. (c).

（二）评估、年度可测量成绩目标和问责

1. 评估的要求和要素

《不让一个孩子落伍法案》Title Ⅲ 提出了评估的要素和标准。（1）评估要素。在进行评估时，要向教育机构提交 LEP 学生的以下信息：①英语熟练水平取得进步的学生，包括已经达到英语熟练水平学生的百分比；②已经转入非 LEP 班级的学生，以及有足够的英语熟练水平、可以在英语熟练水平方面取得成绩并能转入非 LEP 班级的学生；③达到所有学生能达到的有挑战性的州学业内容标准和学生学业成绩标准的英语水平有限学生；④不能免修阅读或语言艺术课的学生。[①]（2）评估标准。①学生英语熟练（包括综合理解、说、听、读、写的能力）进展情况；②在达到有挑战性州学业成绩标准方面学生取得的进步；③达到年度可测量成绩目标（annual measurable achievement objectives，AMAO）的情况。1994 年的《双语教育法》提出了评估的要素，但未提及评估标准。评估要素主要有：（1）学生达到州学生表现标准的情况；（2）能提供用于公示和改进项目管理效果的项目执行指标。[②]

1994 年的《双语教育法》仅对评估要素提出了简单、笼统的要求。而《不让一个孩子落伍法案》Title Ⅲ 对评估的要求更具体、严格，法案要求教育机构提交达到英语熟练水平学生的比率，并且要求学生达到熟练水平后进入普通班级，要求学生在理解、听、说、读、写等方面全面提高英语水平，这是《双语教育法》未提及的，法案最大的亮点是提出了“年度可测量成绩目标”，这使学校的努力有了方向，也为评价提供了依据。

2. 年度可测量成绩目标

每个获得资助的教育机构或有特别资质的教育机构要为 LEP 学生制定年度可测量的成绩目标，目标和这些学生的英语熟练水平发展和获得相关，同时达到有挑战性的州学业内容标准和学生学业成绩标

① *No Child Left Behind Act*, P. L. 107 – 110, sec. 3121. (c).

② *Improving America's Schools Act*, P. L. 103 – 382, sec. 7123. (c).

准。年度可测量的成绩目标为：（1）至少包括英语学习方面取得进步的孩子的比率（AMAO1）；（2）至少包括学年末达到英语熟练孩子的数量或年度增长比率，数据经有效、可靠的评估确定（AMAO2）；（3）LEP 孩子充分年度进步情况（AMAO3）。[①]

1994 年《双语教育法》没有制定针对 LEP 学生的目标，《不让一个孩子落伍法案》Title Ⅲ提出了可操作性的目标。年度可测量的成绩目标是法案最核心的部分，各项指标都指向了“英语熟练”，未提及母语。学校具体的教学安排、评估和问责都以年度可测量的成绩目标为依据。具体的年度可测量的成绩目标由各州根据本州的情况制定。另外，对英语熟练水平有限和移民学生数量很大或增长速度很快的学校，以上目标不适用，这体现了法案的灵活性。

3. 问责

《不让一个孩子落伍法案》的宗旨是“通过问责、灵活性和选择缩小成绩差距，保障不让一个孩子落伍”[②]。问责制度同样体现在语言少数族裔学生的教育中，法案根据达到目标的情况对教育机构问责。

每个获得资助的州教育机构应要求获得资助的、合格的机构为达到年度可测量成绩目标尽责，如果州教育机构认为某个有资质的机构连续两年未能达到年度可测量成绩目标，应要求这个机构制订保证达到目标的改进计划，并要特别说明未达到目标的原因。在改进计划的制订和实施期间，州教育机构要提供技术资助。如果州教育机构确定某教育机构连续 4 年未达到年度可测量成绩目标，则应：（1）要求这个教育机构修改课程、项目和教学方法；（2）确定这个机构是否接受资助，要求这个机构更换对失败负有责任的人员。[③]

1994 年的《双语教育法》同样没有制定问责制度。《不让一个孩子落伍法案》Title Ⅲ的问责制度使联邦的语言少数族裔教育项目不再仅仅是拨款项目，而是需要教育机构做出努力，并取得实质性成效的

① *No Child Left Behind Act*, P. L. 107 – 110, sec. 3122.（a）（3）（A）.

② *No Child Left Behind Act*, P. L. 107 – 110.

③ *No Child Left Behind Act*, P. L. 107 – 110, sec. 3122（b）.

项目。问责制度提高了教育机构的责任意识，能在最大程度上提高学生的学业成绩。

评估、可测量的年度目标和问责条款详尽而严格，这是LEP学生教育质量的制度保障。法案明确了具体的评估内容、高标准的目标和严格的问责制度，从而确保教育机构能竭尽全力提高LEP学生的教育质量，缩小和讲英语学生的成绩差距，确保这些孩子“不落伍”，实现教育质量公平。

三 《不让一个孩子落伍法案》Title Ⅲ的实施

虽然联邦政府在1968年就实施了《双语教育法》，对语言少数族裔学生采取针对性的措施，但《不让一个孩子落伍法案》Title Ⅲ与之前的法案有很大不同，为了得到联邦的资助，各州在许多环节对原来的执行方案进行了调整。

（一）LEP学生的识别与身份脱离

LEP学生是个特殊的亚群体，州教育机构需要明确哪些学生英语熟练水平有限，而不能简单地根据族裔来确定，并且，LEP学生在经过几年学习、达到熟练水平后就转入普通班级，不再是LEP学生，而英语水平较低的学生（如新移民）又会加入这个亚群体，群体成员的流动性增加了法案实施的难度。

1. LEP学生的识别

《不让一个孩子落伍法案》对“英语熟练水平有限”学生做如下界定：3—21岁；已经或将要在中小学入学；非美国出生或母语不是英语；英语说、读、写、理解有困难，不能达到州成绩熟练水平的评估标准，不能在用英语讲授的课堂上成功地取得进步，不能充分地参与到美国社会中。① 各州可根据法案的界定自行确定LEP学生的识别和身份脱离标准。有的州采用一个标准，而有的州采用几个标准；有的州所有学区采用一个统一标准，而有的州允许各学区根据地方的不同情况采取不同标准。根据2012年教育部的评估数据，45个州和哥

① *No Child Left Behind Act*, P. L. 107 - 110, sec. 9101.

伦比亚特区先根据母语识别 LEP 学生，然后再通过英语熟练评估进行识别。[①] 家长在学校或学区办公室为孩子注册时，需完成一项家庭语言调查，提供孩子的语言背景信息，93%的州对孩子进行家庭语言调查。如果孩子的家庭语言不是英语，则要参加英语熟练水平评估（English proficiency assessments）接受筛选，98%的州对学生进行英语水平熟练评估，这种评估不同于英语熟练水平有限测试（limited English proficiency test），其结果仅用于筛选，而不是问责。[②] 一些学区把英语熟练评估结果作为唯一的筛选依据，而有的学区采用多种标准，如教师的判断、学业成绩测试、母语测试等。一旦学生被列为 LEP 学生，则接受有针对性的教学，直到英语水平达到州或学区制定的标准。

2. LEP 学生的身份脱离

经过几年的学习，如 LEP 学生的英语水平达到了一定标准，需转入主流学习环境，脱离原来的身份。2009—2010 年，49 个州和哥伦比亚特区要求或建议学区以英语熟练水平有限测试成绩作为身份脱离的标准。[③] 各州的英语熟练水平有限测试包括四部分：阅读、写作、表达和听力，有些州要求同时达到总分线和各部分最低线，有些州只要求达到总分线。在州英语熟练水平有限测试后，15 个州要求学生再参加州学业内容评估，确定学生是否可以转出。在 LEP 学生转入普通班级后，可能会出现不适应的情况，所有的州和哥伦比亚特区对这些学生的学业成绩进行至少两年跟踪，确保他们能达到不断提高的课程和语言要求，如果有学生不能顺利地适应新环境的学习，则会被再次列为 LEP 学生。

（二）英语语言熟练标准和评估制度的制定和实施

在《不让一个孩子落伍法案》Title Ⅲ中，联邦立法第一次要求各州制定英语语言熟练标准（English language proficiency standards），

① *National Evaluation of Title Ⅲ Implementation—Report on State and Local Implementation*, Washington, DC: American Institute for Research, 2012, p. 18.

② Ibid., p. 21.

③ Ibid., p. 26.

采用有效、标准一致的英语语言熟练评估制度，测量 LEP 学生的进步。本法案颁布前，只有 14 个州制定了英语语言熟练标准，这些标准自愿使用，主要用于指导和课程资助。[①] 尽管法案颁布前许多州已经制定英语语言熟练评估制度，但评估一般用于学生安置，不用于测量学生英语熟练水平的提高。直到 2006—2007 年，所有的州才实施了英语语言熟练标准和评估制度。为了共享资源和专家，许多州联合制定英语语言熟练标准和评估制度。

1. 英语语言熟练标准和评估制度的制定

英语语言熟练标准不只定位于提高学生的语言交流能力，还要定位于使学生适应英语的教学环境，因此要和州学业标准相协调。在法案的要求下，各州依据州内容标准制定或修订州英语语言熟练标准，到 2009—2010 年，有 45 个州和哥伦比亚特区的至少一门核心课程能达到两个标准的协调。[②] 在大多数情况下，标准的协调工作由学区工作人员、从事 LEP 学生教学的教师、学业内容教师和从事英语熟练水平有限研究的专家完成，有些州是通过与其他州的合作实现标准的协调。

英语语言熟练标准最终要落实到教学实践中，为了确保两个标准在教学实践中保持协调，各州采取了以下策略：依据英语语言熟练标准向教师提供培训，提供教学方法培训，改变课程内容，改变评估方法，统一学区课程，采用新的教学指南。问责制度使学区更重视运用协调策略，由于未达到年度可测量学业目标的学区逐渐增加，失败的学区采用了更多的协调策略。

英语语言熟练评估制度往往由各州联合而成的共同体制定，2009—2010 年，各州分别加入 7 个共同体，推行不同的评估制度，通过考试评估学生的阅读、写作、表达和听力水平。21 个州和哥伦比亚特区加入“世界水平教学设计和评估”（World-Class Instructional Design and Assessment，WIDA）共同体，“世界水平教学设计和评估”

---

① *National Evaluation of Title Ⅲ Implementation—Report on State and Local Implementation*, Washington, DC: American Institute for Research, 2012, p. 56.

② Ibid., p. 58.

侧重于英语语言熟练标准和评估制度的制定和实施、专业发展、教学和评估问题研究。6 个州加入“英语语言熟练合作和研究”（English Language Proficiency Collaboration and Research，ELPCR）共同体，“英语语言熟练合作和研究”侧重于英语语言熟练评估制度的实施、提供高质量的教学项目、开展考试和教学研究。[①] 法案要求英语语言熟练考试和英语语言熟练标准相协调，2009—2010 年，有 48 个州和哥伦比亚特区实现了二者的协调，其余两个州有此打算。[②]

2. 英语语言熟练标准和评估制度的实施要求

2008—2009 年，接受《不让一个孩子落伍法案》Title Ⅲ资助的 LEP 学生中，参加州英语语言熟练测试的占 94%。各州教育机构利用学生的评估数据进行问责，如用来计算学校是否达到了年度可测量的成绩目标、向联邦提交报告。此外，评估数据还可以用于指导教师专业发展和技术资助，提高学校和学区的动力，测量 LEP 学生的进步。评估的最终目的是改善管理，改进 LEP 学生的教学，提高他们的学业成绩，使其尽快达到英语熟练。

（三）年度可测量成绩目标的制定与实施要求

《不让一个孩子落伍法案》Title Ⅲ要求各州制定问责制度，并提出了三项年度可测量的成绩目标，如果州和学区达不到目标，则需要制订改进计划，甚至修改课程、更换相关人员。州和学区层面达到目标的数据都需要统计，州必须每年向学区和联邦教育部报告达到目标的情况，未达到目标的学区需告知家长学区的表现。

1. 年度可测量成绩目标的制定

在《不让一个孩子落伍法案》Title Ⅲ实施前，大部分州采用的英语语言熟练评估制度并不是用于测量语言的进步，而是为了识别、安置 LEP 学生，因此，直到 2006—2007 学年，所有的州才制定、实施了符合法案要求的英语语言熟练标准和评估制度。但由于各州没有经验，仅根据现有的 LEP 学生的熟练水平数据大致估算出达到熟练水

---

① *National Evaluation of Title Ⅲ Implementation—Report on State and Local Implementation*, Washington, DC: American Institute for Research, 2012, p. 57.

② Ibid., p. 66.

平需要的时间，导致两年后有的州仍没有一名学生达到标准。因此，各州不得不重新修订标准，到2009--2010学年，48个州和哥伦比亚特区至少对标准进行过一次修订。①

各州可依据法案制定本州的年度可测量成绩目标，2009—2010学年，41个州和哥伦比亚特区规定了达到第一项年度可测量成绩目标（AMAO1）学生的百分比，但各州间的百分比值和AMAO1的增长要求（如表现水平、等级分、原始分、综合得分）有很大不同，其他州采用选择的方法计算AMAO1。② 各州对第二项年度可测量成绩目标（AMAO2）的要求类似于AMAO1，规定了需要达到最低表现水平的学生的百分比，但各州间的百分比值和熟练要求差距较大。第三项年度可测量成绩目标（AMAO3）针对LEP学生充分年度进步的情况，由于各州的熟练百分比要求、表现标准和计算充分年度进步的方法不同，AMAO3在各州间也存在差距。在制定有效可靠的年度可测量成绩目标时，各州面临的最大挑战是学区间LEP学生数量及英语水平的差异。例如，如果一个学区英语水平低的新移民学生较多，就很容易达到AMAO1，而很难达到AMAO2；反之，如果一个学区英语水平有限学生的数量稳定，并且接受过多年的英语语言服务，则很容易达到AMAO2，很难达到AMAO1。因此，各州在制定年度可测量成绩目标时，对学生的特征做了说明，如学生已经接受英语语言服务的时间。

2. 年度可测量成绩目标的实施及问责

2008—2009学年，仅有10个州达到了州制定的所有三项年度可测量成绩目标，但55%的学区达到了州制定的所有三项年度可测量成绩目标。《不让一个孩子落伍法案》Title Ⅲ资助的学区中，达到AMAO1、AMAO2、AMAO3的比例分别为89%、82%、64%，③ 在三项目标中，AMAO3最难达到。有些学区官员认为，使LEP学生达到和母语为英语学生同样的英语熟练标准是不现实的，对阅读课来说，

---

① *National Evaluation of Title Ⅲ Implementation—Report on State and Local Implementation*, Washington, DC: American Institute for Research, 2012, p. 78.

② Ibid., p. 81.

③ Ibid., p. 85.

更是如此，学区不应因达不到 AMAO3 而受惩罚。

根据 2008—2009 年的数据，在接受《不让一个孩子落伍法案》Title Ⅲ资助的学区中，1/3 的学区连续两年或四年未达到 AMAO，这些学区 LEP 学生的数量占全国的一半，LEP 学生数量多、高度贫困的学区不能达到 AMAO 的可能性更大。未达到年度可测量成绩目标的学区中，大部分也是 Title Ⅰ项目中需要改进或实施纠正行为的学校。[1]

根据法案要求，要对未达到年度可测量成绩目标的学区进行问责。未达到目标的学区要制订改进计划、接受技术资助、被撤回资金资助、更换学区人员。各州的改进计划各不相同，有的针对资助申请中的几个问题，有的设计用于评估和改进的综合范例，有的修订课程、项目或改进教学方法。除了法案要求的改进计划，各州还有其他要求，如缅因州继续沿用劳诉尼科尔斯案判决的原则，要求学区简要说明如何向 LEP 学生提供均等的教育机会。技术资助主要包括数据分析、项目听证会等。各州几乎不更换学区的人员，不撤回资助，认为能通过继续资助更大程度地干预学区的改进计划。

四　《不让一个孩子落伍法案》Title Ⅲ的基础教育质量公平效果

既然《不让一个孩子落伍法案》Title Ⅲ的资助对象为 LEP 学生，就应以非 LEP 学生为参照，分析法案是否推进了教育质量公平。本书以国家教育统计中心公布的“国家教育进步评估”的统计数据为依据，分析法案实施的成效和问题。为了发现法案的影响，本书把法案实施前的学业成绩列入分析范围，以便进行比较。

（一）《不让一个孩子落伍法案》Title Ⅲ的实施成效

1. LEP 和非 LEP 学生阅读成绩提高和成绩差距缩小情况

“国家教育进步评估”的统计数据中，法案实施前最后一次 4 年级阅读评估数据为 2000 年，8 年级和 12 年级为 1998 年，由于有的年份数据缺失或不适用，各年级数据年份不同。

---

① *National Evaluation of Title Ⅲ Implementation—Report on State and Local Implementation*, Washington, DC: American Institute for Research, 2012, pp. 85 – 88.

（1）4 年级 LEP 和非 LEP 学生的阅读成绩提高和成绩差距缩小情况

2000 年以来，4 年级 LEP 和非 LEP 学生的阅读成绩都有所提高，LEP 学生成绩提高的幅度更大，两个群体的成绩差距缩小幅度较大；法案实施之初，LEP 学生成绩提高和两个群体成绩差距缩小幅度更大。LEP 学生的成绩由 2000 年的 167 分提高到 2002 年的 183 分，提高了 6 分，之后的 11 年中提高了 4 分。非 LEP 学生的成绩由 2000 年的 216 分提高到 2002 年的 221 分，提高了 5 分，之后的 11 年中提高了 5 分。两个群体的成绩差距由 2000 年的 49 分缩小到 38 分，之后继续缩小，2013 年的差距又扩大为 38 分。（见图 4—14）

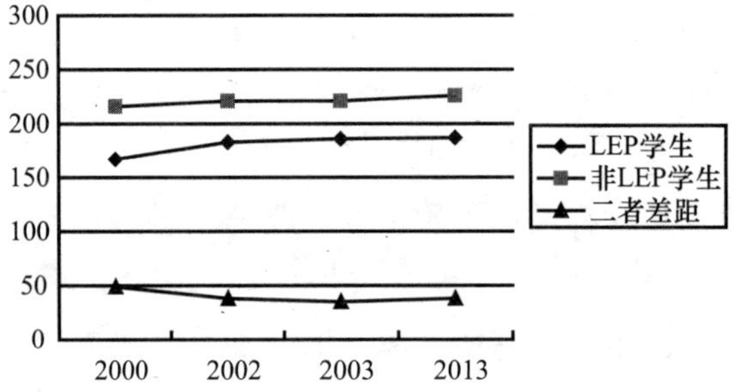

图 4—14　4 年级 LEP 和非 LEP 学生的阅读成绩和成绩差距

数据来源：同图 4—1。

（2）8 年级 LEP 和非 LEP 学生的阅读成绩提高和成绩差距缩小情况

1998 年以来，8 年级 LEP 和非 LEP 学生的阅读成绩都有所提高，LEP 学生成绩提高幅度更大，成绩差距略有缩小；法案实施之初，成绩提高和差距缩小幅度更大。LEP 学生的成绩由 1998 年的 218 分提高到 2002 年的 224 分，再提高到 2013 年的 225 分；非 LEP 学生的成绩由 1998 年的 264 分提高到 2002 年的 266 分，再提高到 2013 年的 270 分；成绩差距由 1998 年的 46 分缩小到 2002 年的 42 分，再提高到 2013 年的 45 分。（见图 4—15）

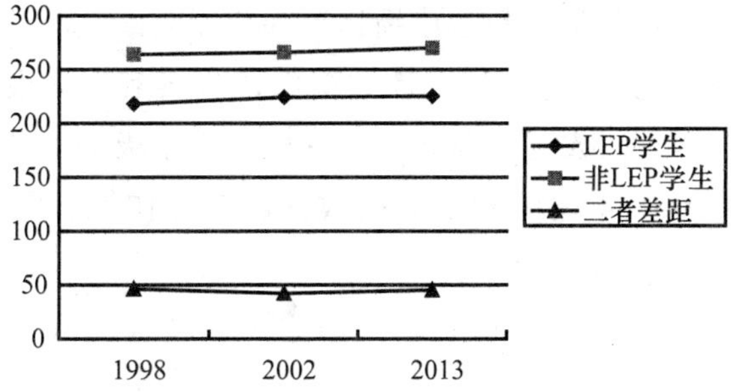

图 4—15　8 年级 LEP 和非 LEP 学生的阅读成绩和成绩差距

数据来源：同图 4—1。

（3）12 年级 LEP 和非 LEP 学生的阅读成绩提高和成绩差距缩小情况

1998—2013 年，12 年级 LEP 和非 LEP 学生的阅读成绩在波动中呈下降趋势，LEP 学生成绩下降幅度更大；二者成绩差距在波动中提高，提高幅度较大。LEP 学生的成绩由 1998 年的 244 分提高到 2002 年的 245 分，2013 年下降到 237 分；非 LEP 学生的成绩由 291 分下降到 2002 年的 288 分，提高到 2013 年的 290 分；二者的成绩差距由 1998 年的 46 分缩小到 2002 年的 43 分，再扩大到 2013 年的 53 分。（见图 4—16）

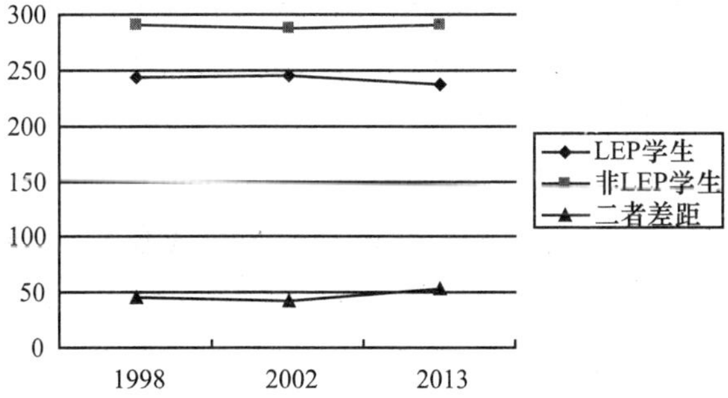

图 4—16　12 年级 LEP 和非 LEP 学生的阅读成绩和成绩差距

数据来源：同图 4—1。

2. LEP 和非 LEP 学生数学成绩提高和成绩差距缩小情况

“国家教育进步评估”的统计数据中，法案实施前最后一次 4 年级和 8 年级数学评估数据为 2000 年。由于 12 年级的评估框架和内容有较大变化，2005 年之前和之后的数据没有可比性，因此，12 年级为 2005 年之后的数据。

（1）4 年级 LEP 和非 LEP 学生的数学成绩提高和成绩差距缩小情况

2000—2013 年，4 年级 LEP 和非 LEP 学生的数学成绩都有所提高，LEP 学生提高的幅度更大；两个群体的成绩差距缩小；法案实施之初，学生成绩提高和群体差距缩小幅度更大。LEP 学生的成绩由 2000 年的 199 分提高到 2003 年的 214 分，再提高到 2013 年的 219 分；非 LEP 学生的成绩由 2000 年的 227 分提高到 2003 年的 237 分，再提高到 2013 年的 244 分；群体间成绩差距由 2000 年的 28 分缩小到 23 分，之后在波动中增长，2013 年为 25 分。（见图 4—17）

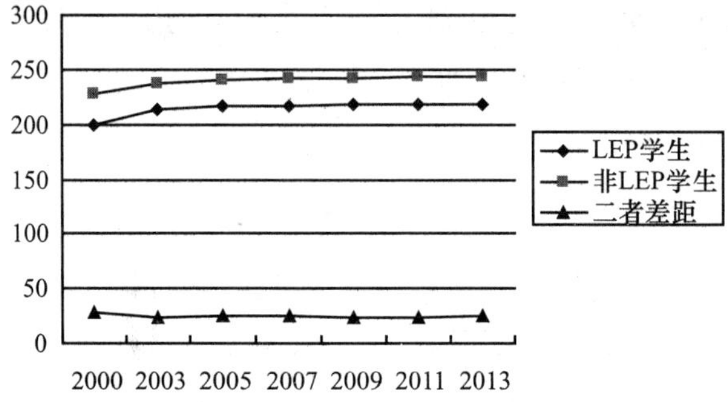

图 4—17　4 年级 LEP 和非 LEP 学生的数学成绩和成绩差距

数据来源：同图 4—4。

（2）8 年级 LEP 和非 LEP 学生的数学成绩提高和成绩差距缩小情况

2000—2013 年，8 年级 LEP 和非 LEP 学生的数学成绩都有所提高，LEP 学生提高的幅度更大；两个群体的成绩差距在波动中略有扩大。LEP 学生的成绩由 2000 年的 234 分提高到 2003 年的 242 分，再提高到 2013 年的 246 分；非 LEP 学生的成绩由 2000 年的 274 分提高到 2003 年的 279 分，再提高到 2013 年的 287 分；群体间成绩差距由 2000 年的 40 分缩小到 2003 年的 38 分，之后在波动中增长，2013 年为 41 分。（见图 4—18）

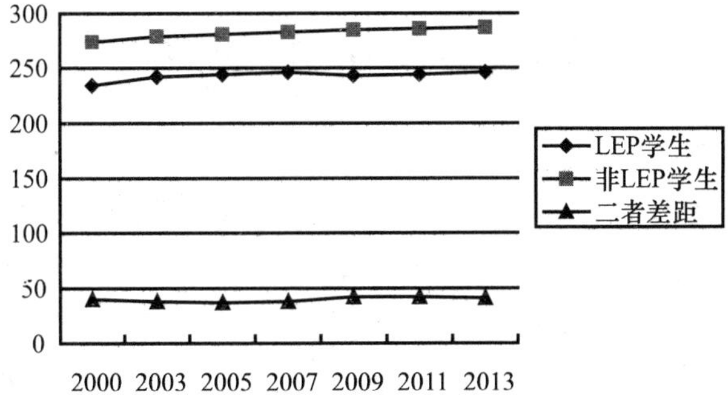

图 4—18　8 年级 LEP 和非 LEP 学生的数学成绩和成绩差距

数据来源：同图 4—11。

（3）12 年级 LEP 和非 LEP 学生的数学成绩提高和成绩差距缩小情况

2005 年以后，LEP 学生的成绩下降幅度较大，非 LEP 学生的成绩略有上升；二者的成绩差距增长幅度较大。前已述及，2005 年之前和之后的数据不具可比性，因此无法通过比较得出结论。但是，从 2005 年之后的数据看，LEP 学生的成绩由 2005 年的 120 分下降到 2009 年的 117 分，再下降到 2013 年的 109 分；非 LEP 学生的成绩由 2005 年的 151 分提高到 2009 年的 154 分，再提高到 2013 年的 155 分；二者的成绩差距由 2005 年的 31 分提高到 2009 年的 38 分，又提高到 2013 年的 46 分。（见图 4—19）

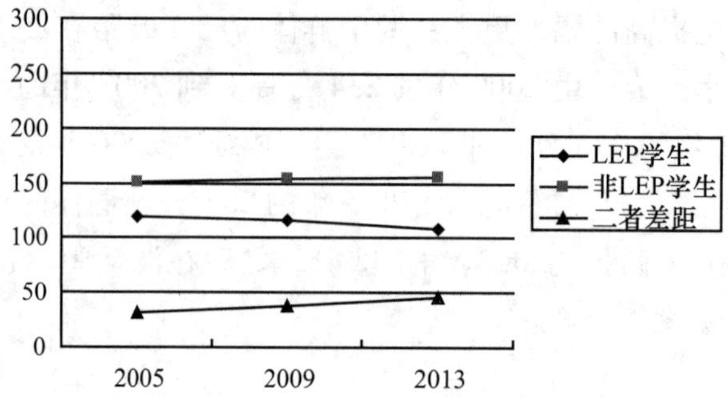

图4—19　12年级LEP和非LEP学生的数学成绩和成绩差距

数据来源：同图4—4。

总的来说，《不让一个孩子落伍法案》Title Ⅲ对基础教育质量公平未起到作用，在LEP学生和非LEP学生成绩对比的6组数据中，3组成绩差距缩小，3组差距扩大。法案实施之初，LEP比非LEP学生成绩提高的幅度大，但后来两个群体间的成绩差距缩小不明显。具体来说，4年级阅读和数学、8年级阅读成绩差距缩小了，8年级数学、12年级阅读和数学成绩差距扩大。可以说，联邦政府的资助对低年级的教育公平起了较为明显的作用，对高年级的教育公平未起到作用，差距反而拉大。或许，没有联邦的资助，LEP学生的成绩可能更差，两个群体间的差距更大。研究结论似乎也证明了亚文化、家庭等因素影响着基础教育公平，仅仅依赖法律推进基础教育公平并不可行。

（二）《不让一个孩子落伍法案》Title Ⅲ实施中的问题

1. 法案未能推进基础教育公平

总体来说，《不让一个孩子落伍法案》Title Ⅲ未能推进基础教育公平、缩小LEP和非LEP学生之间的成绩差距，二者成绩差距依然很大，高年级的成绩差距甚至呈扩大趋势。和法案实施前最后一次的统计数据相比，2013年4、8和12年级的阅读成绩差距分别缩小了11、1、－7分，仍有38、45、53分的巨大差距；2013年4、8和12年级的数学成绩差距分别缩小了3、－1、－15分，仍有25、41、46分的差距。年级越高，成绩差距越大，LEP学生的劣势越明显，这或许与课程深度和广度的增加有关。相对于贫富学生间的成绩差距，LEP 和非 LEP 学生间的成绩差距更大，政府需要在 LEP 学生的教育质量提高方面做出更大的努力。

2. LEP 学生的成绩提高不明显，12 年级 LEP 学生的成绩基本呈下降趋势

法案实施之初，4 年级和 8 年级 LEP 和非 LEP 学生的阅读和数学成绩提高幅度相对较大，但之后成绩曲线逐渐平缓，12 年级 LEP 学生的成绩基本呈下降趋势。以 4 年级数学为例，2000—2003 年，LEP 和非 LEP 学生的成绩分别提高了 15 分和 10 分，2003 到 2013 年间，LEP 和非 LEP 学生的成绩只分别提高了 5 分和 7 分。12 年级的成绩基本呈下降趋势，如 LEP 学生的数学成绩在 2005—2009 年下降了 3 分，2009—2013 年下降了 8 分。尽管 Title Ⅰ对提高贫困学生成绩的作用不理想，但 Title Ⅲ对英语熟练水平有限学生成绩起到的作用更小，实施效果不如 Title Ⅰ。这主要是因为《初等和中等教育法》一直把贫困学生作为重点关注群体，在有效改进贫困学生教育成就方面有了较为丰富的经验；法案对贫困学生的资助力度相对较大，对 LEP 学生资助较少，2009 年，有的学区 LEP 生均资助仅约 100 美元；[①] 在 2002 年前，联邦政府一直倡导双语教育，2002 年才终止了《双语教育法》，以"英语熟练"为唯一的目标，各州要重新制定或修订目标和问责制度，法案的实施一直处于探索阶段。

3. LEP 学生提高成绩的难度更大，而 Title Ⅲ并未得到充分关注

《不让一个孩子落伍法案》Title Ⅲ提出了三项 AMAO，其中 AMAO1 和 AMAO2 是对英语的要求，AMAO3 是对 LEP 孩子充分年度进步的要求，即学业成绩要求。三项 AMAO 中，AMAO3 最难达到，而《不让一个孩子落伍法案》的宗旨是"缩小成绩差距"，因此 AMAO3 才是 LEP 学生教育最终要实现的目标，前两项仅仅是前提。对 LEP 学生来说，达到语言要求容易，达到学业内容要求的难度较

---

① *Title I Policy*: *State of the States*, Washington, C: Department of Education, 2010, p. 20.

大。Title Ⅰ和 Title Ⅲ应是协调统一的，但在实际执行中，各州未能有效协调二者的关系，并且，相对于 Title Ⅲ的 AMAO，各州更重视达到 Title Ⅰ中的充分年度进步要求。学区认为 Title Ⅰ和 Title Ⅲ有不同的资助来源、资助不同的群体，Title Ⅲ资助 LEP 学生，而 Title Ⅰ不资助 LEP 学生。教师、学区官员甚至家长更重视 Title Ⅰ项目，Title Ⅲ并未得到充分关注。因此，Title Ⅲ对缩小 LEP 和非 LEP 学生成绩差距起到的作用有限。

第三节　残疾学生基础教育质量公平的法律保障

1975 年的《所有残疾儿童教育法》是在美国残疾人教育史上影响较大的一部法案，从法律意义上为残疾儿童提供了均等的教育机会。随着教育的发展，残疾儿童的教育目标渐渐发生了变化，国会多次修订《所有残疾儿童教育法》。2002 年的《不让一个孩子落伍法案》极大地影响了残疾儿童教育，对残疾儿童的教育质量提出了更高的要求。2004 年，国会通过了《残疾人教育促进法》（*Individuals with Disabilities Education Improvement Act*，P. L. 108 - 446），进一步完善了残疾学生的教育立法。

一　《残疾人教育促进法》颁布的背景

（一）残疾学生的教育质量不高，与正常学生的成绩差距仍较大

1975 年以来，残疾人教育立法通过“个别化教育项目”“免费适合的公立教育”“最少限制环境”等条款为残疾学生提供均等的教育机会，提高其教育质量，也为残疾学生的教育提供了大量资助，残疾学生的教育条件大大改善。但是，残疾学生的教育质量并未得到明显改善，和正常学生的成绩差距依然很大。2000—2001 学年，不再接受初等或中等教育、离开特殊教育机构的 14—21 岁残疾学生中，获

得毕业证的仅占29.8%。[1] 总的来说，残疾学生和正常学生的阅读和数学成绩差距幅度缩小了，但差距仍较大。以8年级数学为例，两个群体的成绩差距由2000年的47分缩小到2003年的39分，[2] 缩小幅度较大，虽然学生的残疾会影响到学生的成绩，两个群体不能使用相同的标准，但39分确实是一个较大的差距。残疾学生家长希望孩子能接受高质量的教育，尽可能缩小和正常孩子的成绩差距，为孩子升入高一级学校、顺利融入主流环境奠定基础。

（二）各州对原有法案条款的执行力度不够

虽然残疾人教育的相关立法已经实施了20余年，但是，各州并未认真执行法案的要求，对法案条款的执行力度不够，实际执行和法案的要求相差甚远，联邦政府需要制定更严格的奖惩制度督促各州采取积极行动。20世纪90年代末，特殊教育项目办公室（the Office of Special Education Programs，OSEP）的研究发现，88%的州未能履行法案的中等转衔服务（transition services）条款，使残疾学生能顺利过渡到中学后教育或从事工作；80%的州未能达到免费适合公立教育条款的要求；78%的州未能达到程序保护条款的要求；72%的州未能达到最少限制环境条款的要求。[3] 大部分州甚至没有达到法案最基本的要求，因此引发了一些争议甚至诉讼，比较有影响的是拉齐尔·赫兰德（Rachel Holland）为争取最少限制环境发起的诉讼。7岁时，学区认为她智力发育迟缓，因此把她安置在隔离的特殊教育教室，拉齐尔的家长认为孩子应该在普通教室接受教育，法院做出了有利于家长的判决，但学区一直上诉到联邦最高法院，联邦最高法院维持地方法院

---

① *Number of students with disabilities exiting special education, by basis of exit, age, and type of disability: United States and outlying areas, 2000 - 01* (http: //nces. ed. gov/programs/digest/d03/tables/dt109. asp).

② *Average National Assessment of Educational Progress (NAEP) mathematics scale score and percentage of students attaining selected NAEP mathematics achievement levels, by selected school and student characteristics and grade: Selected years, 1990 through 2013* (http: //nces. ed. gov/programs/digest/d14/tables/dt14_222. 12. asp).

③ *Back to School on Civil Rights: Commitment to Leave No Child Behind*, Washington, DC: National Council on Disability, 2000, p. 18.

的判决。诉讼共持续了5年，诉讼期间，孩子在普通的私立学校学习了两年，学费由家长支付。

（三）与《不让一个孩子落伍法案》相协调的需要

《初等和中等教育法》是美国基础教育领域最重要的法案，不同时期的重新授权代表了各时期基础教育的基本目标和原则的变化，会影响到其他相关法案的制定或修正。2002年，《不让一个孩子落伍法案》颁布，为了实现缩小差距、不让一个孩子落伍的目标，使残疾学生能达到内容标准和学业成绩标准，有必要对残疾人教育相关法案进行重新授权。对残疾人教育相关法案进行修订时，既要考虑《不让一个孩子落伍法案》对学生学业成绩的要求，又要考虑残疾学生的特殊性。最受关注的是充分年度进步目标如何灵活适用于残疾学生，残疾学生的学习方式与正常学生不同，部分残疾学生学习能力低于正常学生，如果运用和正常学生同样的标准考试和方法，会导致学生成绩偏低，对学生、学校都不公平，因此，法案要在统一要求和残疾学生的特殊需要之间找到平衡点。另外，对特殊教育教师的要求也应不同于普通教育教师，在教师培训、资质要求、专业发展等各方面，都不能完全以《不让一个孩子落伍法案》为依据进行规范。

二　《残疾人教育促进法》对残疾学生基础教育质量公平的保障

《残疾人教育促进法》共三章，其中第一章（Title Ⅰ）为核心部分，标题为《残疾人教育法修正案》（*Amendments to the Individuals with Disabilities Education Act*），Title Ⅰ包含四部分，A部分为“一般条款”，B部分为“对所有残疾儿童的资助”，C部分为“残疾婴儿和幼童”，D部分为“改善残疾儿童教育的国家行动”。B部分与残疾学生的教育质量关系最为密切，本书仅对此部分进行分析。

（一）资助额度

《残疾人教育促进法》是美国教育部管理的最大教育项目之一，为了向残疾学生提供特殊教育和相关服务，2005—2006财政年度，教育部每年向各州提供财政拨款，拨款额度的计算方法如下：3—5

岁的孩子（符合资助条件的州）和6—21岁孩子[1]之和乘以全国公立中小学生平均支出的40%，2007年之后的计算方法基本相同。[2] 法案延续了原有的计算方法。根据这一计算方法，2005财政年度，联邦政府应资助123亿美元，以后每年逐渐增加，到2011财政年度增至261亿美元。[3] 由于特殊教育的生均成本较高，大约是普通教育生均成本的两倍，因此联邦政府支出额外部分或超出部分的一定比例，自1975年以来，这一比例一直为40%。尽管联邦的资助额度一直在大幅度增长，1997—2004年平均增幅甚至达到20%，[4] 但没有达到法案要求40%的支出比例，远不能满足各州的需要。

（二）对教师的要求

高质量教师是高质量教育的基本保障，《残疾人教育促进法》对特殊教育教师和辅助人员提出了资质要求。特殊教育教师和辅助人员应接受过适合、充分的训练，具备服务于残疾学生的知识和技能。[5] 特殊教育教师应获得特殊教育教师全日制州证书，或者通过州特殊教育教师证书考试，并持有特殊教育教师许可证，如果在公立特许学校任教，要符合州公立特许学校法的要求；不能持有紧急或临时证书；最低具有学士学位。[6] 这是对特殊教育教师的基本要求，和《不让一个孩子落伍法案》对高质量教师的要求既有相同之处，又存在差别。二者都要求教师最低具有学士学位，不能持有紧急或临时证书。但是，特殊教育教师应获得“特殊”教育教师全日制州证书，或者通过州“特殊”教育教师证书考试，并持有“特殊”教育教师许可证，这是和普通教育教师最大的区别。这些异同体现了对教师要求统一性

---

① 《残疾人教育法》允许残疾学生在高中学习到21岁。

② *Individuals with Disabilities Education Improvement Act*, P. L. 108 - 446, sec. 611 (a).

③ *Individuals with Disabilities Education Improvement Act*, P. L. 108 - 446, sec. 611 (i).

④ Joshua, J., Corrigan, *Individuals with Disabilities Education Act*: *Developments*, New York: Nova Science Publishers, Inc., 2009, p. 9.

⑤ *Individuals with Disabilities Education Improvement Act*, P. L. 108 - 446, sec. 602 (a) (14).

⑥ *Individuals with Disabilities Education Improvement Act*, P. L. 108 - 446, sec. 602 (10) (B).

和灵活性的结合。

残疾学生也要学习《不让一个孩子落伍法案》要求的核心课程，对特殊教育核心课程教师的要求与对普通教育教师的要求也不完全相同。新任教的特殊教育核心课程小学教师要通过严格的州课程知识考试，还要通过阅读、数学和其他基本小学课程教学技能考试，这一要求同普通教育小学教师相同。但在两种情况下，特殊教育小学教师可以不符合以上要求：教师所教的学生认知障碍非常严重，这些教师如通过“高目标统一州评估标准”（high objective uniform state standard of evaluation），也被认定为合格；能胜任数学、语言艺术或科学课程的教学并能讲授至少两门学业课程的新教师，如果在两年内通过“高目标统一州评估标准”，并能胜任其他核心学业课程的教学，这些教师也可以被认定为合格。对新任教的特殊教育核心课程中学教师的要求与普通教育中学教师相同，两种例外情况同样适用于中学教师。对任教多年的中小学特殊教育教师的要求与普通教育教师相同，需达到新教师的标准，或通过“高目标统一州评估标准”，两种特殊情况同样适用于任教多年的教师。①

（三）对学生的评估

学生在接受特殊教育之前要接受首次评估，确定是否有资格接受特殊教育或相关服务。法案要求，家长或教育机构都可以要求进行首次评估，确定孩子是否有残疾。② 在接受首次评估后，如果地方教育机构因特殊教育或相关服务方面的原因需要进行再评估、家长或教师认为需要进行再评估，可以再次进行评估。③ 孩子在接受特殊教育或相关服务后，成绩提高很快，可能意味着他不再需要接受特殊教育或相关服务，可以转入普通学校；或者学生接受个别化教育项目后，没

---

① Joshua J. Corrigan, *Individuals with Disabilities Education Act: Developments*, New York: Nova Science Publishers, Inc., 2009, pp. 92 – 95.

② *Individuals with Disabilities Education Improvement Act*, P. L. 108 – 446, sec. 614 (a) (1) (B).

③ *Individuals with Disabilities Education Improvement Act*, P. L. 108 – 446, sec. 614 (a) (2) (A).

有取得进步，意味着个别化教育项目提供的特殊教育或相关服务不适合他，需要修改个别化教育项目。再评估可以对特殊教育或服务进行及时的调整，满足孩子的需要。

《残疾人教育促进法》延续了原有法案对评估的要求，如地方教育机构应使用多种评估工具和策略，搜集相关的身体机能、发展和学业信息，包括家长提供的信息；不能仅使用一种测量或评价标准；运用合理的技术手段。[①] 这些要求使评估的结果有效、可靠，避免了片面性。法案还提出了评估的附加要求，如，评估资料不能基于种族或文化偏见进行选择和管理；评估资料使用和管理所运用的语言和形式应能在最大程度上提供关于学生所知和所做方面准确的信息；评估资料由接受过培训的、知识丰富的人员进行管理。[②] 和 1997 年的《残疾人教育修正案》（*the Individuals with Disabilities Education Act Amendments of 1997*，P. L. 105 – 17）相比，《残疾人教育促进法》对评估资料的使用和管理做了较大的改动，1997 年修正案要求“使用儿童的母语或其他交流形式提供、管理评估资料”[③]，而 2004 年的法案不再要求使用母语，这是因为《不让一个孩子落伍法案》取消了双语教育，不再鼓励使用母语。如果儿童因缺乏适当的阅读和数学指导或因英语熟练水平有限影响到评估结果，不能被确定为残疾儿童。[④]《残疾人教育促进法》将残疾儿童界定为因智力、听力、视力、语言障碍等原因不能接受普通教育的儿童，缺乏阅读或数学指导以及英语水平有限的儿童可以通过普通教育得到提高，不能列为残疾儿童。

（四）个别化教育项目

为了保障特殊教育的质量，使每个孩子都能接受符合自身需要的

---

① *Individuals with Disabilities Education Improvement Act*，P. L. 108 – 446，sec. 614（b）（2）.

② *Individuals with Disabilities Education Improvement Act*，P. L. 108 – 446，sec. 614（b）（3）（A）.

③ *the Individuals with Disabilities Education Act Amendments of 1997*，P. L. 105 – 17，sec. 614（b）（3）（A）（ⅲ）.

④ *Individuals with Disabilities Education Improvement Act*，P. L. 108 – 446，sec. 614（b）（5）.

教育，法案对评估合格的残疾儿童实施个别化教育项目。个别化教育项目是对残疾学生的书面陈述，法案要求个别化教育项目应包括以下内容：（1）对儿童现有学业水平和身体机能的陈述，如学生的残疾怎样影响他们学习普通教育的课程并影响在这些课程中取得进步，残疾学生需要达到的最低标准和短期目标；（2）对儿童学业和身体机能要达到的可测量年度目标的陈述；（3）对残疾儿童如何达到年度目标的陈述等。[①] 由于残疾儿童身体的障碍，普通教育的课程标准不能完全适用于他们，但为了让残疾儿童尽早融入主流环境，他们需要学习普通教育的课程内容，故可以制定适合他们的教育目标。同时，由于残疾儿童的特殊性，特殊教育或相关服务还要考虑到他们身体机能的发展。因此，个别化教育项目在学业和身体机能两方面都提出了要求，以确保残疾儿童的教育质量。

法案规定由个别化教育项目团队负责制定个别化教育项目，个别化教育项目团队由残疾学生家长、残疾学生普通课程教师、残疾学生特殊教育教师等人组成。在制定个别化教育项目时，团队要考虑孩子的体质、家长对改进孩子教育的要求、对孩子首次评估和最近一次评估的结果、孩子对学业、发展和身体机能的要求等。[②] 其中，残疾儿童普通教育教师的建议要特别重视，在适当的积极行为干预、额外帮助、项目修正等方面，他们能提出很好的建议。如果孩子英语熟练水平有限，团队会考虑满足孩子的语言需要；如果孩子失明或有视力障碍，团队会根据孩子的阅读和写作能力考虑是否采用盲文教学；如果孩子聋或有听力障碍，会根据孩子的语言和交流需要、学业水平采取适当的语言和交流方式。个别化教育项目尽量做到满足每一个孩子的特殊需求，使他们能通过特殊教育或相关服务获得尽可能充分的发展，保障特殊教育的质量。团队会对个别化教育项目进行至少每年一次的复查，检查学生是否达到了年度目标。

---

① *Individuals with Disabilities Education Improvement Act*, P. L. 108 – 446, sec. 614 (d) (1) (A) (i).

② *Individuals with Disabilities Education Improvement Act*, P. L. 108 – 446, sec. 614 (d) (3).

由于残疾学生的特殊性，他们在一个学习阶段结束后转入下一个阶段可能会面临一定困难，法案要求团队制定“多年个别化教育项目”（multi-year individualized education program），让学生能够顺利实现小学、初中、高中的过渡，这些阶段称为“自然转衔阶段”（natural transition points），“多年个别化教育项目”的每个阶段最长不超过3年。多年个别化教育项目应经家长的许可，其内容包括要实现的、与自然转衔阶段相协调的可测量目标，团队要在每个自然转衔阶段对项目进行年度检查，了解孩子是否取得了进步，如果没有取得充分的进步，检查会更频繁。① “多年个别化教育项目”是残疾学生某一阶段教育内容和方式的具体化，团队能及时发现残疾学生学业进步、身体机能的发展过程中的问题并进行调整，使学生能顺利达到发展目标。

（五）问责

原有的残疾人教育相关法案重视法案实施的过程，而2004年的《残疾人教育促进法》更重视实施的效果。联邦和州关注的重点是改善所有残疾孩子的教育结果和身体机能发展结果，为确保各州达到项目要求，特别重视和提高残疾学生教育结果关系最为密切的要求。②各州最迟在《残疾人教育促进法》实施后的一年制订好行动计划，用于评价州为达到目标做出的努力。每个州要制定可测量的、严格的目标，收集有效可靠的信息，重点收集以下几个方面的信息：最少限制环境下免费适合教育的提供，州管理权的实施，特殊教育和相关服务中种族民族的比例失调。根据计划目标和重点收集的信息分析，州对地方教育机构的执行情况进行分析，并每年向公众公布结果。

教育部长每年对州执行情况报告进行审查，确定州是否达到了要求和目的，在执行中是否需要帮助和干预。如果教育部长连续两年认为某个州需要帮助，则要采取以下至少一种行动：建议州获取技术帮

---

① *Individuals with Disabilities Education Improvement Act*, P. L. 108 – 446, sec. 614 (d) (5).

② *Individuals with Disabilities Education Improvement Act*, P. L. 108 – 446, sec. 616 (a) (2).

助资源，包括来自特殊教育项目办公室、教育部其他办公室、其他联邦机构等的帮助；直接使用本法案611（e）条款提供的资金；把这个州作为高风险州，拨款时附加特殊条件。如果教育部长连续三年认为某个州需要帮助，除了采取以上行动外，还要采取以下至少一项行动：如果教育部长认为州能在一年内纠正问题，会要求州准备纠正性行动计划或改进计划；每年撤回611（e）条款资金的20%—50%。[①]

问责制度提高了各州的责任意识，联邦政府向各州拨付资金，是为了提高特殊教育的质量，各州在接受资助后，要承担起全面发展特殊教育的责任、做到资源利用效率最大化。问责制度使《残疾人教育促进法》资助的项目不再仅仅是拨款项目，而是要求提高教育成效、改进教育质量的项目。

三 《残疾人教育促进法》的实施

《残疾人教育促进法》是《不让一个孩子落伍法案》实施后对1997年《残疾人教育法修正案》的一次重要修正，各州尽力执行法案的条款，为残疾儿童的教育创造良好的条件。

（一）教师质量的提高

由于残疾学生的特殊性，一些类型的合格特殊教育教师很难聘用到。2008—2009学年，全美5%的学前和中小学特殊教育教师职位空缺，一半的中小学特殊教育管理者认为，在过去的三年中本学区很难聘请到合格的教师，其中又有一多半的学区难以聘请到高中教师，尤其是合格的数学和科学高中教师。就服务学生类别而言，从事情绪或行为紊乱、孤独症学生教育的教师最难聘请。[②]

《残疾人教育促进法》实施后，为使残疾教师达到法案规定的高质量特殊教育教师标准，各州采取了多种措施。大部分州允许成功通过学科测试作为衡量标准，最常用的考试为实践系列考试（Praxis Series Test）。如果教师在某一学科领域的水平达到了特定级别，也可被

---

① *Individuals with Disabilities Education Improvement Act*, P. L. 108 - 446, sec. 616.

② *National Assessment of IDEA Overview*, Washington, DC: U. S. Department of Education, 2011, pp. 28 - 29.

认为合格。对于新任教的特殊教育教师，最普遍运用的标准是通过州制定的学科内容考试，有 40 个州采用了这一标准。在某一学科达到了特定级别也是较普遍采用的标准，有 32 个州采用。其他标准还有：某一学科的学习达到一定学时，通过特定的内容考试并至少通过一种教育考试服务（Educational Testing Service），通过“高目标统一州评估标准”，获得专业教育者资格证书等。[①] 为了提高高质量特殊教育教师的比例，学区也采取一些支持性策略，各地采取的主要策略有：为教师参与专业发展提供时间与资助，为教师支付证书考试费用，为教师获得证书提供免费或有资助的培训等。在难以聘用到高质量教师的地方，76% 的学区采取了提供时间和资金的方式，在容易聘用高质量教师的地方，51% 的学区采用了这一方式。[②]

经过州和学区的努力，特殊教育教师的质量有所提高。2011 年，美国从事 6—21 岁特殊教育和相关服务的全职特殊教育教师的数量为 364629 人，其中高质量教师为 347091 人，高质量教师占教师总量的 95.2%。[③] 与普通教育不同，特殊教育需要大量的辅助人员，辅助人员提供非教学服务，如在学生不接受教学时为他们提供一对一的指导，辅助进行课堂管理，在计算机教室提供教学帮助，主持家长参与的活动，充当翻译等。根据《残疾人教育促进法》的规定，特殊教育辅助人员的资格由各州制定。2011 年，从事 6—21 岁特殊教育和相关服务的全职特殊教育辅助教师的数量为 411756 人，其中高质量辅助教师为 401176 人，高质量辅助教师占辅助教师总量的 97.4%。[④]

（二）残疾学生安置环境的变化

美国特殊教育的基本政策是为残疾学生提供最少限制环境，最大限度地让残疾学生和正常学生在一起接受教育。各州为残疾学生提供

---

① *National Assessment of IDEA Overview*, Washington, DC: U. S. Department of Education, 2011, p. 27.

② Ibid., p. 30.

③ *36th Annual Report to Congress on the Implementation of the Individuals with Disabilities Education Act, 2014*, Washington, DC: U. S. Department of Education, 2014, p. 94.

④ Ibid., p. 95.

的安置环境有6种：普通班级、资源教室、分离班级、分离学校、看护机构、居家或在医院。在可能的情况下，把残疾学生安排在普通班级能促进他们的社会学习和认知发展，因此，在残疾学生能从教育中获益的前提下，学校尽力向残疾学生提供各种辅助性帮助和支持服务，尽可能使他们在普通班级中接受教育，并延长他们在普通班级中的时间。

教育部年度报告的统计数据把残疾学生分为四类：在普通班级时间80%以上的学生、在普通班级时间40%—79%的学生、在普通班级时间不足40%的学生、在其他安置环境中的学生。学生在普通班级外接受特殊教育或相关服务的时间在教学日的21%以下，被列为在普通教室的时间80%以上的学生，其他类别学生的界定以此类推。残疾学生在普通班级中时间比例的计算方法为：学生教学日在普通班级中的时间除以学生在学校中的总时间（包括午餐、休息和学习时间）。根据教育部的年度报告，2003—2012年，在普通教室的时间80%以上学生的比例提高幅度较大，由49.9%提高到61.5%，在普通班级时间40%—79%学生的比例由27.7%下降到19.5%，在普通班级时间不足40%学生的比例由18.5%下降至13.8%，在其他安置环境中学生的比例由3.9%上升至5.2%。[①] 以上数据表明，《残疾人教育促进法》实施以来，残疾学生的教育环境得到了较为明显的改善，在普通班级接受较长时间教学的残疾学生比例明显提高，这是教育机构对残疾学生服务逐渐完善的结果。

（三）各州执行效果鉴定制度的完善

《残疾人教育促进法》要求教育部长通过州执行计划（the State Performance Plans，SPP）对各州法案执行情况进行管理，为了达到这一要求，特殊教育项目办公室（the Office of Special Education Programs）代表教育部长执行“连续提高和重点监督制度”（the Continuous Improvement and Focused Monitoring System），这项制度重点关注各

① *36th Annual Report to Congress on the Implementation of the Individuals with Disabilities Education Act, 2014*, Washington, DC: U. S. Department of Education, 2014, p. 77.

州遵守和执行《残疾人教育促进法》的情况。根据法案的要求，教育部每年对各州的执行计划和相关的年度执行报告（the Annual Performance Report）进行审查，确定各州达到法案提出的要求和目标的程度，并做出年度决策，所做的年度决策是连续提高和重点监督制度的组成部分。

《残疾人教育促进法》要求各州制定年度执行报告，用于评价州为执行法案目标和要求所做的努力，并描述州将如何改进法案的执行。2005 年提交的第一份年度执行报告涵盖 6 个财政年度（2005—2010），后来又延长了两个财政年度，年度执行报告由许多可量化的指标组成（针对法案 Title Ⅰ B 部分的指标 20 个，C 部分的指标 14 个）。这些指标分为遵守指标和结果指标两类，遵守指标用于衡量对法案特定条款的遵守情况，结果指标用于衡量残疾儿童的教育效果，每个州执行计划都包含可测量的、严格的目标和改进活动。每年 2 月，各州必须提交年度执行报告，汇报州执行计划中各项指标的执行情况。年度执行报告中的遵守指标和结果指标详细而又严格，并且都是便于操作的可量化指标。由于法案 Title Ⅰ B 部分针对 6—21 岁学生，本书仅对 B 部分的相关指标进行介绍。针对 B 部分的 20 项指标中，9 项是遵守指标，如残疾儿童比例不均衡、残疾类别比例不均衡、残疾儿童筛选、童年早期转衔、中等教育转衔、综合监督、州报告数据等；10 项是结果指标，如毕业、辍学、评估、学龄期最少限制环境、学前最少限制环境、学前教育结果、家长参与、中学后结果、决策会议、调解；1 项既是遵守指标又是结果指标，为休学及开除。每项指标包含至少一项量度，如毕业指标的计算方法为，接受个别化教育项目的高中毕业学生获得普通教育毕业证的比率；学龄期最少限制环境指标的计算方法为，6—21 岁接受个别化教育项目的四类学生各占残疾学生的比率。

教育部在对各州执行情况进行鉴定时依据的信息一直在不断调整。2007 年以来，教育部进行鉴定时不仅仅以州执行计划和年度执行报告为依据，还会参考各州其他公开、可获得的信息。2013 年，在对 2011 财政年度的执行情况做出鉴定时，教育部采用了“遵守模型”（Compliance Matrix），除了依据州执行计划和年度执行报告外，还参考了审计结果、巡视时获得的信息。由于波多黎各、关岛、美属萨摩亚等领地也参加鉴定，印第安教育署管辖的学校单独参加鉴定，因此教育部对54个州和地区进行了鉴定，具体鉴定结果见表4—2。由鉴定结果可见，在接受鉴定的54个州和地区中，36个州和地区达到了要求，达到要求的占64.8%，应该说，这一比例不算高。《残疾人教育促进法》实施以来，教育部每年都要对各州的执行效果进行鉴定，到2011年达到要求的比例仅为64.8%，这意味着各州应该付出更大的努力。

表4—2　**教育部对2011财政年度各州执行B部分情况的鉴定结论**

鉴定结论	数量
达到要求	35
需要帮助	9
连续两年以上需要帮助	7
需要干预	1
连续两年以上需要干预	1
连续三年以上需要帮助	1

数据来源：*36th Annual Report to Congress on the Implementation of the Individuals with Disabilities Education Act, 2014*, Washington, DC: U. S. Department of Education, 2014, p. 218。

四　《残疾人教育促进法》的基础教育质量公平效果

既然《残疾人教育促进法》的资助对象为残疾学生，就应该以正常学生为参照，通过比较法案实施前后学生成绩的变化，分析法案是否推进了教育质量公平。本书以“国家教育进步评估”的统计数据为依据，对残疾学生和正常学生的成绩进行比较分析，并把法案颁布前的成绩纳入分析范围，试图发现法案对基础教育公平的影响。

（一）《残疾人教育促进法》的实施成效

1. 残疾学生和正常学生阅读成绩提高和成绩差距缩小情况

“国家教育进步评估”的统计数据中，由于有的年份数据缺失或不适用，各年级数据年份不同。

（1）4 年级残疾学生和正常学生阅读成绩提高和成绩差距缩小情况

2003—2013 年，4 年级残疾学生的阅读成绩先升后降，正常学生的成绩缓慢提高，两个群体间的成绩差距扩大了。2003—2005 年，残疾学生的成绩呈上升趋势，由 185 分提高到 191 分，但 2013 年降至 184 分，正常学生的成绩一直呈上升趋势，由 221 分提高到 227 分。两个群体间的成绩差距由 2003 年的 36 分缩小到 2005 年的 32 分再扩大至 2013 年的 42 分。法案在实施之初对推进基础教育公平的效果较明显，但后来群体间的成绩差距拉大。（见图 4—20）

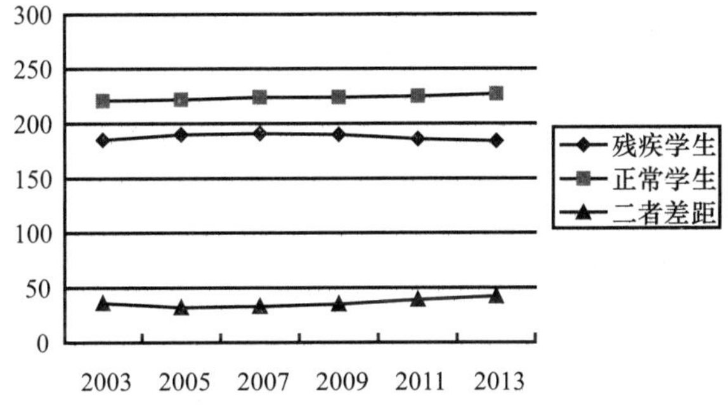

图 4—20　4 年级残疾学生和正常学生的阅读成绩和成绩差距

数据来源：同图 4—7。

（2）8 年级残疾学生和正常学生阅读成绩提高和成绩差距缩小情况

2003—2013 年，8 年级正常学生和残疾学生的阅读成绩都有提高，残疾学生成绩提高的幅度更大，两个群体间的成绩差距略有缩小。残疾学生的成绩由 225 分提高至 232 分，提高了 7 分；正常学生的成绩由 267 分提高至 271 分，提高了 5 分；两个群体间的成绩差距缩小了。（见图 4—21）

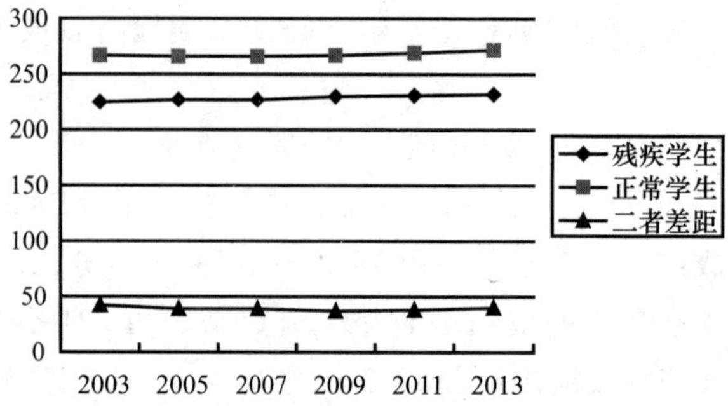

图 4—21　8 年级残疾学生和正常学生的阅读成绩和成绩差距

数据来源：同图 4—7。

（3）12 年级残疾学生和正常学生阅读成绩提高和成绩差距缩小情况

2002—2013 年，12 年级残疾学生和正常学生的成绩都有所提高，残疾学生成绩的提高幅度更大，二者间的成绩差距略有缩小。残疾学生的成绩由 247 分提高到 252 分，提高了 5 分；正常学生的成绩由 289 分提高到 292 分，提高了 3 分；二者成绩差距缩小了 2 分。（见图 4—22）

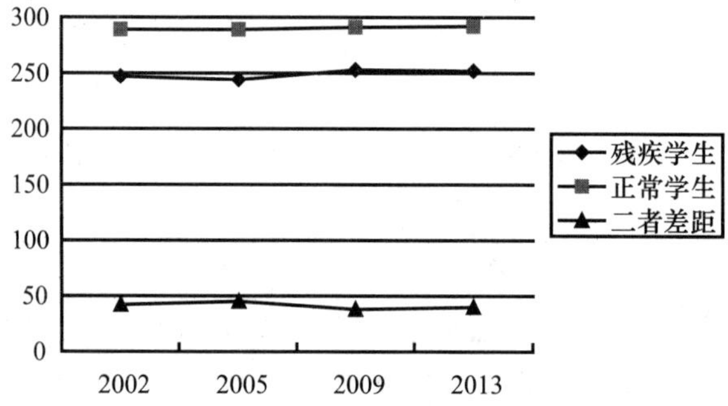

图 4—22　12 年级残疾学生和正常学生的阅读成绩和成绩差距

数据来源：同图 4—7。

2. 残疾学生和正常学生数学成绩提高和成绩差距缩小情况

由于12年级的数学评估框架和内容有较大变化，2005年之前和之后的数据没有可比性，因此，12年级为2005年之后的数据。

（1）4年级残疾学生和正常学生数学成绩提高和成绩差距缩小情况

2003—2013年，4年级残疾学生的数学成绩在波动中提高，正常学生的数学成绩一直呈提高的趋势，两个群体间的成绩差距扩大了。残疾学生的成绩由214分提高到218分，提高了4分；正常学生的成绩由237分提高到245分，提高了8分；二者间的成绩差距扩大了3分。（见图4—23）

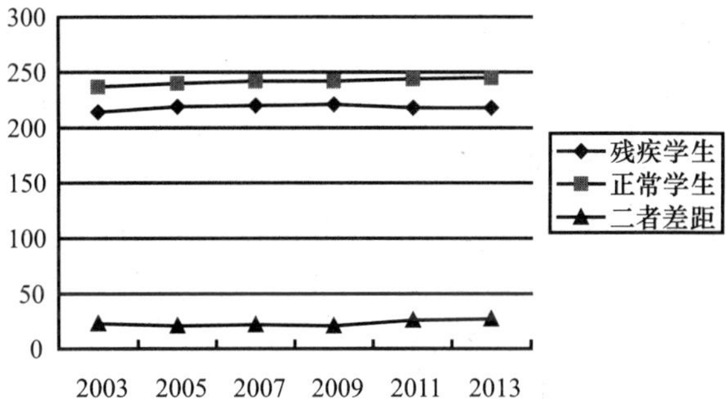

图4—23　4年级残疾学生和正常学生的数学成绩和成绩差距

数据来源：同图4—4。

（2）8年级残疾学生和正常学生数学成绩提高和成绩差距缩小情况

2003—2013年，8年级残疾学生和正常学生的数学成绩提高幅度相同，二者的成绩差距未变。残疾学生的数学成绩由242分提高到249分，提高了7分；正常学生的数学成绩由282分提高到289分，提高了7分；二者的成绩差距未变。（见图4—24）

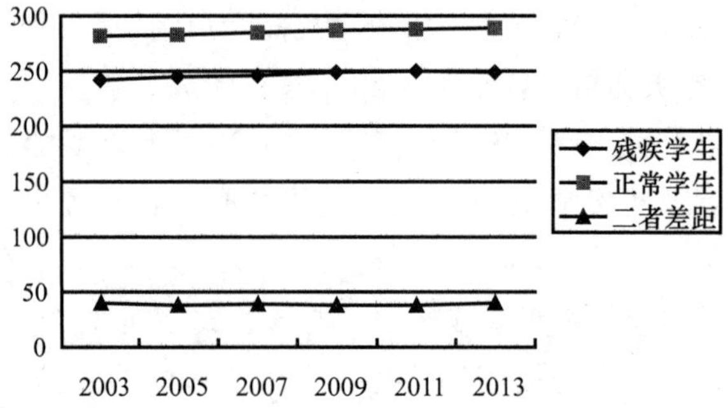

图 4—24　8 年级残疾学生和正常学生的数学成绩和成绩差距

数据来源：同图 4—4。

（3）12 年级残疾学生和正常学生数学成绩提高和成绩差距缩小情况

2005—2009 年，12 年级残疾学生和正常学生的数学成绩都略有提高，残疾学生成绩的提高幅度略高于正常学生，两个群体间的成绩差距略有缩小。残疾学生的成绩由 114 分提高到 119 分，提高了 5 分；正常学生的成绩由 153 分提高到 157 分，提高了 4 分；二者间的成绩差距缩小了 1 分。（见图 4—25）

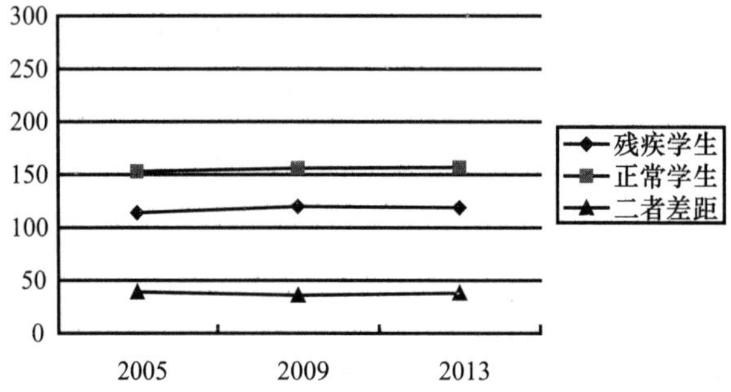

图 4—25　12 年级残疾学生和正常学生的数学成绩和成绩差距

数据来源：同图 4—4。

总的来说，残疾学生阅读和数学成绩的提高幅度大于正常学生，两个群体间的成绩差距缩小了，《残疾人教育促进法》对推进教育质量公平起了积极作用。在4、8、12年级的阅读和数学6组数据中，3组数据（8年级阅读、12年级的阅读和数学）显示两个群体间的差距缩小，1组数据显示差距未变（8年级数学），2组数据显示差距扩大（4年级阅读和数学）。数据统计结果还表明，低年级群体间的差距在扩大，高年级的差距在缩小。

（二）《残疾人教育促进法》实施中存在的问题

1. 残疾学生和正常学生的成绩差距依然很大，《残疾人教育促进法》对推进教育质量公平作用不大

由于身体或智力上的障碍，残疾学生不可能达到和正常学生相同的成绩水平，但两个群体间巨大的成绩差距仍需关注。2013年，4、8和12年级阅读成绩差距分别为42、39和40分，数学成绩差距分别为26、40和38分。12年级的数学差距为38分，虽然不是最大差距，但12年级正常学生的成绩仅为150多分，远低于4年级的240多分和8年级的280多分，因此12年级数学成绩在各年级阅读和数学差距中最大，12年级的阅读成绩差距也较大，这一点和贫困学生、LEP学生相似。虽然在高年级，弱势群体学生和优势群体学生的成绩差距有缩小趋势，但成绩差距仍大于低年级。另外，《残疾人教育促进法》在实施之初对促进基础教育公平的作用更大，之后对推进公平的作用减弱，这也是需要关注的问题。

2. 对残疾学生的学业评估标准不够灵活，带来许多负面影响

为了和《不让一个孩子落伍法案》保持一致，《残疾人教育促进法》对原有的条款进行了修正，以实现“不让一个孩子落伍”的目标。然而，达到这个目标并不现实。2003年，教育部规定，所有学生需达到各州的学业内容标准，但可以通过不同形式评估，智力障碍最严重的学生可以接受替代评估（alternate assessment）。尽管如此，许多要求仍不够灵活，对残疾学生很不利，《残疾人教育促进法》也未针对残疾学生做出大的调整。根据法案的要求，残疾学生要和正常学生一样在规定的时间内获得普通教育毕业证，才能计入高中毕业率，这对残疾学生来说很不公平。高中教育重视学业内容，主要目标

是使学生升入大学，但对一些残疾学生来说，高深的几何等学业内容对他们价值不大，他们更需要的是生活和职业技能，为就业做准备，但问责制度未把这些技能列为评估内容。参加和正常学生一样的考试让他们感到很失败，为了避免残疾学生影响学校的成绩，学校甚至不让他们参加评估考试。不合理的评估还打击了一些学校的积极性，有的学校残疾教育出色，但未能实现充分年度进步，因为出色的残疾教育吸引了许多残疾学生，从而降低了学校的平均成绩，而残疾教育不佳的学校因不能吸引残疾学生，反而实现了充分年度进步。①

3. 教师不能胜任残疾学生的教学

在《残疾人教育促进法》实施前，残疾儿童也可以学习普通教育课程，但学生数量很少，由于没有问责制度，教师可以随意选择教育内容，② 一些学习障碍儿童甚至从未学习过阅读。③《不让一个孩子落伍法案》明确提出95%的学生参加州评估，包括残疾学生，学习普通教育课程的残疾学生数量因此大增。但是，特殊教育教师缺乏讲授普通教育课程的经验，普通课程教师缺乏指导残疾学生的经验，也就是说，同时具备普通教育课程教学和残疾学生教学方法的教师严重短缺。高中特殊教育教师质量问题尤为严重，由于教师可能担任几门课程的教学，他们可能只是某一学科的高质量教师，不能胜任其他学科的教学，贫困学校高质量教师短缺的问题更为严重。面对法案对残疾教育教师提出的高要求，即将退休的残疾教育教师因未达到要求选择尽快退休，高等教育机构也不可能在短时间内培养出合格的特殊教育教师。

为了达到法案对残疾教师提出的要求，使教师达到高质量，各州采取了一些措施，最常用的是采用"高目标统一州标准评估"，确认有经验的教师是否具备充分的学科内容知识，经过确认便可被认为高质量。通过"高目标统一州标准评估"的程序，教师可利用他们的

---

① *The No Child Left Behind Act and the Individuals with Disabilities Education Act: A Progress Report*, Washington, DC: National Council on Disability, 2008, p. 88.

② Ibid., p. 39.

③ Ibid., p. 65.

经验，参与培训研讨会，达到高质量教师的要求。反对者认为这种达标方式是在“向标准注水”，不能真正提高教师质量，2006 年，美国教育部要求各州停止采用这一方法。[①] 之后各州制定了一些可行的策略，解决教师质量问题，但地方教育机构缺乏提供教师专业发展的资金。2011 年，高质量特殊教育教师占特殊教育教师总量的 95.2%，[②] 但是，教师达到高质量但不能胜任教学却是一个严峻的现实。

小　结

进入 21 世纪，联邦政府继续通过立法提高教育质量，缩小弱势群体和优势群体学生间的成绩差距，但制定的标准更高、要求更严格。对教育质量公平影响最大的两项法案是 2002 年《不让一个孩子落伍法案》和 2004 年的《残疾人教育促进法》。

对黑人和贫困学生教育的重视体现在《不让一个孩子落伍法案》Title Ⅰ中，其标题为“提高处境不利学生的学业成绩”，本章的立法目的是保障所有学生有公正、均等及重要的机会获得高质量的教育，在有挑战性的州学业成绩标准和州学业评估方面达到最低限度的熟练水平。为了达到立法目的，联邦政府采取多方面措施，如保障高质量的学业评估和问责制度、提高教师素质、制定奖惩措施等，最受关注的是提出“充分年度进步”要求。法案在执行过程中遭到阻力，教育部放宽了一些条款的执行要求，但坚持了法案的基本原则。总的来说，法案提高了学生的学业成绩、缩小了成绩差距，起到了推进基础教育质量公平的作用，法案实施之初的效果更好。13 组黑白、贫富学生成绩的对比数据中，7 组成绩差距缩小，3 组扩大，3 组未变。具体而言，黑人和白人学生在低年级成绩差距缩小，高年级没有缩小，年级越高，越难缩小成绩差距。贫富学生的阅读成绩差距缩小，

---

① *The No Child Left Behind Act and the Individuals with Disabilities Education Act: A Progress Report*, Washington, DC: National Council on Disability, 2008, p. 53.

② *36th Annual Report to Congress on the Implementation of the Individuals with Disabilities Education Act, 2014*, Washington, DC: U. S. Department of Education, 2014, p. 94.

数学成绩在基础及以上水平的差距缩小，在熟练及以上水平的差距扩大。贫困和黑人学生难以达到较高的学业水平，贫富学生间、黑白学生间的成绩差距依然很大，学生成绩的提高以牺牲其他科目的学习和考试负担加重为代价，各州间基础教育质量公平发展存在差距。

《不让一个孩子落伍法案》Title Ⅲ为《英语熟练水平有限及移民学生的语言教学》，取代了《双语教育法》，法案不再使用“双语教育”的概念。法案的基本目的是使英语熟练水平有限学生达到英语熟练，使英语学业成绩达到高水平、达到同所有学生一样的有挑战性学业内容和学生学业成绩标准。法案明确了评估的要素和标准，提出了专门针对英语熟练水平有限学生的年度可测量成绩目标，制定了问责制度。总的来说，《不让一个孩子落伍法案》Title Ⅲ对基础教育质量公平未起到作用，在 LEP 学生和非 LEP 学生成绩对比的 6 组数据中，3 组成绩差距缩小，3 组差距扩大。法案实施之初，LEP 比非 LEP 学生成绩提高的幅度大，但后来两个群体间的成绩差距缩小不明显。具体来说，4 年级阅读和数学、8 年级阅读成绩差距缩小了，8 年级数学、12 年级阅读和数学成绩差距扩大。可以说，联邦政府的资助对低年级的教育公平起了较为明显的作用，对高年级的教育公平未起到作用，差距反而拉大。并且，LEP 和非 LEP 学生之间的成绩差距依然很大；LEP 和非 LEP 学生的成绩提高不明显，12 年级 LEP 学生的成绩基本呈下降趋势；LEP 学生提高成绩的难度更大，相对于 Title Ⅰ，Title Ⅲ并未得到充分关注。

为了提高残疾人的教育效果，《残疾人教育促进法》修订了高质量教师的标准、学生评估制度和问责制度，并进一步完善了个别化教育项目。通过实施法案，特殊教育教师的质量有所提高，残疾学生的安置环境更有利于学生回归主流，大部分州通过了联邦对法案实施效果的鉴定。总的来说，残疾学生阅读和数学成绩的提高幅度大于正常学生，两个群体间的成绩差距缩小了，法案对推进教育质量公平起到了积极作用。在 6 组统计数据中，3 组成绩差距缩小，2 组扩大，1 组未变，低年级成绩差距呈扩大趋势，高年级呈缩小趋势。但是，残疾学生和正常学生的成绩差距依然很大；法案对残疾学生的学业评估标准不够灵活，带来一些负面影响；许多残疾教育教师不能胜任残疾学生的教学。

本章研究了黑白、贫富、LEP 和非 LEP、残疾和正常学生的成绩提高和差距缩小情况。除了 4 年级残疾学生的阅读、12 年级 LEP 学生的数学和阅读成绩外，各年级、各类学生的阅读和数学成绩都提高了，应该说，法案对提高学生的成绩起到了作用。在弱势群体和优势群体成绩差距变化的 25 组数据中，13 组成绩差距缩小，4 组成绩差距未变，8 组成绩差距扩大，可以说，法案对缩小成绩差距，提高基础教育公平起到了作用，但作用不是太明显。具体来说，贫富学生、黑白学生、LEP 和非 LEP 学生间的成绩差距在低年级或较低学业水平上（基础水平级以上）呈缩小趋势，在高年级或较高学业水平上（熟练水平及以上）呈扩大趋势；相反，残疾和正常学生间的成绩差距在低年级呈扩大趋势，高年级呈缩小趋势。

结　　语

“二战”以来，美国联邦政府通过频繁的法院判决和制定法案推进基础教育公平，立法和实施都经历了重重障碍，基础教育的公平程度逐渐提高。虽然各国的教育理念、教育目标、教育制度等存在很大的差异，但基础教育公平的演进特点还是存在一定的普遍性，美国在推进基础教育公平的长期实践中积累的一些经验值得我们借鉴。尽管美国联邦政府为推进基础教育公平做出了很大努力，也取得了成效，但结果不尽如人意，不同群体间的教育机会和教育质量的差距依然很大，反思美国推进基础教育公平的艰难历程，会加深我们对基础教育公平的理解。

一　“二战”后法律视角下美国基础教育公平演进的特征

（一）从保障基础教育机会均等到保障基础教育质量公平

教育机会均等是教育公平的基础，联邦政府通过法律手段保护弱势群体均等的教育机会。1868 年联邦宪法第十四修正案要求：“……各州不得在其辖区内对任何人拒绝提供平等的法律保护”，该条款成为教育公平的法律依据，为黑人、残疾人等不利群体均等的教育机会提供了法律保障。但实际上，黑人、语言少数族裔、残疾人等弱势群体一直未得到均等的教育机会。1896 年普莱西案“隔离但平等”的判决加剧了种族隔离，1954 年联邦最高法院对布朗案的判决推翻了“隔离但平等”的原则，从法律意义上赋予黑人均等的教育机会，种族合校开始实施，经过之后的几次判决，种族合校逐步推进。布朗案引发了声势浩大的民权运动，1964 年，《民权法案》通过，法案提出要消除种族隔离，要求教育机构不能依据学生的种族、肤色、宗教信仰或者来源国而将他们分配到各个公立学校。为了解决贫困问题，国会于 1965 年通过了《初等和中等教育法》，对贫困家庭的儿童提供教育补偿服务，为贫困学区提供教育资助。为了进一步推进民权运动，提高语言少数族裔学生的学业成绩，国会于 1968 年通过了《双语教育法》，允许在基础教育阶段使用英语和母语教学，认可了母语的地位。1975 年通过的《所有残疾儿童教育法》为残疾儿童能接受免费适合的公立教育提供了法律依据。

20 世纪 50—80 年代，联邦政府把弱势群体教育机会的保护作为立法的主要目的，为弱势群体提供均等的教育机会，这是美国推进民主、促进社会流动的需要，也是基础教育公平发展的内在要求。教育机会均等是教育公平的基础，弱势群体教育机会均等得到保障，才有可能逐渐达到质量的公平。联邦政府通过立法并资助的形式对弱势群体教育机会均等进行保护，布朗案是“二战”后美国教育机会均等保护的开端，从法律意义上结束了种族隔离，联邦最高法院在本案中追求的公平为解决基础教育公平问题指明了方向。

经过 20 世纪 50—80 年代的一系列教育立法，基础教育机会均等基本得到保障。但是，到了在里根执政的 20 世纪 80 年代，《国家处在危机中》报告却发现大量的教育资助并未有效改善学业成绩、保障弱势群体均等的教育机会，从而引发了提高教育质量的改革。教育立法越来越重视实际知识技能的获得，而不仅仅是机会的保障，基础教育公平的改革因此转向学校系统本身，教育法律开始从学校系统内部入手，从实质上提高教育的公平程度，学校制度的改革主要从教师、课程、设施、评价等几个方面入手提高教育质量。1994 年，《2000 年目标：美国教育法》出台，该法案主要致力于全国统一学术标准的形成，包括国家教育目标、国家教育改革的领导、标准和评价等十部分内容。在基于标准的改革背景下，国会又于同年通过了《改善美国学校法案》，提出要为所有学生提供高质量的教育。2002 年的《不让一个孩子落伍法案》提出充分年度进步要求，对不能达到目标的学校采取强制性的惩罚措施，这是提高教育质量、缩小教育差距的真正开始，其他几项法案仅仅是铺垫。

教育质量公平是高层次的公平，是实质公平，如果教育质量无法保障，形式上的机会均等没有任何意义。20 世纪 90 年代后，联邦政府通过实施基于标准的改革、制定统一的教育标准提高教育质量，并且，当学生遭遇学业失败时，法案没有回避外部责任，没有将结果完全归咎于学生的天资低劣或努力程度不足，而是向学校和学区问责，可以说，联邦政府尽力承担起提高教育质量、缩小成绩差距的责任。

（二）从重视教育投入公平到重视教育产出公平

“二战”后，每一次重要的联邦教育立法或修法都有大量的资助，1965 年以来，国会发起了数百项强调教育问题的项目，每年的支出高达 1200 亿美元，[1] 联邦政府希望通过财政资助对各州的教育进行控制，达到国家的教育目的。但是，在 20 世纪 80 年代之前，联邦的拨款具有福利性质，法案只重视投入，通过对弱势群体的补偿政策实现基础教育公平，没有对投入的结果公平提出明确的要求，没有问责制度。如，1965 年《初等和中等教育法》Title Ⅰ的标题是“为低收入家庭学生的教育向地方教育机构提供财政资助，扩展第 81 届国会的 874 号公法”，本章的主要目的是向服务于低收入家庭学生集中地区的地方教育机构提供经济资助，通过各种方式扩大、改善教育项目，满足教育被剥夺孩子的特殊教育需要。如果教育被剥夺孩子的特殊需要没有被满足，联邦该如何向地方教育机构问责？法案没有相应的条款，造成资金分配不公平，学生的成绩没有提高，资金使用效率低下，公共资源浪费严重，“满足孩子特殊需要”的目的未达到。

早在 20 世纪 70 年代，尼克松总统就意识到法案实施效果不理想，认为日益增长的教育支出未能有效改善处境不利学生的教育机会，也几乎没能消除学区之间经费的巨大差异。80 年代，《国家处在危机中》报告敲响了美国教育质量警钟，报告呼吁对学校进行改革，

---

① *The State of State Standards*, 2000: *English*, *History*, *Geography*, *Mathematics*, *Science*, Washington, DC: Thomas B. Fordham Foundation, 2000, p. 11.

包括提高毕业要求，采用更严格的、可测量的标准，更长的在校时间以及提高教学质量。里根总统对只管投入公平不管产出公平的做法提出了批评，要求反思以前对教育无限制投入的效果。受报告的影响，联邦和州政府之后推行的教育改革更关注学生是否学到什么东西，以及建立对学习结果的评价。这也标志着政府由重视对教育的“输入”（如教师学历、设施、资源等）公平开始转向“输出”（主要是学生表现）公平。可以说，《国家处在危机中》报告进一步推动了联邦资助目标的转变。

1994 年，《2000 年目标：美国教育法》实施，法案提出了 8 项应达到的目标，其中包括高中的毕业率，英语、数学、外语等课程应达到的要求，美国学生的数学和科学成绩居世界第一等，联邦立法转向重视结果公平，重视依据考试结果衡量产出，而不仅仅是投入的增加。同年，《改善美国学校法案》通过，其目的是使学校能为所有学生提供教育机会，使学生获得有挑战性的州教育内容标准所要求的知识和技能，达到为所有孩子制定的有挑战性的州表现标准。在继续重视产出的基础上，《改善美国学校法案》提出了教育标准、充分年度进步要求、评估标准和奖惩制度。相对于《初等和中等教育法》，1994 年出台的两项法案不再盲目地进行教育投入，而是提出了需要达到的教育产出目标，并提出了对结果的问责制度。但《改善美国学校法案》只是鼓励各州建立教育标准和问责制度，并没有强制性的要求。当时的问责，就是提供详细的联邦教育经费的使用计划和实际支出报告。换句话说，它仅仅是个账目制度，但和之前的法案相比，提出问责制度已经是很大的突破。

由于问责制度不严格、奖惩制度不严厉，巨额教育投入未取得预期的公平效果，联邦政府决定重新授权《初等和中等教育法》，建立激励机制，加强问责。2002 年的《不让一个孩子落伍法案》制定了严格的问责制度，不仅对连年来未能实现“足够年度进步”的学校进行递增式惩罚，还威胁将撤走 Title Ⅰ资金。《改善美国学校法案》“鼓励”各州建立教育标准和问责制度，而《不让一个孩子落伍法案》强制性“要求”各州建立教育标准和问责制度，并真正做到了奖优罚劣。残疾人教育相关立法的演变体现了同样的特征。

(三) 从对弱势群体的隔离到各群体的融合

由于种种原因，弱势学生的教育被隔离开来，他们不仅仅在空间上被隔离于优势群体之外，而且教育目标、教育内容也不同于优势群体，造成了教育的不公平。

黑人学生和残疾学生在空间上被隔离于白人学生和正常学生之外，联邦立法使他们渐渐与白人和正常学生融合到一起。由于历史上种族隔离的合法化，黑人学生一直不能和白人学生共同接受教育，在种族歧视严重的南方各州，隔离的学校更普遍。黑人学校教育环境恶劣，师资水平低，教育质量差，同白人学校形成鲜明的对比。布朗案判决废除了“隔离但平等”的原则，种族融合的学校才渐渐产生。在1975年《所有残疾儿童教育法》颁布之前，约一半的残疾儿童不能接受教育服务，大部分接受教育服务的残疾儿童被隔离于公立学校之外，隔离的原因虽然不同于种族隔离，却有着和教育种族隔离相同的现实表现。《所有残疾儿童教育法》提出，所有残疾儿童都应获得免费适合的公立教育，回归主流成为特殊教育的指导思想。黑白学生的隔离及残疾与正常学生的隔离违背了联邦宪法的平等保护条款。隔离的教育剥夺了这些学生与其他学生接受教育的均等机会，降低了他们适应主流社会的能力，对他们来说很不公平。

联邦立法的另一个特点是实现弱势群体和优势群体教育目标、教育内容的融合。20世纪90年代之前，联邦立法没有对所有学生的教育目和内容进行统一规范，弱势学生的教育目标和教育内容不同于其他学生。20世纪90年代后，基于标准的教育改革逐渐实现了各群体教育目标和教育内容的融合，2002年的《不让一个孩子落伍法案》和2004年的《残疾人教育促进法》进一步统一了各群体的教育目标和教育内容。1994年的《2000年目标：美国教育法》希望通过提供国家教育框架，保障美国所有学生均等的教育机会和高水平的教育成就。法案明确界定了所有学生的范围：来自各种环境和家庭背景的学生，包括处境不利的学生或儿童，不同种族、民族和不同文化背景的学生和儿童，美国印第安人、阿拉斯加土著、夏威夷土著、残疾学生或儿童，英语熟练水平有限的学生或儿童，辍学的学龄儿童，流动学生或儿童，也就是说，法案向包括所有弱势学生在内的孩子提出了相同的教育目标，使其达到相同的教育标准。《不让一个孩子落伍法案》的目的是“通过问责、灵活性和选择缩小成绩差距，保障不让一个孩子落伍”，既然“不让一个孩子落伍”，当然也不会让弱势孩子落伍。以 LEP 学生为例，《不让一个孩子落伍法案》Title Ⅲ 提出，保障 LEP 孩子（包括移民儿童和青年）达到英语熟练，使英语学业成绩达到高水平、达到同所有学生一样有挑战性的学业内容和学生学业成绩标准。法案取消了双语教育，力图使 LEP 学生尽快提高英语水平，和非 LEP 学生接受相同的教育，法案同样要求 LEP 学生获得充分的年度进步，并对其进行评估。为了与《不让一个孩子落伍法案》的目标保持一致，2004 年修订的《残疾人教育促进法》通过提高教师质量、制定个别化教育项目、实施评估等措施，保障残疾学生达到教育内容标准，改变了教师可以随意选择教育内容的现象。

教育融合是教育公平的重要体现，但教育公平不是形式上的机会均等，不是对所有学生同等对待，形式上的机会均等背后是更大的不公平。弱势学生有其特殊性，因此，法案并没有要求所有学生达到完全一致的教育目标，这体现了更高层次的公平理念。以 LEP 学生为例，《不让一个孩子落伍法案》Title Ⅲ 提出了不同于充分年度进步目标的年度可测量成绩目标，目标和这些学生的英语熟练水平发展和获得相关，同时达到有挑战性的州学业内容标准和学生学业成绩标准，具体来说，年度可测量成绩目标共三项，前两项和英语水平的提高相关，第三项要求孩子达到充分年度进步。法案把学生的共性和残疾学生的特殊性紧密、恰当地结合、统一起来，在融合中保持了特殊教育的独立性。

二 “二战”后法律视角下美国基础教育公平演进的经验

美国的法律制度非常完善，“二战”以来，联邦政府一直通过法律手段推进基础教育公平，积累了丰富的立法和执法经验，一些经验有较强的普适性。

（一）重视对弱势群体的保护，通过立法推进基础教育公平

现代法律的一个重要特点就是在平等保护的前提下，对弱势群体进行倾斜性的保护。约翰·罗尔斯指出：“财富和权力的不平等，只有在他们最终能对每一个人的利益，尤其是对地位最不利的社会成员的利益进行补偿的情况下才是正义的。”① 政府通过制定强制性的法律，对弱势群体进行补偿性的保护，是法律进步的标志，也是社会公平的体现。教育公平是社会公平的重要组成部分，其实质在于教育领域中利益分配的公正合理。通过制定法律对弱势群体进行保护、推进教育公平，是现代国家的必然选择。

美国是分权国家，根据美国宪法第十修正案，宪法未列举的权限属于州和人民，因此州政府为教育的管理者，联邦制定的教育法案对各州没有强制力。但是，联邦的教育立法有高额的资助，这些资助对各州有很大的诱惑力，联邦政府通过有资助的立法加强了对各州教育的干预。联邦主要在宏观层面干预教育，如弱势补偿、教育目标、质量标准等，其中弱势群体的教育成为联邦立法关注的重要方面。

“二战”后，联邦政府通过一系列判例法和成文法推进基础教育公平，加强对弱势群体的保护。布朗案判决、《初等和中等教育法》、《双语教育法》和《所有残疾儿童教育法》直接针对弱势群体，随着社会环境和教育目标的变化，联邦政府又连续多次对种族合校的案件进行判决，三项法案也几经修订。在程序和实体上，立法对弱势群体的保护功能日渐完善。

各州一旦接受了资助，便要接受联邦法案的强制性条款，联邦政府通过制定具体的目标、实施方法和评估制度履行平等保护职责。联邦对法案的实施效果进行评估是美国教育立法最大的特色，根据评估结果对教育机构进行奖惩，能提高教育机构对法案的重视程度，确保法案实施的质量，提高资源的利用效率，在最大程度上推进基础教育公平，也为法案的修订提供依据。如果没有评估，无论法案的目标多

① ［美］约翰·罗尔斯：《正义论》，谢廷光译，上海译文出版社 1991 年版，第 16 页。

么合理、实施方案多么科学，对弱势学生的保护都会落空。联邦政府就这样通过胡萝卜加大棒的方式实现对弱势学生的保护，立法是推进基础教育公平的重要途径。

（二）根据教育内外部环境的变化及时修订法案，满足不同时期基础教育公平的需求

稳定性是法律的基本特点，但稳定性不等于一成不变，教育内外部环境的变化需要教育法做出相应的变化，以适应现实的需要。公平具有强烈的相对性和情境性，公平是动态的。在不同时期，教育公平的内涵存在差异，教育公平追求的目标不同，政府实施的策略也会做出变化，以实现稳定性和时效性的结合。

“二战”以来，美国基础教育内外部环境发生了很大变化。20 世纪 50 年代起，美国黑人争取教育机会均等的斗争逐渐高涨，并引发了 60 年代的民权运动，民权运动唤醒了贫困群体、语言少数族裔和残疾人的权利意识，他们要求和优势群体同样的教育机会，这些弱势群体恶劣的教育条件和低劣的教育质量也引起了社会的关注。因此，20 世纪 50—80 年代是各弱势群体几乎同时争取教育机会均等的阶段，联邦政府制定多项法案，通过资助满足各群体对教育机会均等的诉求，如《初等和中等教育法》对处境不利学生进行资助，《双语教育法》重视母语在教学中的作用，《所有残疾儿童教育法》为残疾儿童提供免费适合的公立教育。除了提供资助，弱势学生和优势学生的融合是教育机会均等的另一表现，通过立法，黑人和残疾学生被隔离的状况得到改善。

20 世纪 80 年代，美国的国际竞争力下降，《国家处在危机中》报告敲响了美国教育质量的警钟，并且，弱势学生和优势学生间仍存在很大的教育质量鸿沟，语言少数族裔学生英语熟练水平提高幅度不大、残疾学生和正常学生的教育内容和目标存在很大差异，总之，教育不公平问题仍然严重。这时，美国政府追求的教育公平不再是教育机会均等，而是统一的教育目标和教育质量标准。弱势群体教育目标和教育内容与优势群体的不同不利于教育质量的统一提高，实现不同群体教育目标和教育内容的统一是全面提高教育质量的重要手段。因

此，1994 年《2000 年目标：美国教育法》的主题是基于标准的改革，制定国家教育质量框架，缩小各群体间的教育内容和教育质量差异，实现各群体教育质量的统一。2002 年的《不让一个孩子落伍法案》和 2004 年的《残疾人教育促进法》进一步强化了这一目标，对包括贫困群体、黑人、语言少数族裔和残疾学生在内的所有学生提出了同样的质量标准，法案废除了双语教育，要求语言少数族裔学生尽快达到英语熟练，对残疾学生提出几乎和正常学生一样的学业标准，这些措施进一步改变了弱势群体被隔离的状况，有利于实现更高层次的基础教育公平。

20 世纪 90 年代是美国基础教育公平立法的一个转折点，立法目标发生了重大变化。实际上，联邦政府一直在根据需要对各项法案进行修订。以《残疾人教育法》为例，联邦政府于 1970 年首次颁布了《残疾人教育法》，要求州为残疾人安排适合的教育，1975 年的修正案要求州和学区为残疾儿童提供免费适合的教育，1986 年的修正案将 0—3 岁婴幼儿纳入资助范围，1990 年的修正案明确了残疾儿童家长或监护人对特殊教育服务应有的权利，1997 年的修正案增加了对残疾学生的惩戒条款，2004 年的修正案提出了教育质量标准。频繁的重新授权是对残疾人教育问题及时做出反应并采取应对措施的表现，这体现了美国教育法的动态性和时效性。

（三）制定可操作性的法律文本，保障基础教育公平条款的有效实施

法律的可操作性，是指法律文本中的条款规定具有明确限定、具体要求和步骤安排。[①] 为了对教育实践具有规范和指导价值、实现基础教育公平，教育法律应具有较强的可操作性。可操作性的法律文本可避免因对词语理解的不同而造成行为的偏离，保障法律的权威性；有助于确立各行为主体的权利界限，保障各行为主体合理、有效地行使自身的权利。教育法律的可操作性具有丰富的内涵，包含了“要求

① 姚云：《美国教育法治的制度与精神》，教育科学出版社 2007 年版，第 125 页。

一致”“规限适中”“表述明确”等要点，[1] 这些特点能在最大程度上避免法案的实施偏离目标，保障基础教育公平目标的实现。

教育法律必须“要求一致”，避免自相矛盾，同一项法律中的各项条款和不同的相关法律间都应要求一致，否则，人们在实践中会无所适从。做到同一法律的不同条款一致较为容易，要求不同的法律不冲突存在一些困难，因此，如果一项法律重新修订，其他相关法律也需要及时修订。如，《不让一个孩子落伍法案》颁布后，为了达到“不让一个孩子落伍”的目的，国会对残疾人教育的相关法律进行重新授权，新修订的《残疾人教育促进法》也制定了针对残疾学生的年度可测量进步目标，确保残疾学生能达到学业内容标准。

“规限适中”要求法律所规限的权利和义务具有适当的限度，不能规定行为主体不能实现的权利和无法履行的义务，没有“过”和“不及”，而是合理可行，否则会有损于人们对教育法律的遵守和信任。国会制定的各项法案对各行为主体的权利和义务做了明确的界定：联邦政府提供资助、进行评估并对各州和地方教育机构进行奖惩；州和地方教育机构根据联邦或州的要求制订计划、对项目进行管理；教师履行教育责任；家长积极参与学生的教育等。“规限适中”可以使各行为主体有效行使权利和履行义务，是基础教育公平目标实现的保障。

“表述明确”主要指法律有明确的目的，以解决某一现实问题为目的指向，法案内容详细、文字表达清晰、准确，从而保障法律的实用性和正常效力的发挥。本书分析的法案都有很明确的问题指向，如《初等和中等教育法》的立法目的是：“在全国初等和中等学校加强、提高教育质量和教育机会”[2]，法案没有关于初等和中等教育原则、教育制度等条款，而是直接提出要通过本法案“加强、提高教育质量和教育机会”，法案的各项条款都为实现这一目的而制定。另外，法案内容详细。以《不让一个孩子落伍法案》为例，600 余页的法案就

---

① 姚云：《美国教育法治的制度与精神》，教育科学出版社 2007 年版，第 125—126 页。

② *Elementary and Secondary Education Act of 1965*, P. L. 89 - 10.

是为了达到“不让一个孩子落伍”这一个目的，甚至对州教育机构向家长通知学生成绩使用的语言、公开评估结果的方式都有具体规定。

三 “二战”后法律视角下美国基础教育公平演进的反思

“二战”以来，联邦政府通过频繁的法院判决和制定成文法推进基础教育公平，经过半个多世纪的努力，基础教育公平程度有所提高，但是，各群体之间巨大的教育差距仍然存在，美国基础教育公平的艰难推进值得反思。

（一）各主体不同的利益需求使基础教育公平的推进举步维艰

立法是维护社会公平的重要手段，国家机关通过各种立法和执法活动保障社会公平，基础教育公平的顺利推进有赖于符合各利益主体的教育立法，联邦最高法院和国会通过制定判例法和成文法最大限度地满足各利益主体的教育需要。但是，各主体之间的教育需求既有一致性，也存在很大的差异，能否协调各主体的利益矛盾和冲突，成为基础教育公平顺利推进的关键。在美国，国会制定法案，联邦最高法院进行裁决，联邦、州和地方教育机构执行法案和裁决。在对弱势群体进行保护的裁决和立法中，国会和联邦最高法院尽力协调国家利益和各群体的利益，但矛盾总会存在，既存在于各级政府间，也存在于各群体间，这些矛盾使判决和法案的实施困难重重，基础教育公平的推进举步维艰。

各级政府间的利益冲突提高了法案的执行成本，延缓了基础教育公平的推进。各州具有管理教育的权力，联邦不能干预，但是，联邦通过有资助的法案加强了对各州教育的干预，如果干预不当，势必引起本来具有自主权的各州的反对。例如，2005 年，康涅狄格州对联邦教育部提起诉讼，抗议教育部未进行充分拨款、拒绝该州隔年考试制度、拒绝 LEP 学生和残疾学生考试计划的修改，虽然康涅狄格州的指控被驳回，但这次诉讼表明了法案在推进过程中面临着巨大的障碍。

各群体间的利益冲突是法案执行中面临的另外一个问题。一般情况下，法律的一些重大变化在保护一些群体利益的同时会侵犯另一些群体的既得利益，这势必引起既得利益群体的反对，它们会尽力保护自身的利益，甚至抵制法律的实施，形成基础教育公平推进过程中的阻力。以布朗案判决为例，为了维护美国的国家形象，坚持“自由平等”的立国理念，联邦最高法院推翻了“隔离但平等”的判决，从法律上赋予了黑人均等的教育机会。可是，这一判决侵犯了白人的利益，引起了南方各州白人的强烈抵制，虽然联邦最高法院在之后第二次布朗案、格林案等判决中坚持种族合校，但采取了非常谨慎的态度，种族合校的推行十分缓慢。进入21世纪后，种族合校的进展仍不乐观，2002年的一份报告指出，与1990年相比，如今的白人和黑人的隔离状况更加严重。①

（二）美国基础教育公平进程中，法律发挥了作用

法律是实现国家职能的基本载体，具有管理社会公共事务的功能。在现代国家，国家机关通过立法和执法活动，对教育活动进行管理，保护每个公民的教育利益，保障教育公平。和规章制度不同的是，国家在必要的时候可以采用强制性手段保障法律的顺利实施。法律有三种主要的功能：解决冲突、提供便利和教育。② 在教育领域，法律解决冲突的功能体现为通过明确各行为主体的权利和义务，为教育活动提供依据，美国教育法对各级教育机构、教师、家长和学生的权利和义务有明确的界定，使其各司其职，最大限度地避免利益冲突；提供便利的功能使行为主体了解到自身的行为会产生怎样的法律后果，因此可以合理安排自身的行为；教育的功能可以传播、维护社会的价值观，增强社会的凝聚力，维护、促进教育公平的相关改革。这三种功能决定了法律在教育公平推进过程中无可替代的作用。

弱势群体获得的教育资源低于优势群体，均等的教育机会无法得到保障，“在一个贫穷的社会里，他们是首先被剥夺权利的人；而在

---

① ［美］乔尔·斯普林：《美国教育》，张弛、张斌贤译，安徽教育出版社2010年版，第96页。

② 公丕祥主编：《法理学》，复旦大学出版社2002年版，第69页。

一个富裕的社会里，他们是唯一被剥夺权利的人”①。弱势的地位成为他们学业成功及获得均等就业机会的障碍，弱势群体很难通过自身的努力改变劣势，因此需要国家行使管理社会公共事务的职能，通过制定法律对他们进行救济。罗尔斯的正义原则为弱势补偿提供了伦理学依据，他认为，在解决人与人之间、群体之间差异问题时，采取的原则应“有利于社会之最不利成员的最大利益”②。向弱势学生提供教育补偿成为基础教育公平立法的重要方面。

“二战”以来，联邦政府制定了多项保护弱势学生的法律，布朗案判决、《初等和中等教育法》、《双语教育法》和残疾人教育相关法律直接针对弱势学生，虽然这些法律的制定背景不同、内容相异，但都指向了基础教育公平。布朗案判决历程艰难，执行遭到强烈抵制，但判决赋予黑人和白人学生同等的法律地位；《初等和中等教育法》向贫困学生提供教育项目；《双语教育法》几经修订，虽然母语的地位变化较大，但法案将语言少数族裔学生作为一个独立的弱势群体加以保护；残疾人教育相关法律为残疾学生提供免费适合的教育。每项法案都有巨额的资助，州和地方教育机构通过实施教育项目对弱势学生进行教育补偿。经过修订后的法案有严格的评估制度，这对实施成效起到了保障作用。根据本书对弱势群体各年级阅读和数学成绩的分析，虽然在某个阶段出现了教育不公平加剧的问题，但随着法案的实施和重新授权，法律对基础教育公平的积极作用逐渐显现。例如，20世纪90年代，教育公平程度出现了下降趋势，但进入21世纪，教育的公平程度在提高。虽然法律实施的效果与目标仍存在一定偏差，但是，如果没有法律的保护，强者愈强、弱者愈弱的马太效应可能会更严重。美国基础教育公平演进的历程表明，如果采取实质性措施，教育公平能取得进展；如果没有明确的教育公平目标，没有采取强制性的措施，教育不公平的状况不会得到改善。

---

① 联合国教科文组织教育发展委员会编著：《学会生存——教育世界的今天和明天》，教育科学出版社2000年版，第100页。

② ［美］约翰·罗尔斯：《作为公平的正义——正义新论》，姚大志译，上海三联书店2002年版，第103页。

（三）法律对推进基础教育公平的作用有限

半个多世纪以来，联邦政府推进基础教育公平的努力取得了成效，但成效并不非常明显，不公平问题依然严重，教育种族隔离至今仍是困扰美国的一大社会问题，弱势群体和优势群体之间还存在很大的成绩鸿沟，尤其是高年级学生的差距更大，这表明，面对高难度的课程知识，弱势学生劣势更大，以后推进教育公平的历程可能会更艰难。可以从以下几方面理解美国基础教育公平的困境。

各群体和个体对基础教育公平理解存在差异，法案很难获得社会一致的认同。公平是一个具有很强主观性的概念，古今的思想家从不同的角度对其进行界定，在现实中，各群体和个体根据自身的利益对公平提出了不同要求，而国家机关根据社会发展目标和现实的要求制定的法律适用于全国。在制定法律时，国家协调各方的利益需求，尽力满足最大多数人的需要，但不可能满足每个群体、每个人的需要，因此法案很难获得社会的一致认同，在执行中会遇到阻力，公平的目标难以顺利实现。美国的教育法是党派、利益群体之间妥协的结果，出台之前经过多次辩论，国会投票多数赞同通过，每项成文法都有反对者，可以说，法案在出台的时候没有也不可能达成一致。即便布朗案判决达成了全体一致，白人的反对使种族合校推进艰难，黑人虽然是胜诉方，但一部分黑人对种族合校并不支持。使法律获得一致认同不现实，但这种不认同增加了法案实施的难度，教育法未能有效推进基础教育公平并非偶然。

基础教育公平目标和实施效果间的偏差。美国教育法把推进教育公平作为基本目标，但在法律的实施效果和目标之间存在偏差，其原因是多方面的。首先，联邦政府未能根据法律提供充足的资金。每项教育法都有资助，并且法案中明确了具体额度，但是，无论是《初等和中等教育法》、残疾人教育相关法律，还是《不让一个孩子落伍法案》，联邦政府都未能根据法案要求提供足额的资助，致使教育项目无法顺利实施，影响了教育公平的发展。其次，地方政府未能严格实施法律。联邦政府制定法案，各州和地方教育机构负责具体的实施，但是，为了能通过评估，州和地方教育机构没有严格执行一些重要的条款。例如，《残疾人教育促进法》要求教师达到高质量标准，一些州的教师如果参与培训研讨会，也可被认为达到标准，这显然是在敷衍应对，对教育质量提高不会起到什么作用。

校外因素对基础教育公平起着很大作用，教育法对校外因素影响不大。教育法主要对校内的教育活动进行规范，对影响教育机会和教育质量的校外因素影响甚微。教师的质量、教育标准、评估制度是教育法规范的重要方面，他们对基础教育公平起着至关重要的作用。但是，科尔曼、布迪厄、塞缪尔·鲍尔斯等人的研究发现，校外因素对学生学业成功的影响大于校内因素，学生的社会、经济和文化背景对学业成功起到更大的作用，教育可以再生产社会不公平。布迪厄认为，相对于经济资本和社会资本而言，通过家庭所传递的文化资本是一种最隐蔽和最具有社会决定意义的教育投资，“实际上，文化遗产以更隐蔽、更间接的方式传递，甚至不需要进一步的努力和明显的行动”①。本书有相似的发现，第四章的数据分析表明，随着年级的升高，贫困、黑人和 LEP 学生的成绩差距和相对的优势群体呈扩大趋势。这似乎表明，社会、文化和经济背景对学生成绩的影响随学生年龄的提高而增强，学校教育的影响减弱，教育法只能在制度上保障教育的底线公平，无法改变弱势学生在社会、经济和文化等方面的弱势。

总之，在追求基础教育公平的道路上，美国政府做出了很大努力，通过各种法律对弱势群体进行教育补偿。半个多世纪的努力取得了一定成效，尽管基础教育的公平程度仍不尽如人意，但是，如果没有这些法律，黑白学生的隔离仍合法，弱势学生和优势学生的教育条件、学业成绩差距可能更大。或许，教育不公平更多的是社会问题，而不仅仅是教育自身的问题，只依靠教育法难以解决如此复杂的问题。在教育公平的进程中，各方面的努力在弱化不公平，这足以为社会提供推进基础教育公平的动力。

---

① ［法］皮埃尔·布尔迪约、J. C. 帕斯隆：《继承人：大学生与文化》，商务印书馆 2002 年版，第 22 页。

参考文献

一 英文文献

（一）著作

1. Anderson, J. D. , *The Education of Blacks in the South, 1860 - 1935*, Chapel Hill: The University of North Carolina Press, 1988.

2. Benjamin Michael Superfine, *Equality in Education Law and Policy, 1954 - 2010*, New York: Cambridge University Press, 2012.

3. Bernard Schwartz, *Swann's Way*, New York: Oxford University Press, 1986.

4. Berry, M. F. Blassingame, J. , *Long Memory: The Back Experience in America*, New York: Oxford University Press, 1982.

5. Brian J. Daugherity, *With All Deliberate Speed: Implementing Brown v. Board of Education*, Fayetteville: The University of Arkansas Press, 2008.

6. Christopher Jenchs, *Inequality, A Reassessment to Effect on Family and School in America*, New York: Basic Books, 1972.

7. David Halberstam, *The Fifties*, New York: Villard Books, 1993.

8. Epstein Noel, *Language, Ethnicity, and the Schools Policy Alternatives for Bilingual-Bicultural Education*, Washington, DC: George Washington University Press, 1978.

9. Erwin V. Johanningmeier, *Equality of Educational Opportunity and Knowledgeable Human Capital*, Charlotte: Information Age Publishing,

Inc. , 2009.

10. Gary Orfield, *Dismantling Desegregation: The Quiet Reversal of Brown v. Board of Education*, New York: New Press, 1997.

11. Gerald N. Rosenberg, *The Hollow Hope: Can Courts Bring About Social Change?*, Chicago: the University of Chicago Press, 1991.

12. Guadalupe San Miguel, Jr. , *Contested Policy: The Rise and Fall of Federal Bilingual Education in the United States 1960 – 2001*, Deton: University of North Texas Press, 2003.

13. Hugh Davis Graham, *The Uncertain Triumph: Federal Education Policy in the Kennedy and Johnson Years*, Chapel Hill: the University of North Carolina Press, 1984.

14. J. Crawford, *Bilingual Education: History, Politics, Theory and Practice (4 th ed.)*, Los Angeles: Bilingual Education Services, 1999.

15. J. White, *The Market Approach to Education: An Analysis of America's First Voucher Program*, Princeton: Princeton University Press, 2000.

16. James T. Patterson, *Brown v. Board of Education: A Civil Rights Milestone and It's Troubled Legacy*, New York: Oxford University Press, 2001.

17. John A. Andrew, *Lyndon Johnson and the Great Society*, Chicago: I-van R. Dee, Inc. , 1998.

18. John F. Jennings, *Why National Standards and Tests? Politics and the Quest for Better Schools*, Thousand Oaks: Sage Publications, Inc. , 1998.

19. Joshua J. Corrigan, *Individuals with Disabilities Education Act: Developments*, New York: Nova Science Publishers, Inc. , 2009.

20. Kern Alexander, *American Public School Law*, Belmont: Wadsworth Cengage Learning, 2012.

21. Lawrence B. Joseph, *Education Policy for 21st Century: Challenges and Opportunities in Standards-Based Reform*, Chicago: University of Illinois Press, 2001.

22. Leibowitz, Arnold B. , *The Bilingual Education Act: A Legislative Analysis*, Rossly: InterAmerica Research Associates, Inc. , 1980.

23. Mark G. Yudof, *Educational Policy and the Law*, Wadsworth: Cengage Learning, 2012.

24. Michael A. Rebell, *Moving Every Child Ahead*, Clumbia: Teachers College Press, 2007.

25. Michael A. Rebell, *NCLB at the Crossroads*, Clumbia: Teachers College Press, 2008.

26. Michael Imber, Tyll van Geel, *Education Law*, New York: Routlege Taylor & Francis Group, 2010.

27. Michael J. Klarman, *Brown v. Board of Education and the Civil Rights Movement*, New York: Oxford University Press, 2007.

28. Mitchel L. Yell, *The Law and Special Education*, Upper Saddle River: Merrill Prentice Hall, 2006.

29. Patrick J. McGuinn, *No Child Left Behind and the Transformation of Federal Education Policy, 1965 - 2005*, Lawrence: University Press of Kansas, 2006.

30. Richard Kluger, *Simple Justice: the History of Brown v. Board of Education and Black America's Struggle for Equity*, New York: Oxford University Press, 1975.

31. Robbins L. Gates, *The Making of Massive Resistance: Virginia's Politics of Public School Desegregation, 1954 - 1956*, Chapel Hill: University of North Carolina Press, 1962.

32. Robert C. Bulman, David L. Kirp, *The Shifting Politics of School Choice*, Washington, DC: Brookings Institution Press, 1999.

33. Stephen K. Bailey, Edith K. Mosher, *ESEA: The Office of Education Administers a Law*, New York: Syracuse University Press, 1968.

34. Turnbull, Ann, P. , *Exceptional Lives: Special Education in Today's Schools*, Upper Saddle River: Merrill Prentice Hall, 1999.

35. W. E. B. Du Bois, *The Education of Black People: Ten Critiques*

1906 - 1960, Amherst: The University of Massachusetts Press, 1973.

36. Warren Earl, *The Memories of Earl Warren*, Garden City: Doubleday, 1977.

37. Witte J. F., *The Market Approach to Education: An Analysis of America's First Voucher Program*, Princeton: Princeton University Press, 2000.

（二）期刊论文

1. "Declaration of Constitutional Principles", *Arkansas Historical Quarterly*, Appendix A. Vol. 55, No. 2 (Summer, 1996).

2. Downes, Thomas A., "the Effect of School Finance Reforms on the Level and Growth of Per-Pupil Expenditures", *Peabody Journal of Education*, Vol. 81, 2006.

3. Gwynne, James, "School Finance: The Case for Equalization of Opportunity", *Intellect*, Jun. 1997.

4. "Is NCLB Robin Hood?", *Principal Leadership*, Nov. 2008.

5. Julie K. Underwood, "Changing Equal Protection Analyses in Finance Equity Litigation", *Journal of Education Finance*, Winter, 1989.

6. Kathy J. Hayes, "Equality and Fiscal Equity in School Finance Reform", *Economics of Education Review*, Vol. 12, No. 2, 1993.

7. Lovett, Michael J., "Equity and Equalization in Minnesota School Finance", *Journal of Education Finance*, Spr. 1978.

8. Matthew G. Springe, "The Impact of School Finance Litigation on Resource Distribution: a Comparison of Court-mandated Equity and Adequacy Reforms", *Education Economics*, Vol. 17, No. 4, Dec. 2009.

9. Michael A. Rebell, "Equal Opportunity and the Courts", *PhiDelta Kappan*, Feb. 2008.

10. Michael Heise, "State Constitutions, School Finance Litigation, and the 'Third Wave': from Equity to Adequacy", *Temple Law Review*, Vol. 68, 1995.

11. Mildred V. Boyer. , "Poverty and Mother Tongue", *Educational Forum*, Vol. 29, No. 3, 1965.

12. Mildred V. Boyer, "Texas Squanders Non-English Resources", *Texas Foreign Language Association Bulletin*, Vol. 5, No. 3, 1963.

13. Orfield, G. , "Deepening Segregation in America Public Schools: A Special Report from the Harvard Project on Social Desegregation", *Equity and Excellence in Education*, No. 2, 1997.

14. Reilly, Gilbert J. ,"Guaranteed Tax Base Formulas in School Finance: Why Equalization Doesn't Work", *Journal of Education Finance*, Win. 1982.

15. "Time", 1955 -09 -19.

16. Treacy, John J. , "Power Equalization and the Reform of Public School Finance", *National Tax Journal*, Jun. 1974.

17. Verstegen, Deborah A. , "From Courthouses to Schoolhouses: Emerging Judicial Theories of Adequacy and Equity", *Educational Policy*, Sep. 1997.

18. Walter C. Rucker, "From Black Nadir to Brown v. Board: Education and Empowerment in Black Georgian Communities—1865 to 1954", *The Negro Educational Review*, Vol. 58, Nos. 3 -4, Fait/Winter, 2007.

19. Zehr, M. A. Mass, "Voters May Get Choice on Bilingual Education", *Education Week*, Vol. 21, 2002.

（三）学位论文

1. Amarachukuc C. Enyia, *When Good Faith is not Enough: Ensuring Education Equity during and after Legal Intervention*, Urbana-Champaign: University of Illinois at Urbana-Champaign, 2011.

2. Benson, Stacey L. , *The Effects of the Implementation of NCLB on the Achievement Gap between African American and White Students in Georgia Middle Schools*, Lynchburg: Liberty University, 2010.

3. Julie Roy Jeffrey, *Education for the Children of the Poor*, Huston: Rice

University, 1972.

4. Kimberly Karen Demoss, *Political Dispositions and Education Finance Equity: an Analysis of Court Decisions across the United States*, Chicago: the University of Chicago, 2001.
5. Regina R. Umpstead, *Three Essays on Education Law and Policy*, East Lansing: Michigan State University, 2008.
6. Robin U. McQuin, *Understanding Special Education in America*, Minneapolis: Capella University, 2005.

（四）法案和判决

1. *Bilingual Education Act* (1968), P. L. 90 –247.
2. *Bilingual Education Act* (1974), P. L. 93 –380.
3. *Bilingual Education Act* (1978), P. L. 95 –561.
4. *Bilingual Education Act* (1984), P. L. 98 –511.
5. *Bilingual Education Act* (1988), P. L. 100 –297.
6. *Bolling v. Sharpe* (District of Columbia).
7. *Briggs v. Elliot*, 98F. Supp546 –548 (E. D. S. C., 1951).
8. *Brown v. Board of Education*, 347U. S. 483 (1954).
9. *Charles C. Green v. Country School Board of New Kent Country*, Virginia, 391U. S. 430 (1968).
10. *Charter Schools Act*, Colo.
11. *Education for All Handicapped Children Act*, P. L. 94 –142.
12. *Elementary and Secondary Education Act of* 1965, P. L. 89 –10.
13. *Goals 2000: Educate America Act*, P. L. 103 –227.
14. *Improving America's Schools Act*, P. L. 103 –382.
15. *Individuals with Disabilities Education Improvement Act*, P. L. 108 –446.
16. *Lau v. Nichols*, 414U. S. 563 (1974).
17. *No Child Left Behind Act*, P. L. 107 –110.
18. *Plessy v. Ferguson*, 163U. S. 537. 544 (1896).
19. *the Emergency School Aid Act*, P. L. 93 –380.

20. *the Individuals with Disabilities Education Act Amendments of 1997*, P. L. 105 - 17.

（五）研究报告

1. *36th Annual Report to Congress on the Implementation of the Individuals with Disabilities Education Act, 2014*, Washington, DC: U. S. Department of Education, 2014.

2. *Are Achievement Gaps Closing and is Achievement Rising for All?*, Washington, DC: Center on Education Policy, October 2009.

3. *Back to School on Civil Rights: Commitment to Leave No Child Behind*, Washington, DC: National Council on Disability, 2000.

4. Castellanos, *the Best of Two Worlds*, Trenton: New Jersey Department of Education, 1983.

5. Chait, Robin, *High Standards for All Students: A Report from the National Assessment of Title I on Progress and Challenges since the 1994 Reauthorization*, Washington, DC: Department of Education, Office of the Under Secretary, 2001.

6. Christenson, Bruce, *Evaluation of the Magnet Schools Assistance Program, 1998 Grantees. Final Report*, Washington, DC: Department of Education, 2003.

7. *Congress on the Implementation of the Handicapped Act*, Washington, DC: Div. of Innovation and Department.

8. Duttweiler, Patricia Cloud, *Part of the Blueprint for Standards-Based Reform Is Missing: Where Is the Foundation?*, Clemson: National Dropout Prevention Center, 1999.

9. *Education for All Handicapped Children Act*, Washington, DC: the Committee on Labor and Public Welfare, 1975.

10. *Education of Handicapped Children, Implementation of Part B of the Education of the Handicapped Act*, Washington, DC: Office of Education, 1977.

11. *Elementary and Secondary Education Amendments of 1969*, Washing-

ton, DC: Committee on Labor and Public Welfare, 1970.

12. *Elementary and Secondary Education Amendments of 1974 Report*, Washington, DC: Committee on Education and Labor, 1974.

13. *Federal Education Legislation Enacted in 1994: An Evaluation of Implementation and Impact*, Washington, DC: Department of Education, 1999.

14. *Goals 2000: Increasing Student Achieve Though State and Locals Initiatives. Report to the Congress*, Washington, DC: U. S. Department of Education, 1996.

15. *Has Progress Been Made in Raising Achievement for Students with Disabilities?*, Washington, DC: Center on Education Policy, 2009.

16. Henry M. Levin, *Education and Earnings of Blacks and the Brown Decision*, Palo Alto: Center for Educational Research at Stanford, 1979.

17. James W. Guthrie, *Political Case History: Passage of the ESEA*, The PhiDelta Kappan, Vol. 49, No. 6 (Feb., 1968).

18. Jung Richard K., Buhl Barbara Ann, *Title I, Today: A Factbook. A Descriptive Summary of Title I (Financial Assistance to Meet Special Educational Needs of Children) of the Elementary and Secondary Education Act*, Washington, DC: Department of Education, 1981.

19. *Keeping Informed about School Vouchers: A Review of Major Developments and Research*, Washington, DC: the Center on Education Policy, 2011.

20. Lisa Guisbond, *NCLB's Lost Decade for Educational Progress: What Can We Learn from this Policy Failure?*, Jamaica Plain: National Center for Fair & Open Testing, 2012.

21. Nancy Kober, *Is Achievement Improving and Are Gaps Narrowing for Title I Students?*, Washington, DC: Center on Education Policy, 2011.

22. *National Assessment of IDEA Overview*, Washington, DC: U. S. Department of Education, 2011.

23. *National Council on Disability. The Education of Students with Disabili-*

ties: Where Do We Stand? A Report to the President and the Congress of the United States, Washington, DC: National Council on Disability, 1989.

24. *National Evaluation of Title Ⅲ Implementation—Report on State and Local Implementation*, Washington, DC: American Institute for Research, 2012.
25. *National Governors Association*, *National Education Goals*, Washington, DC: National Governors Association, 1990.
26. Office of Special Education and Rehabilitative Service, *Twelfth Annual Report to Congress on the Implementation of the Handicapped Act*, Washington, DC: Div. of Innovation and Department, 1990.
27. *Progress Toward a Free Appropriate Public Education: A Report to Congress on the Implementation of Public Law 94 – 142: The Education for All Handicapped Children*, Washington, DC: Bureau of Education for the Handicapped, 1979.
28. Ralph Yarborough, *Two Proposals for a Better Way of Life for Mexican Americans in the Southwest*, Washington, DC: Congress of the U. S. , 1967.
29. *The No Child Left Behind Act and the Individuals with Disabilities Education Act: A Progress Report*, Washington, DC: National Council on Disability, 2008.
30. *The State of State Standards, 2000: English, History, Geography, Mathematics, Science*, Washington, DC: Thomas B. Fordham Foundation, 2000.
31. *Title I Policy: State of the States*, Washington, DC: Department of Education, 2010.

（六）电子文献

1. *Average mathematics scale score, by age and selected student and school characteristics: Selected years*, 1973 *to* 1999（http://nces. ed. gov）.
2. *Average National Assessment of Educational Progress（NAEP）mathemat-*

ics scale score and percentage of students attaining selected NAEP mathematics achievement levels, by selected school and student characteristics and grade: Selected years, 1990 through 2013 (http://nces.ed.gov).

3. *Average National Assessment of Educational Progress (NAEP) reading scale score and percentage of students attaining selected NAEP reading achievement levels, by selected school and student characteristics and grade: Selected years, 1992 through 2013* (http://nces.ed.gov).
4. *Average reading scale score, by age and selected student and school characteristics: Selected years, 1971 through 2004* (http://nces.ed.gov).
5. *Average scale score in mathematics, by age and selected student and school characteristics: Selected years, 1973 through 2004* (http://nces.ed.gov).
6. *Average student scale score in reading, by age and selected student and school characteristics: Selected years, 1971 to 1999* (http://nces.ed.gov).
7. *High school graduates compared with population 17 years of age, by sex and control of school: 1869 – 70 to 1996 – 97* (http://nces.ed.gov).
8. *High school graduates, by sex and control of school: Selected years, 1869 – 70 through 2006 – 07* (http://nces.ed.gov).
9. McLaughlin, Milbrey W., *Implementation of ESEA Title Ⅰ: A Problem of Compliance* (http://www.eric.ed.gov).
10. *Number of students with disabilities exiting special education, by basis of exit, age, and type of disability: United States and outlying areas, 2000 – 01* (http://nces.ed.gov).
11. *Percentage of students at or above selected National Assessment of Educational Progress (NAEP) mathematics achievement levels, by grade and selected student characteristics: Selected years, 1996 through 2013* (http://nces.ed.gov).
12. *Students with disabilities exiting the educational system, by age, type of*

disability, *and basis of exit*: *United States and outlying areas*, *1991 – 92 and 1993 – 94* (http://nces.ed.gov).

13. *Students with disabilities exiting the educational system*, *by age*, *type of disability*, *and basis of exit*: *United States and outlying areas*, *1998 – 99 and 1999 – 2000* (http://nces.ed.gov).

14. Zettel, Jeffrey J., *Public Law 94 – 142*: *The Education for All Handicapped Children Act. An Overview of the Federal Law* (http://www.eric.edu.gov).

二 中文文献

（一）著作

1. ［法］皮埃尔·布尔迪约、J. C. 帕斯隆：《继承人：大学生与文化》，商务印书馆 2002 年版。

2. ［美］S. 亚历山大·里帕：《自由社会中的教育：美国历程》，於荣译，安徽教育出版社 2010 年版。

3. ［美］阿瑟·奥肯：《平等与效率》，王奔洲译，华夏出版社 1999 年版。

4. ［美］迪安·韦布：《美国教育史：一场伟大的美国实验》，陈露茜、李朝阳译，安徽教育出版社 2010 年版。

5. ［美］理查德·A. 金：《教育财政——效率、公平与绩效》，曹淑江等译，中国人民大学出版社 2007 年版。

6. ［美］米尔顿·弗里德曼、罗斯·弗里德曼：《自由选择：个人声明》，胡骑等译，商务印书馆 1992 年版。

7. ［美］米基·英伯：《美国教育法》，李晓燕、申素平、陈蔚译，教育科学出版社 2011 年版。

8. ［美］乔尔·斯普林：《美国教育》，张弛、张斌贤译，安徽教育出版社 2010 年版。

9. ［美］韦恩·厄本、杰宁斯·瓦格纳：《美国教育：一部历史档案》（第三版），周晟、谢爱磊译，中国人民大学出版社 2009 年版。

10. ［美］小弗恩·布里姆莱：《教育财政学——因应变革时代》，窦卫霖译，中国人民大学出版社 2007 年版。
11. ［美］约翰·罗尔斯：《正义论》，何怀宏译，中国社会科学出版社 1988 年版。
12. ［美］约翰·罗尔斯：《作为公平的正义——正义新论》，姚大志译，上海三联书店 2002 年版。
13. ［瑞典］T. 胡森主编：《教育大百科全书》，西南师范大学出版社 1994 年版。
14. ［英］J. R. 波尔：《美国平等的历程》，张聚国译，商务印书馆 2010 年版。
15. 冯大鸣：《美、英、澳教育管理前沿图景》，教育科学出版社 2004 年版。
16. 公丕祥主编：《法理学》，复旦大学出版社 2002 年版。
17. 劳凯声主编：《变革社会中的教育权与受教育权》，教育科学出版社 2003 年版。
18. 联合国教科文组织教育发展委员会编著：《学会生存——教育世界的今天和明天》，教育科学出版社 1996 年版。
19. 吕达主编：《国外教育改革著名文献》（美国卷·第四册），人民教育出版社 2004 年版。
20. 马健生：《公平与效率的抉择：美国教育市场化改革研究》，教育科学出版社 2008 年版。
21. 倪小敏、单中惠、勾月：《教育公平与教育效率——英美基础教育政策演进研究》，山东教育出版社 2015 年版。
22. 邱小平：《法律的平等保护——美国宪法第十四修正案第一款研究》，北京大学出版社 2005 年版。
23. 瞿保奎、马骥雄主编：《教育学文集·美国教育改革》，人民教育出版社 1990 年版。
24. 史静寰：《当代美国教育》，社会科学文献出版社 2001 年版。
25. 苏君阳：《公正与教育》，北京师范大学出版社 2008 年版。
26. 孙大廷：《美国教育战略的霸权向度》，吉林大学出版社 2009

年版。
27. 滕大春：《美国教育史》，人民教育出版社 1994 年版。
28. 滕大春主编：《外国教育通史》（第六卷），山东教育出版社 2005 年版。
29. 汪习根：《教育公平的法律保护研究》，中国社会科学出版社 2012 年版。
30. 翁文艳：《教育公平与学校选择制度》，北京师范大学出版社 2003 年版。
31. 吴汉东：《法学通论》，北京大学出版社 2011 年版。
32. 吴式颖：《外国教育史教程》，人民教育出版社 1999 年版。
33. 谢维和：《中国的教育公平与教育发展》，教育科学出版社 2008 年版。
34. 杨柳：《美国残疾人教育研究》，人民出版社 2014 年版。
35. 姚云：《美国教育法治的制度与精神》，教育科学出版社 2007 年版。
36. 尹力：《儿童受教育权：性质、内容与路径》，教育科学出版社 2012 年版。
37. 张维平：《美国教育法研究》，中国法制出版社 2005 年版。
38. 周洪宇：《教育公平论》，人民教育出版社 2007 年版。
39. 周琴：《美国基础教育阶段的择校政策：公平、效率、自由选择》，人民出版社 2014 年版。
40. 祝贺：《美国公共学校种族隔离的终结》，浙江教育出版社 2014 年版。
41. 卓泽渊：《法学导论》，法律出版社 2003 年版。

（二）期刊论文

1. 褚宏启、杨海燕：《教育公平的原则及其政策含义》，《教育研究》2008 年第 1 期。
2. 杜亮、康晓伟：《美国特许学校改革与教育公平研究》，《清华大学教育研究》2009 年第 1 期。
3. 方芳：《评述美国“教育财政充足”的发展》，《比较教育研究》

2010 年第 1 期。
4. 冯建军：《义务教育质量均衡的内涵、特征及指标体系的建构》，《教育发展研究》2011 年第 18 期。
5. 付建军：《从同质公平到差异公平——美国基础教育财政政策中公平理念的转变、应用与启示》，《外国教育研究》2011 年第 9 期。
6. 古冬梅：《美国〈不让一个孩子落伍法案〉实施过程中的问题》，《教育发展研究》2009 年第 7 期。
7. 郭元祥：《对教育公平问题的理论思考》，《教育研究》2000 年第 3 期。
8. 黄忠敬：《美国政府是如何解决教育公平问题的》，《教育发展研究》2008 年第 21 期。
9. 雷丽珍：《从公平到充足：美国州政府基础教育拨款原则及其实施办法的改革》，《比较教育研究》2010 年第 7 期。
10. 李立国、王建梁、孙志军：《加强基础与追求优异——二战后美国基础教育改革》，《清华大学教育研究》2000 年第 4 期。
11. 林云强、张福娟、聂影：《美国特殊教育立法中的家长参与》，《中国特殊教育》2010 年第 5 期。
12. 刘涛：《艰难的前行：美国学校选择的理念、政策与价值》，《全球教育展望》2013 年第 10 期。
13. 罗豫元：《美国双语教育实施失败的因素分析》，《比较教育研究》2007 年第 1 期。
14. 吕敏霞：《〈2009 美国复苏与再投资法案〉背景下薄弱学校改造的新动向：四种模式》，《外国教育研究》2011 年第 5 期。
15. 马晓强：《“科尔曼报告”述评——兼论对我国解决“上学难、上学贵”问题的启示》，《教育研究》2006 年第 6 期。
16. 任东来：《吹响结束种族隔离制度的号角——布朗诉托皮卡教育管理委员会案》，《南京大学法律评论》2003 年第 19 期。
17. 生兆欣：《〈初等与中等教育法〉与美国联邦政府教育角色的变迁》，《比较教育研究》2009 年第 3 期。
18. 生兆欣：《孩子掉队了吗?》，《外国中小学教育》2010 年第 1 期。

19. 滕大春：《杜威和他的〈民主主义和教育〉》，《河北大学学报》1988 年第 4 期。
20. 汪文超：《美国〈不让一个孩子掉队法〉诺言成空》，《比较教育研究》2012 年第 4 期。
21. 王志强：《〈2009 美国复苏与再投资法案〉教育项目解读》，《比较教育研究》2010 年第 4 期。
22. 文新华：《关于“教育券”的分析》，《教育发展研究》2003 年第 1 期。
23. 席春玲：《美国城市重点中学——磁石学校探微》，《现代教育管理》2009 年第 9 期。
24. 肖非：《美国特殊教育立法的发展——历史的视角》，《中国特殊教育》2004 年第 3 期。
25. 辛涛、黄宁：《教育公平的终极目标：教育结果公平》，《教育研究》2009 年第 8 期。
26. 谢国荣：《全国有色人种协进会与美国公立教育中种族隔离的取消》，《山东师范大学学报》（人文社科版）2005 年第 5 期。
27. 许庆豫：《组间平等：美国教育平等历程述论》，《教育研究》2010 年第 5 期。
28. 薛二勇：《美国促进教育公平发展的政策体系——基于法律演化的视角》，《高等教育研究》2010 年第 4 期。
29. 薛二勇：《美国教育公平发展中的补偿性政策》，《教育发展研究》2007 第 10 期。
30. 闫光才：《NCLB 与布什政府的教育政策倾向》，《外国教育研究》2002 年第 8 期。
31. 杨军：《促进基础教育的均衡发展——来自美国的经验》，《外国教育研究》2004 年第 11 期。
32. 张东辉：《美国双语教育的历史演变与政策反思》，《比较教育研究》2008 年第 6 期。
33. 张聚国：《杜波依斯与布克华盛顿解决黑人问题方案比较》，《南开学报》2000 年第 3 期。

34. 张冉：《布朗案在执行中受到的抵制》，《北京大学教育评论》2012 年第 1 期。
35. 张燕军：《从奥巴马政府修订 NCLB 法看美国教育均衡发展》，《外国教育研究》2011 年第 2 期。
36. 朱瑞刚、李素敏：《美国 NCLB 中规定的额外教育服务》，《外国教育研究》2005 年第 2 期。

（三）学位论文

1. 陈蔚：《美国残障儿童受教育权利的立法保障研究》，博士学位论文，华中师范大学，2010 年。
2. 冯广林：《美国少数人受教育权法律保护研究》，博士学位论文，中央民族大学，2012 年。
3. 高建民：《美国基础教育财政发展史研究》，博士学位论文，河北大学，2004 年。
4. 勾月：《美国基础教育公平政策演进研究——以理念与政策为视角》，博士学位论文，浙江大学，2010 年。
5. 蒋云芳：《20 世纪 80 年代以来美国联邦政府以促进公平为核心的基础教育改革研究》，博士学位论文，西南大学，2012 年。
6. 李春燕：《美国磁石学校发展研究》，硕士学位论文，浙江大学，2011 年。
7. 李霄翔：《美国社会发展进程中双语教育研究》，博士学位论文，南京大学，2008 年。
8. 李小宝：《美国〈不让一个孩子掉队法案〉（NCLB）的实施过程探析》，硕士学位论文，沈阳师范大学，2011 年。
9. 李艳红：《美国关键语言政策的战略演变》，博士学位论文，北京外国语大学，2015 年。
10. 李英姿：《美国语言政策研究》，博士学位论文，南开大学，2009 年。
11. 马立武：《“二战”后美国高等教育领域中的宪法权利保障探析》，博士学位论文，河北大学，2004 年。
12. 屈书杰：《从种族隔离到学校一体化：20 世纪美国黑人教育》，

博士学位论文，河北大学，2002 年。
13. 谭琪：《当代美国双语教育政策评析》，硕士学位论文，东北师范大学，2006 年。
14. 唐晓娟：《美国择校问题研究》，博士学位论文，南京师范大学，2007 年。
15. 王瑜：《公平视阈下美国义务教育改革研究》，博士学位论文，西南大学，2013 年。
16. 薛二勇：《教育公平与公共政策——基于公平的美国公共政策研究》，博士学位论文，浙江大学，2007 年。
17. 杨馗：《1954 年以来美国最高法院在教育种族平等进程中的作用》，博士学位论文，东北师范大学，2013 年。
18. 杨梅：《公立学校的一次变革——美国特许学校运动研究》，博士学位论文，华东师范大学，2006 年。
19. 张妹芝：《促进平等，追求卓越——战后美国联邦政府基础教育改革研究》，博士学位论文，河北大学，2011 年。

后　　记

教育公平是美国教育立法追求的重要目标，立法是教育公平的基本保障。“二战”后，美国联邦通过多项成文法和判例法推进基础教育公平，保障黑人学生、贫困学生、语言少数族裔学生和残疾学生公平接受基础教育的权利，提高其基础教育的质量，并为此投入了巨额资金。研究美国基础教育公平需要分析法律文本，以发现美国推进基础教育公平的基本策略，但是法律的执行和效果更需要探讨，因为法律在执行中会遇到种种阻力、面临诸多困难，未必能达到预期的效果。法律文本能体现教育公平的理念，但实施的效果能体现实际的教育公平程度，因此，本书把实施效果作为落脚点，使研究更具有现实意义，也能引发更多的思考。

本书是在博士论文的基础上修改而成的。从论文选题到完成，我得到了许多人帮助，在此表示深深的感谢。感谢我的博士导师李素敏教授。在论文选题、提纲讨论和写作修改过程中，从大框架到小细节，李老师都给予了精心的指导，李老师“要找到法律原文”的要求使论文避免了泛泛空谈，李老师的严谨、细致使我在写作过程中避免了许多问题，李老师的督促使我能按期完成论文的写作。在美国期间，李老师还帮我查阅文献。深深地感谢李老师！感谢李剑萍教授，李教授在论文选题时就提出了许多宝贵的建议。张斌贤教授、闫广芬教授、和学新教授、纪德奎教授、王志军教授、高向斌教授、王慧教授、郭志明教授在学习和论文写作上给予我许多点拨与启发，使我受益匪浅。

感谢一起学习的骆微微、但柳松、姜晶、韦文华、周菲菲、李冬、牛蒙刚、郑程月、武博、郭文良、庞丽娟、任辉、刘哲雨、阿里木江等同学，三年学习生活中结成的互助互勉的情谊，我将永远珍藏。

感谢我的家人。大学毕业后，我的生活一直在工作和学习中交替进行，他们的理解、支持、鼓励和安慰使我平静地度过了求学过程中一个个难忘的日子，能有机会在不惑之年攻读博士学位。

谭春芳

2017 年 2 月